Gegenwartsprobleme des öffentlichen Haushalts

Schriftenreihe der Hochschule Speyer

Band 12

Gegenwartsprobleme des öffentlichen Haushalts

DUNCKER & HUMBLOT / BERLIN

Gedruckt 1962 bei Hans Winter Buchdruckerei, Berlin SW 61
Printed in Germany

Vorwort

Die Hochschule für Verwaltungswissenschaften Speyer hat in der Zeit vom 27.—29. September 1961 eine internationale verwaltungswissenschaftliche Arbeitstagung über „Aktuelle Probleme des öffentlichen Haushalts in der Gegenwart" veranstaltet, an der etwa 100 Gelehrte und Praktiker des In- und Auslandes teilgenommen haben. Die beiden einleitenden Vorträge, die Kurzberichte und die Übersichten über die Diskussionsbeiträge werden in diesem Band der „Schriftenreihe der Hochschule Speyer" publiziert, um weiterführende Arbeiten anzuregen und die erstrebte Reform des Haushaltswesens in der Bundesrepublik Deutschland zu fördern.

Die konservativen Vorstellungen der Reichshaushaltsordnung sind durch staatswirtschaftliche, staatsrechtliche, konjunkturpolitische und haushaltsrechtliche Erörterungen ebenso aufgelockert worden wie durch die Erfahrungen des In- und Auslandes auf diesem Gebiet. Dabei hat sich die Aussprache unter den Repräsentanten aus neun Nationen als recht fruchtbar erwiesen. Vielleicht werden doch noch die vom Bundesfinanzministerium zurückgehaltenen Entwürfe zur Haushaltsreform von Sachverständigen weiter entwickelt werden und zu einer Neuordnung des Haushaltswesens führen. Antizyklische Effekte werden freilich nur beim Haushaltsvollzug in Erscheinung treten; bedeutsamer werden jedoch finanz-, steuer-, arbeits- und wirtschaftspolitische Maßnahmen sowie die Politik der Notenbank sein. Ein Nationalbudget, das durch einen Funktionenplan ergänzt werden könnte, würde den Institutionenhaushalt der Ressorts im Sinne einer politischen Rangordnung der Ausgaben (und der erforderlichen Aufgaben) wirksam vervollständigen. Die Berücksichtigung der in- und ausländischen Erfahrungen über die wirtschaftlichen, rechtlichen, sozialen und administrativen Budgetfunktionen könnte einer Haushaltsreform den Weg weisen.

Die Hochschule Speyer hat durch diese Erörterungen zur Budgetreform auf ein staatspolitisch und verwaltungswissenschaftlich gleich wichtiges Problem hingewiesen, das eine Forschungsaufgabe ersten Ranges darstellt.

Speyer, den 1. Oktober 1961

Professor Dr. Dr. *Erich Becker*

Inhalt

Eröffnungsansprache

Von Paul Skonieczny

Wissenschaft und Praxis bewegt seit vielen Jahren der Gedanke, das geltende Haushaltsrecht in Bund und Ländern zu reformieren. Im Gegensatz hierzu steht, so könnte man glauben, die Meinung des Gesetzgebers, der an der Frage einer Novellierung der Reichshaushaltsordnung bisher scheinbar achtlos vorübergegangen ist. So kommt es, daß die Entwicklungsstufen des jährlichen Haushaltsgeschehens: Vorbereitung, Aufstellung, Beratung und Beschlußfassung durch den Gesetzgeber, Durchführung und Kontrolle noch heute im wesentlichen nach Gegebenheiten und Anforderungen einer längst vergangenen Zeit ablaufen. Zwar haben die jährlichen Haushaltsgesetze bis zu einem gewissen Grade das materielle Haushaltsrecht an die dringendsten Bedürfnisse der Gegenwart anzupassen versucht. Jedoch jedem Kundigen ist klar, daß auf diesem Wege eine echte Haushaltsreform nicht herbeigeführt werden kann. Eingriffe in die Reichshaushaltsordnung durch jährliche Haushaltsgesetze können nur Flickwerk sein. Darüber hinaus begünstigen sie die Zersplitterung des Haushaltsrechts und gefährden die Rechtseinheit, an deren Aufrechterhaltung angesichts der engen Verzahnung der Haushalte von Bund, Ländern und Gemeinden — man denke nur an die verschiedenen Formen des Finanzausgleichs — ein dringendes Bedürfnis besteht.

Die Reichshaushaltsordnung vom 31. Dezember 1922 beruht noch weitgehend auf den Vorstellungen der Zeit vor dem 1. Weltkrieg. Die Aufgaben und Ausgaben der öffentlichen Hand sind seitdem in ungewöhnlichem Maße gewachsen. Die öffentliche Finanzpolitik beeinflußt infolgedessen in einem früher nicht für möglich gehaltenen Ausmaß die allgemeine Volkswirtschaft. Öffentliche und private Haushalte sind in eine stärkere gegenseitige Abhängigkeit geraten.

Unser geltendes Haushaltsrecht ist bis heute von diesem entscheidenden Strukturwandel kaum berührt worden. Daraus ergeben sich Mängel und Unzulänglichkeiten. Und es verwundert niemanden, daß unter diesen Umständen auch *die äußere Technik* der Haushaltserstellung nicht mehr recht befriedigt.

1. Nachteile, die sich aus der Überlastung der Parlamente durch das Haushaltsgeschehen ergeben

Die ständig zunehmenden staatlichen Aufgaben haben die Haushaltspläne nicht nur im Gesamtvolumen anschwellen, sondern auch in den Einzelpositionen immer vielseitiger und unübersichtlicher werden lassen. Die Beanspruchung der an der Aufstellung der Haushalte Beteiligten: Parlamente, Kabinette, Finanzminister, Ressorts und Rechnungshöfe ist damit erheblich angewachsen.

Die Verantwortung der Parlamente für *das gesamte Haushaltswerk* mit all seinen Einzelheiten muß notwendigerweise zu Überbeanspruchungen führen. Dabei kann es nicht ausbleiben, daß die Überbetonung von Einzelfällen zuweilen den Blick für das Wesentliche und Entscheidende, den Gesamtzusammenhang, trübt. Hinzu kommt, daß die Überforderung mit Details nicht selten die rechtzeitige Verabschiedung des Haushalts in Frage stellt. Trotz frühzeitiger Vorbereitung ist z. B. der Bundeshaushalt der letzten Jahre immer erst mit mehrmonatiger Verspätung verabschiedet worden. Der mögliche Einwand, daß es an den Parlamenten selbst liegt, inwieweit sie sich mit zeitraubenden und unwesentlichen Einzelfragen befassen, berücksichtigt nicht die tatsächlichen Gegebenheiten des politischen Lebens.

Eine Beschränkung der politischen Führungsorgane auf die ihrer Bedeutung entsprechenden zentralen Aufgaben von politisch und finanziell ausschlaggebendem Gewicht wird wohl nur durch eine *Neugliederung* der Haushalte erreicht werden können. Das wäre in der Weise möglich, daß das gesamte Haushaltswerk in mehrere Planungsstufen aufgegliedert wird, etwa in einen nach funktionellen Maßstäben aufzustellenden Gesamtveranschlagungsplan, der von den Parlamenten zu prüfen und zu beschließen wäre, und in nachgeordnete Finanz- oder Wirtschaftspläne — oder wie man sie sonst bezeichnen mag —, die die Fülle der Einzelpositionen enthalten und der alleinigen Verantwortung der Exekutive überlassen werden.

2. Unbeweglichkeit der Haushaltspläne

Wie bereits eingangs kurz hervorgehoben, übt die öffentliche Finanz- und Haushaltspolitik zufolge ihrer außerordentlichen Beanspruchung des Sozialprodukts einen entscheidenden Einfluß auf die Volkswirtschaft aus. Es wird daher mit Recht gefordert, daß sie in besonderem Maße auf die Bedürfnisse des privaten Wirtschaftslebens Rücksicht nimmt. In Zeiten hohen Beschäftigungsstandes soll sie in der Ausgabenbemessung zurückhaltend sein, bei drohender Stagnation und Gefährdung ausreichender Beschäftigung soll sie möglichst in vermehrtem Umfang Aufträge an die Wirtschaft vergeben. Sie soll auf lokal und jahreszeitlich bedingte Sonderverhältnisse Rücksicht nehmen, sie soll z. B. ihre Bauaufträge in die Wintermonate verlegen, konjunkturell benachteiligte Gebiete oder Branchen besonders fördern u. a. m.

Um diesen und ähnlichen Anforderungen in wünschenswertem Maße und in der erforderlichen Schnelligkeit Rechnung tragen zu können, wäre eine Auflockerung des geltenden Haushaltsrechts erwünscht. Die heute bestehende starre Bindung an die Haushaltspläne ist einem antizyklischen Verhalten der öffentlichen Hand hinderlich. Die Aufstellung der Haushaltspläne beginnt bereits 9—10 Monate vor Anfang des Rechnungsjahres. Die konjunkturelle Entwicklung muß folglich für einen Zeitabschnitt von etwa 20 Monaten im voraus beurteilt werden. Es ist ein schwieriges und risikobeladenes Unterfangen, die *Haushaltseinnahmen* für einen so langen zukünftigen Zeitraum auch nur einigermaßen zutreffend vorauszuschätzen. Ebenso schwierig ist aber die richtige Akzentsetzung für ein konjunkturgerechtes Verhalten der öffentlichen Hand in der *Ausgabepolitik*. Die starre Bindung an die Haushaltspläne läßt auch nur wenig Spielraum für ihren konjunkturgerechten *Vollzug*. Das gegenwärtige Haushaltsrecht kann dazu führen, daß konjunkturpolitische Finanzmaßnahmen, die im Augenblick ihrer Beschlußfassung richtig waren, im Stadium des Vollzugs bereits überholt sind, weil die ihnen zugrunde liegenden Gegebenheiten nicht mehr vorhanden sind.

Halten die Regierungen Abweichungen vom Haushaltsplan für erforderlich, haben sie einen Nachtragshaushalt zu fertigen und im Parlament einzubringen. Da seine Aufstellung sich nach den Grundsätzen des „Haupthaushaltsplanes" richtet, haften ihm auch die gleichen bereits aufgezeigten Mängel an. Ohne formelle Änderung des Haushaltsplanes können Haushaltsüberschreitungen nach dem geltenden Haushaltsrecht nur ausnahmsweise bei Vorliegen eines unabweisbaren und unvorhersehbaren Bedürfnisses vorgenommen werden. Diese Möglichkeit, die sich aus § 33 der Reichshaushaltsordnung ergibt, ist vom Standpunkt der Praxis gesehen zu eng. Das führt dazu, daß die Verwaltung unter Berufung auf die genannte Bestimmung zuweilen zu Maßnahmen gezwungen ist, bei denen man Zweifel haben kann, ob sie die vom Gesetzgeber geforderten strengen Voraussetzungen tatsächlich erfüllen.

3. Erschwerung des Jahresabschlusses

Schließlich erscheinen auch die Vorschriften der Reichshaushaltsordnung über den *Abschluß* des Haushaltsjahres in wesentlichen Punkten nicht mehr zeitgemäß. Es gilt dies z. B. für die Bestimmung des § 75, nach der der Fehlbetrag eines Rechnungsjahres in den Haushaltsplan eines der beiden folgenden Rechnungsjahre als Ausgabe einzustellen ist. Die Abdeckung eines Fehlbetrages im ersten der folgenden Jahre ist meist nur auf dem Wege einer außerplanmäßigen Verausgabung möglich, die, wie die Erfahrung zeigt, zu Beanstandungen des Rechnungshofes und des Parlaments führt. Ebenso ist die weitere Vorschrift des § 75, daß der Überschuß der Einnahmen über die Ausgaben des Ordentlichen Haushalts zur Verminderung des Anleihebedarfs oder zur Schuldentilgung zu verwenden ist, einer gesunden Haushaltswirtschaft oft hinderlich. Das zeigt nicht zuletzt der Umstand, daß diese Bestimmung in den Haushaltsgesetzen des Bundes und einiger Länder wiederholt außer Kraft gesetzt worden ist.

Es ist sicher nicht ganz leicht, der angedeuteten Situation Herr zu werden. Reformvorschläge zum Haushaltsrecht werden *seit Jahren* diskutiert. Dabei lassen sich vielleicht zwei Grundtendenzen herausschälen:

Nach der einen Auffassung liegen die Probleme weniger im Vorbereitungs- und Planungsbereich als im *Haushaltsvollzug.* Sie will sich deshalb im wesentlichen darauf beschränken, den Vollzug zu modernisieren. Die andere weitergehende Auffassung hält eine *Neugliederung* des Haushalts nach funktionellen, ökonomischen und verwaltungswirtschaftlichen Gesichtspunkten für geboten. Von seiten der Verfechter einer grundlegenden Neugliederung wurde bereits ein konkretes Reformprogramm veröffentlicht. In seine Richtung geht die Haushaltsreform des Saarlandes, die bereits im Jahre 1955 vollzogen wurde und über die wir im Referat von Herrn Minister a. D. Prof. Senf sicherlich Näheres hören werden. Ohne dem Herrn Referenten vorgreifen zu wollen, darf gesagt werden, daß eine Anpassung des geltenden Haushaltsrechts an die Bedürfnisse unserer Zeit wahrscheinlich *sowohl* hinsichtlich der Gliederung des Haushalts *als auch* hinsichtlich seines Vollzugs erstrebenswert ist.

Moderne Entwicklungstendenzen des öffentlichen Haushalts in der Bundesrepublik (außerhalb der Gesetzgebung)

Von Friedrich Karl Vialon

I. Ausgangspunkt

Warum wird der öffentliche Haushalt eigentlich so angegriffen? Weil er zu groß geworden ist? Weil man mehr die Lasten und weniger die Leistungen sieht? Weil die Konjunktur nicht ausreichend steuerbar ist? Weil er keine Steuersenkungen ermöglicht? Weil er politisch und parlamentarisch nicht befriedigt? Weil er den modernen Massenstaat fördert oder nicht verhindert? Weil er die finanzielle Beweglichkeit einengt?

Diesen Schlagworten kann man auf derselben Ebene einige Fragen an uns selbst anfügen: Wie empfinden *wir* das Budget heute? Als *Bürger,* denen Einnahmen abgetrotzt werden, als *Empfänger von Leistungen,* die uns mittelbar oder unmittelbar zugute kommen, als *Beobachter* hier noch am besten erkennbarer politischer, wirtschaftlicher und sozialer Vorgänge, als *Teilnehmer* an einer allgemeinen Finanz- und Wirtschafts*planung,* einer öffentlichen *Kontrolle,* als Objekte einer Apparatur, die nur noch registriert, aber nicht mehr beeinflußt werden kann?

Kürzlich sprach ein Abgeordneter des Bundestages vom kaiserlichen Haushaltsrecht, das jetzt noch gelte[1].

Wir Älteren müssen uns in der Tat fragen, ob wir mit den grundlegenden Prinzipien des öffentlichen Haushalts ganz wesentlich über Weimar hinaus sind? Gedanklich und faktisch?

Nur sehr phantasievolle Leute können glauben, daß ausgerechnet das Haushalts*recht* ein *Allheilmittel* zur Erzielung einer ausgewogenen Staats- und Volkswirtschaft sei. Es gibt diese Leute. Aber die Mängel des öffentlichen Haushalts, auf die sie hinweisen und die niemand bestreitet, sind meist gerade darauf zurückzuführen, daß man sich nicht an das Haushaltsrecht gehalten oder dessen Möglichkeiten nicht ausgenutzt hat.

Ob es sie hätte verhindern müssen? Nun, die Tatsache beispielsweise, daß der öffentliche Gesamthaushalt in der Bundesrepublik die 100-Mrd-DM-Grenze überschritten hat, ist sicher kein Versagen des Budgetrechts.

---

[1] Der Abg. H. *Lenz* (Trossingen) bei der Haushaltsdebatte 1960 im Deutschen Bundestag.

Auch kein Budgetrecht der *Zukunft* wird das Hinaufklettern der Haushalte auf die *zweiten* 100 Mrd. DM unterbinden können. Die Frage ist nur, ob der öffentliche Haushalt diesen Weg ausreichend sichtbar macht, ob die Stationen genügend angestrahlt waren, um allen Betroffenen die Folgen der gewaltigen Umstellung zu verdeutlichen.

Der äußere Tatbestand ist unverändert: Der Haushalt zielt auf Rangordnung und Deckung des öffentlichen Finanzbedarfs ab. Aber es scheint nun neben diesen Zweck ein *zweiter* einfacher Tatbestand zu treten, der darin besteht, daß wir in wachsendem Maße auch unserer *privaten* Aufgaben nicht mehr Herr zu werden scheinen derart, daß wir diesen Teil unserer bisherigen Pflichten in öffentliche Hände legen.

1. Hier ist die *erste* schwerwiegende Änderung sichtbar. Sie ist quantitativer und qualitativer Natur. Doch nicht die quantitative Seite, also die steigenden Haushaltszahlen, deren Herabsetzung, wenn es gewünscht wird, gar nicht so unendlich schwer ist, sondern die materiellen, meist globalen Tatbestände der *Leistungsgesetze* und sonstigen Zuwendungen heben in einer mathematisch vorauszuberechnenden Kurve unsere *Gesellschaftsordnung* aus ihren finanziellen und wirtschaftlichen Angeln. Es ist eine klar zu erkennende neue Aufgabe des öffentlichen Haushalts, allen sichtbar zu machen, ob beispielsweise eine Umstellung der Inanspruchnahme des Sozialprodukts auf *gezielte, individuelle* Förderungen (etwa die berühmte Hilfe zur *Selbsthilfe)* den Entwicklungsablauf korrigieren und ihm vielleicht die automatische Tendenz nehmen könnte.

2. Natürlich ist auch bei uns wie in allen modernen Massenstaaten nicht nur die neue *finanzpolitische* Situation, die die riesige Expansion der staatlichen Versorgung und Daseinsfürsorge mit sich bringt, Gegenstand der Haushaltsproblematik, sondern auch die *bürokratische* Folge dieser Steigerung der öffentlichen Rate. Dem Budgetbereich ist damit die Frage zugeschoben, ob die bisherigen *Formen der staatlichen Verwaltung* dem neuen Tatbestand gewachsen, ob sie überhaupt noch angemessen sind oder nicht durch ganz andere Erledigungswege ersetzt werden müssen. Da das Individuum wachsende Ansprüche an den Staat stellt, stellt dieser immer größere Anforderungen an das Individuum. Soll dieser gewaltige Prozeß insgesamt durch die staatliche Maschine gedreht, kann er nicht, muß er nicht sogar wenigstens teilweise an die Beteiligten abgegeben werden?

3. Aber das Dritte ist vielleicht noch bedeutungsvoller. Die Anwendung der Erkenntnisse über die grundlegenden *Aufgaben des Staates,* seine Stellung, das Wesen der Staatswirtschaft ist der entscheidende Mangel des heutigen öffentlichen Haushalts. Hier herrscht die größte Unsicherheit, die durch den Integrationsvorgang nur noch gesteigert wird. Vielleicht hängt diese Kursunsicherheit damit zusammen, daß sich

die *Theorie des öffentlichen Haushalts* längst in unseren Vorstellungen gewandelt hat[2].

Der *politische* Ausgangspunkt schuf das moderne Budget. Er besteht noch heute. Die Institutionalisierung brachte die Theorie von der *rechtlichen* Budgetfunktion, der nun in einem großen, aber bislang noch nicht überall effektiven Siegeszug die Theorie von der Vorherrschaft der *wirtschaftlichen* Budgetfunktion gefolgt ist. Die demokratisch befriedigende, zuverlässig in das Rechtssystem eingebettete Haushaltsgestaltung erscheint als ein Teil des *ökonomischen Gesamtvorgangs*[3]. Der Stand unserer Diskussion schien bislang zu sein, daß alle drei Theorien ihre Berechtigung haben und die haushaltsmäßige Ausgewogenheit in dem geordneten *Neben-*, nicht Untereinander der drei Funktionen besteht.

4. Nun tritt die gesellschaftliche Budgetfunktion auf, die man auch die *sozialstaatliche* nennen kann. Die bisherige Wertung der Ausgangspunkte des öffentlichen Haushalts, des politischen (der Feststellung und Deckung des Bedarfs), des rechtlichen (in einer festen Ordnung) und des wirtschaftlichen (in gesicherter Ausgewogenheit der Gesamtwirtschaft) verblaßt oder es tritt eine neue übergeordnete Zusammenfassung, eben die sozialstaatliche, an ihre Stelle[4]. Das Phänomen ist von hoher, auch

---

[2] Siehe Fritz *Neumark:* Wirtschafts- und Finanzprobleme des Interventionsstaates, 1961, J. C. B. Mohr (Paul Siebeck), Tübingen.

[3] Zur zurückliegenden Entwicklung insbesondere *Neumark* und *Weichmann* in „Methoden neuzeitlicher Etatgestaltung"; Institut zur Förderung öffentlicher Angelegenheiten, 1954.

[4] „Dem Staat des Grundgesetzes ist es kraft Verfassungsrechts verwehrt, im Bereich des Gesellschaftlichen und Wirtschaftslebens nur mehr „Kampfwart" zu sein — wie es Adolf Weber einmal ausgedrückt hat; er muß kraft rechtlicher Verpflichtung als positiv Gestaltender auftreten." So überspitzt und als orthodoxer Postulant Claus *Arndt:* Zur Bedeutung der Sozialstaatsklausel im Grundgesetz in „Gewerkschaftliche Monatshefte", 1961, Nr. 8.

„Das Grundgesetz für die Bundesrepublik Deutschland stellt in seinen Artikeln 20 Abs. 1 und 28 Abs. 1 fest, daß Deutschland in seinem Geltungsbereich ein sozialer Rechtsstaat ist. Die Bedeutung dieser Charakterisierung gewinnt dadurch ein besonderes Gewicht, daß Artikel 79 Abs. 3 GG diese Feststellung in Artikel 20 Abs. 1 GG zur Staatsfundamentalnorm erhebt, die legal nicht abgeändert werden kann. Mit dieser in einer aktuellen Norm des positiven Verfassungsrechts getroffenen Selbstbestimmung des durch das Grundgesetz verfaßten Staatswesens ist die klare und grundsätzliche Entscheidung für einen Staatstypus gefallen, der nicht mehr liberalistisch sein kann und damit den spöttisch so genannten Zustand des Lassalleschen „Nachtwächterstaates" überwunden hat. Das geschriebene Verfassungsrecht hat damit nur die Konsequenzen aus der historischen Entwicklung in der ersten Hälfte des 20. Jahrhunderts gezogen: Der Staat von heute sieht sich keiner festgefügten und intakten Sozialordnung gegenüber, sondern muß diese erst selbst schaffen ..."

Aus diesen Feststellungen zur gegenwärtigen Verfassungslage ergeben sich nach Arndt Folgerungen, die besondere Rechtspflichten sowohl für die obersten Verfassungsorgane — insbesondere Bundestag und Bundesregierung (aber nicht nur für sie) — als auch für den einzelnen Staatsbürger nach sich ziehen. Der Staat sei durch Artikel 20 Abs. 1 GG nunmehr kraft ausdrücklichen Verfassungsrechts gehalten, dem einzelnen einen positiven sozialen Status einzuräumen und ihm das Existenzminimum zu garantieren. Gesetzgebung

unmittelbar praktischer Bedeutung und kann nicht nur die Gliederungs-, Erläuterungs- und Prinzipfragen des Haushalts, sondern auch seine ganze Grundlage wesentlich beeinflussen.

Der Kern der inneren Unsicherheit über die Richtung des öffentlichen Haushaltswesens scheint in der Tat die Ungewißheit über die Position des *Staates* in unserer industriell-bürokratischen Gesellschaft zu sein, also die Frage, ob diesem Massenstaat, dem nur *subsidiär* tätigen Staat, dem durch große *föderative* Bindungen und *Integrationsvorgänge* in den Hoheitsfunktionen umgestalteten Staat und den Trägern der staatlichen Funktionen eine *grundsätzlich andere Stellung im öffentlichen Haushaltsbereich zufällt als bisher.* Wir erinnern uns, daß der einzelne von der Obrigkeit zu befreien war, anschließend seine wirtschaftliche Tätigkeit. Im Augenblick scheint der Kampf darum zu gehen, den Menschen aus der Gewalt der befreiten Wirtschaft zu lösen, jener Wirtschaft, deren Verbandsinteressen die politischen Willensentschlüsse mitbestimmen. Der öffentliche Haushalt, dessen Einnahmeseite sich völlig von ihm abgewendet hat und sozusagen nur einen rechnerischen Gegenpol zur Ausgabeseite bildet, betreut im Rahmen dieser Ausgaben nur noch einen *Teil* der Wirtschaft. Die Einkommensumschichtung ergreift nicht mehr allein die Einzelmenschen oder die nach sozialen Tatbeständen ausgerichteten Gruppen, sondern über Subventionen und Ausgleiche aller Art auch ganze Verbände, um ihnen einen wirtschaftlichen Wettbewerb zu ermöglichen oder sie vom Wettbewerb auszuschließen. Damit scheint der öffentliche Haushalt weit über sein bisheriges Ufer zu treten und Inbegriff und maßgebender Gestalter der sozialen und wirtschaftlichen Gesellschaftsordnung zu werden.

Diese Tatsache, daß die über den Haushalt als Generaleinkommensverteiler gesteuerte Begünstigung einzelner oder von Gruppen Anspruchsberechtigter gegenüber der Zeit vor 40 Jahren ein riesenhaftes Ausmaß angenommen hat und daß schätzungsweise der öffentliche Haushalt heute das Zehnfache seines damaligen Anteils für öffentliche Leistungen und für die Umverteilung der Einkommen in Anspruch nimmt, ist bisher überwiegend nur unter dem Gesichtspunkt der quantitativen Auswirkung auf die Budgets aller drei Verwaltungsebenen und der Einschränkung des Selbstbehauptungswillens des einzelnen gewürdigt worden. Das ist unzweifelhaft zu eng. Es fehlt der soziale Gesamtausgleich,

---

und Verwaltung dürften sich daher nicht darauf beschränken, allein auf dem Wege über das Steuersystem oder die Zölle — d. h. negativ — die Sozialstruktur zu bestimmen, so groß die Bedeutung dieser Einflußnahme auch heute schon sein möge. Die obersten Verfassungsorgane hätten vielmehr das Recht und die Pflicht, die soziale und wirtschaftliche Ordnung positiv auf dem Wege der Gesetzgebung zu gestalten. So insbesondere deutlich das Bundessozialgericht (NJW 1958, S. 1252) und *Hamann*, Gewerkschaften und Sozialstaatsprinzip, Odenburg 1959, S. 22.

der zu einem wesentlich mitbestimmenden Gestaltungsfaktor des Haushalts werden muß.

Was aber die qualitative Seite angeht, ist hier überwiegend die wirtschaftspolitische Budgetfunktion angesprochen. Das Dilemma der Haushaltspolitik und damit des Haushaltsrechts besteht hier darin, daß die einen mit dem Instrument des Haushalts unmittelbar Wirtschaftspolitik machen wollen und vom Haushalt verlangen, daß er sich diesen Erfordernissen anpaßt, während die anderen in einem Überwiegen dieser Aufgabe eine Gefährdung des bisherigen sogenannten eigentlichen Zwecks des öffentlichen Haushalts erblicken. Das Dilemma ist bisher nicht gelöst, ungeachtet aller Geister, die darum gerungen haben. Eine befriedigende Lösung ist nach der augenblicklich noch herrschenden Ansicht auch vorläufig nicht denkbar, weil die ökonomische Komponente sich mit einer Vielzahl der administrativen Haushaltszwecke nicht verträgt, weil der Haushalt ein Instrument in der politisch-parlamentarischen Apparatur ist, weil seine wirtschaftspolitische Steuerung ihn aus den rechtlichen Angeln hebt und weil schließlich die volkswirtschaftlichen Voraussetzungen einer Steuerung in das zwangsläufig Rechenhafte des Budgets nicht sicher eingebaut werden können. Eine zweite Schwierigkeit liegt angeblich darin, daß das Dilemma mit der Größe der bewegten Summen wächst, die Parlamente immer mehr an die Schaffung fester Ansprüche und politischer Bindungen herangehen und der öffentliche Haushalt eine sozial nötige Aufgabe unter Umständen bewirken und zugleich verhindern muß. Die Frage veredelt sich, wenn man unterscheidet, ob die *Haushaltsplanung* oder der *Haushaltsvollzug* die nötigen Vorkehrungen wirtschaftspolitischer Gleichschaltung enthalten sollen. Ist für den Formulierungsbedarf des Haushalts die Konjunktur schon meßbar? Gibt es praktikable Kriterien für den konjunkturanteiligen Inhalt des öffentlichen Investitionsbedarfs und die *wirtschaftlichen* Auswirkungen seiner Deckung?

Eine weitere Frage zum neuen Ausgangspunkt ist, ob eine einheitliche Planung des Haushalts der *gesamten* öffentlichen Hand sich praktisch oder gar verfassungsrechtlich im Hintergrund bereits formiert. Können wir in Vorschriften, die die Unabhängigkeit und Selbständigkeit der Haushaltswirtschaft von Bund, Ländern, Gemeinden, Verbänden und sonstigen autonomen Körperschaften proklamieren, angesichts der finanziellen Gesamtbelastung der Bürger und Wirtschaft und der riesenhaften Einzel- und Gemeinschaftsaufgaben der öffentlichen Hand noch mehr als eine Administrationsweisung sehen, die uns über der bloß rechtlichen Klarstellung der Weisungshoheit zur äußersten Zusammenarbeit und zur Synchronisation aller finanziellen und wirtschaftlichen Unterlagen verpflichtet?

Die Entwicklung eines *Haushaltssystems* allerdings, bei dem im öffentlichen Gesamtbereich *automatisch irgendeine Glocke ertönt,* und zwar sowohl bei der Planung wie beim Vollzug und bei der Kontrolle, eine Glocke, die auf eine volkswirtschaftliche, wirtschaftliche oder rechtliche Unstimmigkeit hinweist, wird niemals möglich sein. Aber leider ist das Budget aller deutschen Verwaltungsebenen im Bereich seiner *Ordnungs*funktion auch fast alles schuldig geblieben, was beispielsweise zu einer *Entwirrung* der *Kompetenzen* hätte beitragen können. Die kürzliche Diskussion der sogenannten Gemeinschaftsaufgaben konnte an keine haushaltsmäßige Hilfsstellung angehängt werden.

Die Frage, ob die Auffassung von der bloßen *Subsidiaritätsstellung* des Staats und die sozialstaatliche Theorie den Ausgangspunkt auch des Haushaltsrechts geändert haben, stellt sich naturgemäß in erster Linie für die alte Problematik, ob die Regierungen die Haushaltspläne außerhalb des Bereichs der subjektiven Rechtsansprüche nach wie vor *nur als Ermächtigungen,* nicht aber als Verpflichtungen betrachten dürfen. Auf den ersten Blick scheint, daß die Ansicht von der bloßen Ermächtigung eine neue Philosophie erhalten hat. Doch muß man unter dem Gesichtspunkt des Sozialstaats wohl noch weiter darüber nachdenken. Der Grundsatz der Subsidiarität ist bekanntlich als Haushaltsprinzip nicht besonders anerkannt, obwohl er sich in der Plakatvorschrift des § 26 RHO zu befinden scheint. Die öffentliche Verwaltung darf regelnd nur eingreifen, wo dies im *allgemeinen* Interesse der sozialen Gemeinschaft nötig ist.

Zu dieser Problematik gehört die Position des Haushalts und Haushaltsrechts im neuen *Verwaltungsablauf.* Fordert der ansteigend öffentliche Charakter unserer Staats- und Wirtschaftsverfassung eine noch klarere und schärfere *Ordnung* der Einzelheiten unserer öffentlichen Finanzgebarung oder soll das Haushaltsrecht der neuen Wirklichkeit durch größere *Ermessensbreite* der *Exekutive* Rechnung tragen? Die Befreiung in *Einzelheiten* setzt naturgemäß eine größere Bindung an die *Grundlinien* des Sozial- und Wirtschaftsgefüges voraus.

Die Darstellung dieses Gefüges ist eines der entscheidenden Probleme. Im Rahmen dieses Vortrags ist das Thema nicht näher zu behandeln. Es handelt sich darum, einen neuen *Generalnenner* für die Aufmachung des öffentlichen Haushalts zu finden. Ob wenigstens eine *Vorschrift* des Haushaltsrechts denkbar ist, die die Einflußnahme auf und die voraussichtlichen Änderungen in der staatlichen, gesellschaftlichen und wirtschaftlichen Grundlage besonders darzustellen verpflichtet, sollte erörtert werden können[5]. Das Problem ist allerdings auch, ob eine Bestim-

---

[5] Die Frage, ob das Haushaltsrecht in der Vergangenheit die Umwandlung unseres Staats in einen modernen Massenstaat industrieller und bürokratischer Prägung effektiv beeinflußt, gefördert oder behindert hat, ist allerdings nur

mung denkbar ist, die die Abgeordneten verpflichtet, *solche Darstellungen zu lesen.*

Nicht jede *zusätzliche* Funktion bedeutet auch eine neue Dimension des Haushaltsplans. Aber oft multiplizieren neue wirtschaftliche oder soziale, finanzielle oder rechtliche Anforderungen die bestehenden Schwierigkeiten. Hier stellt sich auch die Frage nach dem *Menschentyp,* der den Haushaltsplan aufbauen und vollziehen soll. Das Entwicklungsproblem des öffentlichen Haushalts ist nämlich kein theoretisches Erkenntnisproblem allein, sondern eine Frage *vielfältigster,* auch rein praktischer Zusammenhänge, eine Verbindung volkswirtschaftlicher, staatswirtschaftlicher, politischer, parlamentarischer, administrativer, finanzrechtlicher und menschlicher Probleme in der Planung, Anwendung und Kontrolle der öffentlichen Finanzen.

Die *Selbsthilfe der Betroffenen oder Interessenten,* die uns dieses Vielerlei abnehmen könnte, hat sich am wenigsten organisieren lassen. Kürzlich machte ein großer Verband den Versuch, eine öffentliche Anleihe selbst zu organisieren. „Niemals wieder!" war die einhellige Äußerung der Betroffenen nach diesem Versuch. Das Ausland bietet hervorragende Beispiele der Erledigung öffentlicher und halböffentlicher Aufgaben in eigener privater oder körperschaftlicher Regie.

Die Entwicklung hat ferner versagt bei der Gewinnung eines *natürlichen Interesses* der Beteiligten an der *Wirtschaftlichkeit* der Veranschlagung und Ausgabe[6]. Es fehlt in der Staatswirtschaft ferner das, was wir das *Kostengesetz im Budget* nennen würden. Aber wenn gelegentlicht eine Haushaltsvorschrift vorgeschlagen wird, daß die Zuwachsrate des öffentlichen Finanzbedarfs nicht die Zuwachsrate des jährlichen Sozialprodukts übersteigen darf, werden Vorstellungen vom Wesen des öffentlichen Haushalts sichtbar, die im luftleeren Raum stehen.

Das Fernhalten von *Interessenten* aus dem Bewilligungs- und Bewirtschaftungsbereich reift dagegen langsam zu einer gesetzlichen Regelung heran[7].

Die Frage nach den *Entwicklungstendenzen* des öffentlichen Haushalts in der Bundesrepublik ist zunächst wohl schlicht dahin zu formulieren: Wenden wir heute noch mit Überzeugung die Prinzipien an, die

---

unter gewissen Vorbehalten zu verneinen. Richtig ist, daß das Budget auf die wirtschaftlichen und soziologischen Folgen der allein von ihm bewirkten Einkommensumschichtungen umfassender und klarer hätte aufmerksam machen können, gegebenenfalls in Nebenbänden.

[6] Welche Erfahrungen der Betriebswirtschaft können Staat und Kommunen für die wirtschaftliche Gestaltung ihrer Verwaltung und ihrer Ausgaben übernehmen? Gemeinsame wirtschaftliche Grundregeln in privater Wirtschaft und öffentlicher Verwaltung, Gutachten 1958, Verlag Schwartz & Co., Göttingen.

[7] An einzelnen Stellen ist bereits erfolgreich erprobt, daß beispielsweise nur eine schriftliche Einflußnahme überregionaler Verbände, sonstiger Interessenten usw. zugelassen wird.

seit 1922 und nach 1945 unsere Haushaltsarbeit bestimmt haben und die der RHO ebenso wie unserer jetzigen Praxis ihren Stempel geben, nämlich die Grundsätze der *Einheit* des Budgets, der *Genauigkeit,* der *Übersichtlichkeit,* der *Öffentlichkeit* der *Vorherigkeit, der Jährlichkeit,* der *Vollständigkeit,* der *verbotenen Zweckbindung, der Wirtschaftlichkeit*[8], der *Spezialität,* der *Unabhängigkeit der Kontrolle* und schließlich des *Haushaltsausgleichs.*

Viele sogenannte fortschrittliche Lösungen des Auslandes zu diesen prinzipiellen Fragen haben sich bei uns und vielfach auch in ihrer Heimat als interessante, aber bloß theoretische Beiträge erwiesen[9]. Nur der Strukturwandel der *Haushaltswirtschaft* zu einer *konjunkturbewußteren* Finanzwirtschaft hat unverkennbare Fortschritte gemacht. Vor 5 Jahren hätte man dies noch nicht behaupten können. Aber jetzt ist schon sichtbar, daß möglicherweise nach weiteren, vielleicht schwerwiegenden Erfahrungen die haushaltsmäßige Konjunkturdiskussion sich im Rahmen der *Haushaltspolitik* außerhalb des Haushalts*rechts* vollziehen kann. Dies setzt allerdings voraus, daß die Wirtschaftspolitik *verläßliche* und anwendungsfähige Grundsätze zu entwickeln vermag[10].

II. Die antizyklische Finanz- und Haushaltsgebarung

Die Auseinandersetzung mit der sogenannten *wirtschaftspolitischen Budgetfunktion* ist damit für die nächste Richtung des öffentlichen Haushalts in der Bundesrepublik entscheidend. Für die sozialstaatliche müssen sich erst noch weitere Profile aus dem beizufügenden Haushaltsmaterial entwickeln.

---

[8] *Bank:* Zweckbindung, Wirtschaftlichkeit und Sparsamkeit als Normbegriffe des Haushaltsrechts; Der öffentliche Haushalt, 1956, S. 240.

[9] Die Verflechtung mit der Volkswirtschaft ist an manchen Stellen ganz in die Nebenbände des Budgets geraten. Ferner trennt gelegentlich auch im Ausland der bundesstaatliche Charakter vieles, was haushaltsmäßig und organisch zusammengehört; die zusammengehörigen Teile finden sich manchmal auch nicht mehr. Auch im Ausland wird beklagt, daß nicht einmal die Kontrolle an der rechten Stelle zur rechten Zeit die zusammengehörigen Ausgaben ereilt.

[10] Zu den Anforderungen der volkswirtschaftlichen und betriebswirtschaftlichen Theoretiker an den öffentlichen Haushalt wird übrigens in der Praxis vorweg eine generelle Einwendung gemacht. Die Erfahrungen der Konjunkturschwankungen seit 1948, die monetären Verwicklungen, die Zerrüttung auf dem Arbeitsmarkt, die Aufweichung der nationalen Verantwortung durch übernationale Rücksichten usw. haben, so sagt man, auch bei uns in kurzer Zeit viele, gut brauchbare theoretische Beiträge zum Strukturthema des öffentlichen Haushalts in Frage gestellt. Man hat gefragt, wo eigentlich die Budgetlehre einsetzen soll. Die Praxis müsse sich bei dieser Sachlage zunächst einmal darauf beschränken, die Übersichtlichkeit des Haushalts zu verbessern und damit den Einblick in die volkswirtschaftlichen und manche spezialwirtschaftlichen Auswirkungen zu ermöglichen.

Die große Konjunktur unserer Jahre, die dem Wirtschaftswunder sozusagen noch eine Platinfassung gegeben hat, schleudert die Zusammenhänge zwischen Konjunktur und Haushalt immer wieder aus den verschiedensten Gesichtspunkten in die wissenschaftliche und politische Ebene. Nach dem Schwächerwerden der bisherigen wirtschaftspolitischen, monetären und sonstigen konjunkturpolitischen Behelfe und der Teilintegration wirtschaftlicher und finanzieller Bereiche rückte der öffentliche Haushalt, „weil man doch den in der Hand hat", immer wieder zum *Konjunkturregler* auf. Das Haushaltsrecht wurde anschließend zum Angeklagten, weil es der Haushaltspolitik jegliche Freiheit (auch des Unterlassens) böte und keine automatischen Formeln für konjunkturdämpfende Effekte bereit habe. Die Forderung nach einer *antizyklischen Haushaltsgebarung* wurde in einer erfreulich breit geführten Diskussion ein Schlagwort, von dessen Wirkung sich die Forderung nach einer bloßen Generalüberholung unseres Haushaltswesens nur schwer wird erholen können. Überall erklingt der Ruf nach einem Haushaltsrecht, das eine *Kontrastpolitik gegen den jeweiligen Konjunkturverlauf von selbst erzwingt.* Leider ist die Diskussion über die Voraussetzungen solcher Eingriffe und deren Formulierung, von Einzelheiten abgesehen, in den Ansätzen steckengeblieben[11].

Wenn die Finanzminister ihren Voranschlag vorlegen, sagen sie seit einiger Zeit, daß ihre Richtlinie die *Aufrechterhaltung der Wirtschaft* in ihrer Gesamtheit sei. Damit ist die wirtschaftspolitische Funktion des Haushaltsplans programmatisch angesprochen. Die erste Frage ist, ob das Haushaltsrecht oder ein Verfassungssatz eine solche Formel als *Leitgedanken für den Voranschlag* bestimmen könnte. Die Aufrechterhaltung der Wirtschaft in ihrer Gesamtheit ist das Ziel jeder Wirtschaftspolitik; darin steckt Erhaltung, Fortschritt, Ausdehnung, Ausgewogenheit. Die neuen Europäischen Gemeinschaften verkünden es als Ziel der Integration. Es geht aber wohl zu weit, dem Budget in aller Form die Aufrechterhaltung der Wirtschaft in ihrer Gesamtheit zuzuweisen und aus dieser anspruchsvollen Zielsetzung praktische Folgerungen ziehen zu wollen. Wer will die Voraussetzungen bestimmen, wer die Methoden nennen, ihre Einhaltung im Plan, ihre Aufrechterhaltung beim Vollzug kontrollieren? Es kann sich nur darum handeln, dem Budget bei dieser Aufgabe, die auch sozialpolitisch gesehen werden muß, den ihm zukommenden Anteil an der Lösung zuzuweisen. Das Gleichgewicht

---

[11] *Etzel:* „Die Forderung nach einem antizyklischen Verhalten der Finanzpolitik ist seit einigen Jahrzehnten eine selbstverständliche Forderung der modernen Konjunkturwissenschaft." *Neumark* bemerkt dazu: „Diese Feststellung ist in der Tat vollkommen zutreffend, nur muß sie, insbesondere auch in bezug auf die Bundesrepublik, dahin ergänzt werden, daß es bislang im wesentlichen bei der „Forderung" geblieben ist, die Realisierung dieses Postulats jedoch trotz seiner „Selbstverständlichkeit" noch in den Anfängen steckt."

der Wirtschaft ist ein Zustand, der aus tausend Komponenten gebildet wird, an allen Fronten verteidigt werden muß. *Die Beseitigung aller Ungleichgewichte dem Haushaltsplan programmatisch aufzubürden, ist ausgeschlossen.*

Betrachten wir uns nun das Wesen der *Vorwürfe*[12] *gegen das geltende Haushaltsrecht und die Haushaltsgebarung* im Rahmen dieser Diskussion über die antizyklische Finanzpolitik. Da ist zunächst die Schwerfälligkeit des Haushaltsapparats, dann die damit zusammenhängende Langsamkeit parlamentarischer Entschlüsse, ferner die mangelnde Manövrierfähigkeit der Staatsausgaben und schließlich die angebliche Unbeweglichkeit des exekutiven Apparats, der an dem Haushaltsinstrument allzu starr festhält.

An diesen Vorwürfen ist vieles richtig. Eine leichtere Manövrierbarkeit des Haushalts kann vorteilhaft, aber auch ein schwerer Nachteil sein. Mit der Größe der Verhältnisse wächst ganz zwangsläufig die Unbeweglichkeit in der Steuerung. Die Entscheidungen nach unten zu verlagern, bedeutet aber, nachgeordnete Stellen zu Konjunkturstellen zu machen; es kommt hinzu, daß das Budget nur ein Teil des konjunkturpolitischen Instrumentariums sein kann. Die Finanzpolitik, die Steuerpolitik, die Vermögenspolitik, die Arbeitsmarktpolitik und nicht zuletzt die Wirtschaftspolitik und die Notenbankpolitik sind die übrigen Teile. Wem soll anvertraut werden, was staatspolitisch nötig, aber konjunkturpolitisch bedenklich ist, und das in einem Lande, in dem die Finanz- und die Wirtschaftspolitik ressortmäßig streng geschieden sind und sich nur bei einer geeigneten personellen Lösung konfliktfrei überlagern. Alles blickt auch immer nur auf die Investitionen und auf die Liquidität, nicht dagegen auf die Zwecke, die unter Umständen gerade Akte der Kontrastpolitik sein können. So kommt es immer wieder zu der Forderung, daß das *Budget selbst* konjunkturbestimmend aufgebaut sein müsse. Der *Voranschlag* kann aber niemals ein budgetärer *Rangierbahnhof* sein, abgesehen von extraordinären Konjunkturlagen. Die staatspolitische Wertung der Zweckausgaben muß von politisch verantwortlichen Stellen vorgenommen werden. *Deshalb kann die konjunkturelle Steuerung des Budgets im Regelfall nur im Vollzug des Haushalts liegen.* Alles Weitergehende bedeutet eine Plan- und Staatswirtschaft, die, wenn sie konjunkturell erfolgreich sein will, naturgemäß nicht nur die unmittelbare konjunkturelle Steuerung der bundeseigenen Betriebe, sondern auch die Gleichrichtung der Länder- und Gemeindewirtschaft und, was das Entscheidende ist, die Einordnung auch der öffentlichen Zwecke in einen gedachten volkswirtschaftlichen Ablauf verlangen muß.

---

[12] Einen Überblick gibt u. a. *Seidenzahl* im Sonderdruck der Börsen-Zeitung, Frankfurt/Main, 1960, „Reform der Etatpolitik“.

Was antizyklisch ist, besser gesagt, was eine Kontrastwirkung hervorrufen kann, ist weitgehend umstritten[13]. Es gehört nicht viel Phantasie dazu, sich vorzustellen, in welch hoffnungslosen Wettlauf mit der volkswirtschaftlichen Theorie das Haushaltsrecht geraten würde, wenn es von sich aus zu lösen versuchte, ob z. B. *Investitionen,* die demnächst das Warenangebot steigern helfen, *antizyklisch* sind oder nicht, ob Rentenerhöhungen, die an einen Index angeschlossen sind, unterbleiben müssen, weil die Zahlungen die Nachfrage unangemessen erhöhen, ob Bestellungen in einem Land, das sich selbst in einer Konjunkturklemme befindet und uns nur anschließend seine Aufträge wieder zuschiebt, dämpfend wirken usw.

Bei den Vorschlägen geht man beispielsweise davon aus, daß ein *automatisches* Eingreifen gerechtfertigt sei, sobald die Nachfrage die Produktionsmöglichkeiten übersteigt. Wie stellt man das mit den nötigen regionalen Differenzierungen fest? Die Schere zwischen Nachfrage und Kapazität entwickelt sich bekanntlich branchenmäßig sehr verschieden. Es ist auch schwerlich eine *Vorschrift* denkbar, die bei bestimmten wirtschaftlichen Tatbeständen die Ausgabe bremst oder die Art der Verausgabung umgestalten kann. Welcher Art sollten solche Tatbestandsmerkmale sein, etwa die Zahlen des Arbeitsmarkts, der Zahlungsbilanz, der Export- und Importüberschüsse oder -defizite, des Verhältnisses von Bruttosozialprodukt und öffentlichem Haushalt, des Güterangebots und der -nachfrage? Ungezählte Male sind diese Fragen durchdacht worden, ohne daß es bisher zu klaren Forderungen an das künftige Haushaltsrecht gekommen wäre. Mir persönlich erscheint allerdings, daß wir *endlich einen Formulierungsversuch* machen sollten, bevor die nächste große Konjunkturerfahrung uns schwerste Versäumnisse bescheinigt[14].

Dazu kommt als Problem die doppelseitige Brauchbarkeit der rechtlichen Eingriffsbehelfe. Wenn wir von dem Einbau des Budgets in den

---

[13] Siehe z. B.: „Aufgaben und Möglichkeiten der *Finanzpolitik* angesichts der Gefahren einer konjunkturellen Überhitzung" (Gutachten Wissenschaftl. Beirat BMF 30/I/60, Bundesanzeiger, Nr. 65, S. 3).
Inhalt:
1) Verewigung des Gesamtvolumens der öffentlichen Ausgabenhaushalte.
2) Zurückstellung von Bauten (außer Schulen und Krankenhäusern).
3) Keine Freigabe von Haushaltsresten.
4) Kürzung der Subventionen.
5) Verlagerung von Ausgaben ins Ausland.
6) Öffentliche Kreditpolitik.

[14] Sehr weit fortgeschritten z. B.: *Werlé:* Öffentliche Investitionen und Wirtschaftswachstum, Vorschlag für eine antizyklische Vergabe öffentlicher Investitionsaufträge, 1960 Duncker und Humblot, Berlin (Heft 25 des IFO-Instituts). Der Verfasser verweist mit Recht darauf, daß die Ausgewogenheit der wirtschaftlichen Entwicklung der Bundesrepublik und der westlichen Welt im Wirtschaftskampf zwischen Ost und West von entscheidender Bedeutung sein kann. Seine Vorschläge setzen ein anderes Haushaltsrecht voraus, als es zur Zeit besteht.

volkswirtschaftlichen Gesamtablauf sprechen, schauen wir zur Zeit nämlich bei allen Einzelfragen immer nur auf die Hochkonjunktur und weniger auf die Gültigkeit der Vorschläge auch für die Depression, die für einzelne Branchen auch in der Hausse eintreten kann und umgekehrt. Da war es bisher ein anerkannter Grundsatz, daß im Boom die *Steuerpolitik* der Finanzminister und die *Kreditpolitik* der Notenbank, in der Depression die *Ausgabepolitik* das Heil bringen sollten. Heute hört man es fast umgekehrt, oder auch durcheinander. Höhere Steuern wirken einerseits in der Hochkonjunktur preistreibend und lösen andererseits haushaltsmäßig nur wieder die bekannten Schäden der „sinnlichen Kasse" aus. Soll das Haushaltsrecht oder das Haushaltsgesetz hier regulierend wirken, flexible Sätze zulassen oder gar sonstige materiellrechtliche Anordnungen treffen? Ebensowenig wie es z. B. möglich ist, einen Ausgleich kurzfristiger Konjunkturschwankungen durch eine *antizyklische Anhebung oder Senkung der Steuersätze* zu erreichen, weil die Steuerpolitik in ihrer wirtschaftlichen und sozialen Wirkung nicht den vorausschaubaren konjunkturpolitischen Erfordernissen angepaßt werden kann, eignet sich auch der Voranschlag des Haushalts nicht zu einer solchen Ausgleichsplanung.

Betrachten wir nur die Stellung der *Anleihepolitik* im öffentlichen Finanzbereich. Welche Haltung sollen Haushaltspolitik und Haushaltsrecht zu diesem Gegeneinander der Meinungen einnehmen? Auch Grundsätze unserer Bonner Verfassung spielen hier hinein, beispielsweise zur Frage der Anleihen für rein volkswirtschaftliche Zwecke. Darf ein Finanzminister Geld aufnehmen, wenn er noch solches hat, nur um es stillzulegen, oder für unrentable Zwecke usw.? Wer garantiert im Falle einer budgetrechtlichen Öffnung der Schleusen einen Sieg der *wirtschaftspolitischen Zielsetzung über die soziale?* Damit im Zusammenhang steht immer die Frage nach der zeitlichen Eignung der Instrumente des Budgets für einen solchen Kampf. Eine weitere antizyklische Forderung geht dahin, daß das Haushaltsrecht die *verstärkte Schuldentilgung* zur Pflicht macht. Wie soll man die Mittel bekommen? Die Steuermehreinnahmen ersetzen im allgemeinen die veranschlagten Anleihen. Sollen dennoch Schulden getilgt werden durch Anleihen, also durch neue Schulden?

Nun, wir sollten alle diese Fragen sehr ernst nehmen, auch wenn gelegentlich der Eindruck entstehen muß, daß viele Vorschläge zur antizyklischen Haushalts- und Finanzpolitik nur in einem perfekten *Planstaat* zu vollziehen sind[15].

---

[15] Die Meinung, daß unser *konjunkturpolitisches Instrumentarium* unzulänglich und insbesondere durch die Europäischen Gemeinschaftsverträge noch weiter eingeschränkt sei, scheint richtig, bedarf aber gründlichster Prüfung. Im nationalen und supranationalen Bereich ergeben sich auch bei der heutigen Rechtslage vielerlei wirksame Steuerungsmöglichkeiten, die in ihre globale

Statt des jährlichen Haushaltsausgleichs soll ein *zyklischer Haushaltsausgleich* Platz greifen, der die Ankurbelung und Abkurbelung der Wirtschaft sozusagen automatisch besorgt. Hier scheinen allerdings noch erhebliche Mißverständnisse zu bestehen. Die Praxis, der man vorgeworfen hat, daß sie an diesem Ausgleich weiterhin mit großer Zähigkeit

---

Wirkung ohne weiteres auch den öffentlichen Haushalt einbeziehen können, beispielsweise die konjunkturneutralen Ausgabearten, für die das Haushaltsrecht alle Freiheiten zur Verfügung zu stellen hat.

Zur supranationalen Kompetenzfrage schreibt *Chabrowski* („Volkswirt" 1961, Heft Nr. 15), der sich für eine „vorurteilslose" Bestandsaufnahme unserer *administrativen* Möglichkeiten einsetzt, die Behauptung, daß der Bundesregierung auf handelspolitischem Gebiet die Hände gebunden seien, nachdem die Kompetenzen auf die EWG-Kommission übergegangen seien, sei „einfach nicht wahr". Nach Art. 14 der römischen Verträge könne die Bundesregierung während der Übergangszeit die EWG-Binnenzölle durch einfache schriftliche Anzeige in Brüssel ganz oder teilweise aussetzen. Auch die Außenzölle seien keineswegs tabu. Die Zollerhöhungen im Zuge des gemeinsamen Außenzolltarifs könnten nach Art. 26 unter bestimmten Voraussetzungen und mit Genehmigung der Brüsseler Kommission für eine gewisse Zeit aufgeschoben werden. Mit Hilfe von Zollsenkungen könnten also erhebliche Einfuhrreserven erschlossen werden. Aber auch ohne den Gesetzgeber könnten zinsgünstige ERP-Kredite zur Importfinanzierung gegeben werden, ferner zusätzliche Bewertungserleichterungen durch Importlager. Die Wertgrenze für die Jedermann-Einfuhr könnte kräftig heraufgesetzt und das Warensortiment ausgeweitet werden. Ferner könnte die Umsatzausgleichsteuer manipuliert werden. Niemand hindere den Ernährungsminister, die landwirtschaftlichen Interventionspreise herabzusetzen und die Einfuhrsperrfristen zu verkürzen. Außer der verstärkten Beschäftigung ausländischer Arbeitskräfte sei die massive Verlagerung öffentlicher Aufträge und privatwirtschaftlicher Produktionen in das Ausland anzustreben, ferner eine Förderung der Berufsausbildung ausländischer Arbeitskräfte. Erwogen werden sollte auch die Zulassung ausländischer Baufirmen.

„Natürlich ist eine Entlastung des Arbeitsmarktes auch von der Nachfrageseite her denkbar. Damit sind dann sofort die verschiedenartigsten Pläne zur ‚Stillegung' von Kaufkraft angesprochen. In erster Linie ist die öffentliche Hand aufgerufen, ihre wachsenden Ansprüche auf Güter und Dienstleistungen in gewissen Bereichen zu drosseln. Die Stillegung von Steuereinnahmen im Zentralbanksystem wäre ein wirksames Mittel, wenn sichergestellt werden könnte, daß die öffentlichen Guthaben bei der Notenbank dem Zugriff der Parlamente so lange entzogen werden, als dies konjunkturell erforderlich ist. Unter Umständen wären zu diesem Zweck gewisse gesetzliche Vorkehrungen zu treffen. Nach allen bisherigen Erfahrungen sind nämlich freiwillige Ausgabenbeschränkungen der öffentlichen Hand reine Utopie: zementierte Etatansätze und der föderalistische Staatsaufbau der Bundesrepublik machen hier immer wieder noch so gute Vorsätze zunichte. Also sind gesetzliche Verpflichtungen zu schaffen, um eine die Gesamtnachfrage drosselnde, antizyklische Finanzpolitik sicherzustellen."

Auch im privatwirtschaftlichen Bereich seien Maßnahmen zur Einschränkung der Nachfrage möglich (Vorwegnahme von Abschreibungen auf künftige Investitionen und dergl., ferner Kaufkraftabschöpfung über Zwangsanleihen oder erhöhte Steuervorauszahlungen). Nur im ersteren Fall muß der Gesetzgeber initiativ werden, während für die Vorauszahlungen der § 34 EStG ausreicht.

In einem Schlußabsatz behandelt Chabrowski die Möglichkeiten zur Aufwertung des Wettbewerbs (zusätzliche Sparförderung, Privatkapitalexport, Teilzahlungsgeschäft, Förderung der Auslandsnachfrage).

festhalte[16], hat längst geeignete Methoden entwickelt, um für beide Richtungen des Konjunkturverlaufs das Nötige ohne formelle Schädigung der Ausgleichsvorschrift zu tun. Mit Recht spricht man deshalb im Sinne des Art. 110 GG nicht mehr von der Verpflichtung zum Haushaltsausgleich, sondern von der *Aufrechterhaltung des Haushaltsgleichgewichts.* Die beiden Seiten des Haushalts brauchen sich wirtschaftlich nur etwa zu entsprechen. Wenn das Haushaltsrecht die Einstellung mittelfristiger Geldaufnahmen als Deckungsmittel zuläßt und im umgekehrten Fall von der Finanzierung des außerordentlichen Haushalts aus dem ordentlichen Haushalt ausgeht, liegt ein modernes *Gleichgewichtsdenken* vor, daß nach meiner Überzeugung keine formelle Änderung des Budgetrechts nötig macht[17].

Nach einer vielgeäußerten Ansicht wird die einfachste Bremsung der Konjunktur dann erreicht, wenn die über den Voranschlag hinausgehenden *erhöhten Steuereinnahmen nicht verausgabt,* sondern auf einem Konto bei der Notenbank stillgelegt werden[18]. Praktisch würde dies bedeuten, daß diese Einnahmen den Haushalt überhaupt nicht erreichen oder aus ihm sofort wieder entfernt werden; technisch läßt sich beides bewerkstelligen. Aber man hat selbst schon eingewendet: Zwar sind die Erfahrungen mit der gemeindlichen Rücklagenbildung ausgezeichnet, diejenigen mit dem Juliusturm aber schlecht. Doch dazu ist zu sagen: Der Abschöpfungseffekt mit Hilfe der Einkommen- oder Körperschaftsteuer braucht den Haushalt auch rechtlich nicht zu berühren. Die Anordnung von Vorauszahlungen, die an die Bundesbank abzuführen sind, würde einen kontraktiven Effekt hervorrufen können, ohne die *Ausgabenseite* des Haushalts anzureizen.

Eine *Konjunktur-Rücklage* oder ein konjunktureller Stabilisierungsfonds ist in der Regel nicht zu realisieren. Auf supranationaler Ebene mag dies anders sein.

Es scheint im übrigen ein schwerwiegender Irrtum zu sein, daß die allgemeine Konjunktur *nur* über die *öffentlichen* Investitionen manipu-

---

[16] z. B. *Jecht* in seiner Studie in der Zeitschrift für Nationalökonomie, Bd. XX, 1960.

[17] Wie soll man ohne Ordnungsverlust einen *antizyklischen* Budgetausgleich manipulieren? Wie in einem solchen Rahmen einen Voranschlag und schließlich eine ausgeglichene Rechnung über mehrere Jahre machen, wie sollen sich die Beteiligten über die volkswirtschaftlichen Voraussetzungen einigen? Auch unter diesem Gesichtspunkt kann die These nur lauten, daß das Haushaltsrecht die Möglichkeiten für ein antizyklisches Verhalten zu schaffen hat, die Betätigung dieser Möglichkeiten aber in die Hände der Regierung legen muß, die ohne haushaltsrechtlichen Zwang das Nötige zur Anpassung an die konjunkturellen Bedürfnisse zu veranlassen hat. Vor jedem Automatismus muß gewarnt werden. Ebenso wichtig, wie der Besitz entsprechender *Ermächtigungen und Behelfe* ist, kann es unter Umständen einmal eine sogenannte Lebensfrage sein, daß sie nicht eher in Kraft gesetzt werden dürfen, bevor nicht alle anderen Möglichkeiten erschöpft sind.

[18] Dafür hat sich insbesondere *Stucken* mehrfach eingesetzt.

liert werden kann. Man geht heute sogar so weit, die Steuerung der *privaten* Investitionen über die *Kredit*politik der Notenbank abzulehnen; diese Investitionen könnten sogar einem unvernünftigen Gebrauch der Freiheit durch die Investoren ausgesetzt werden! Angesichts der jüngsten Erfahrungen und der Konvertibilität vieler Währungen scheint dies im Ergebnis richtig zu sein. Der Verzicht auf die Steuerung durch die Notenbank braucht aber nicht die Abstandnahme von jedem Einfluß auf die privaten Investitionen zu bedeuten; auch hierauf komme ich noch zurück.

Zur konjunkturpolitischen Steuerung der öffentlichen *Investitionen* sind viele Vorschläge gemacht worden, bei denen sich die Verfasser nicht ganz klar über die haushaltsmäßige Durchführung sind. Da sollen beispielsweise die Haushaltsansätze je nach der Konjunkturlage dosiert werden. Oder es sollen alle konjunkturell wichtigen Mittel einem besonderen Haushalt zugeführt werden, sei es bereits im Voranschlag oder erst im Vollzug. Eine Art Konjunkturbehörde würde dann über die Freigabe der Mittel entscheiden. Der Vorschlag selbst bedeutet natürlich die Atomisierung des Haushalts, weil fast in allen Ansätzen sich wichtige Investitionsteile befinden, beispielsweise im Sozialhaushalt, der bisher überwiegend als reiner Verbrauchshaushalt behandelt wird. Oder man fordert, daß die ersten Investitionsraten überall nur ganz klein sind, damit das jeweilige Vorhaben keine allzu große Festlegung von Mitteln vornimmt. Die Zwecke, wie sie sich in der harten Welt der Tatsachen stellen, nehmen leider auf solche Gedanken wenig Rücksicht. Oder man denkt daran, die Investitionshaushalte gleich für einen Gesamtzeitraum von fünf Jahren zu beschließen, wobei jährlich die Einzelfreigaben kontrolliert, ergänzt oder vermindert werden sollen. Mir scheint, daß hier die Kraft der Exekutive überschätzt wird. Andere Vorschläge sprechen davon, daß nach objektiven Indikatoren, nämlich den örtlichen Preisen und den jeweiligen Lieferfristen, die Investitionsraten an die einzelnen Branchen vergeben werden sollen usw. Es scheint, daß auch bei diesen Vorschlägen die mangelnde Gleichschaltung der öffentlichen Hand übersehen wird. Welche Bedeutung es hat, daß etwa eine Verwaltungsebene zur Mäßigung gezwungen wird, während eine andere sich finanziell austoben kann, kann nur der ganz ermessen, der den Gesamtzusammenhang von Finanzbedarf, Finanzverfassung und Politik kennt.

Zuzugeben ist: Die *Investition* ist im deutschen Haushaltsrecht nach wie vor das besondere Stiefkind. Dies gilt für ihre Planung, ihre Darstellung, ihren Vollzug, ihre Abrechnung und ihre Kontrolle. Der Budgetschematismus macht die Haushaltspläne oft für eine echte Investitionspolitik (auch ohne den Gesichtspunkt des antizyklischen Verhaltens) unbrauchbar. Doch man muß andererseits erkennen, daß die großen Investitionen eine oft vieljährig vorzubereitende Synchronisation von Plänen, Menschen, Maschinen, Recht, Geld und Konjunktur sind. Die Wirkung konjunkturbeeinflussender Maßnahmen setzt bei dieser Sachlage ein Zusammenspiel voraus, bei dem der Haushalt oft nur ein kleiner Beteiligter ist[19].

Es ist übrigens unzutreffend, daß $^4/_5$ der Ausgaben des Bundes oder gar mehr auf rechtlichen und vertraglichen Verpflichtungen beruhe. Die Manövriermasse des Haushalts ist größer, insbesondere in den Einzelheiten, weniger in den Globalsummen[20]. Antizyklisches Verhalten auch im *Verteidigungshaushalt* ist durchaus denkbar. Es tritt nur dann eine andere schwerwiegende Problematik auf, die eine Art höherer *Güterabwägung* bedeutet. Das ist etwas Ähnliches, wie wenn beispielsweise die Zurückstellung von Bauten entweder *gefordert* oder *gerügt* wurde, je nachdem es sich um Verwaltungsgebäude, Schulen, Krankenhäuser, Straßen oder Lager für Fremdarbeiter handelte, die aus Konjunkturgründen ins Land geholt worden waren. Was soll man beispielsweise von dem Vorschlag halten, den *öffentlichen* Wohnungsbau einzuschränken oder ganz zu unterlassen, während sich die sogenannten besseren Leute ihr zweites oder drittes Eigenheim, Landhaus oder Auslandshaus erbauen? Das öffentliche Budget ist eben ein *wesentlicher Teil unseres Lebensstandards* geworden. Alle Diskussionen kranken an der mangelnden Erkenntnis dieser Tatsache.

Die *Kongruenz des privaten und des öffentlichen Teils* unseres Lebensstandards kann nur durch ein Zusammenspiel von Politik, finanzpolitischer Willensbildung, durch den Bereich der unmittelbaren Staatswirtschaft und durch Einflußnahmen auf die Wirtschaft hergestellt werden. Von der *Haushaltspolitik* zu verlangen, daß sie die Kongruenz beachtet, ist selbstverständlich; ein Gleiches vom Haushalts*recht* zu fordern, unmöglich[21, 22].

---

[19] Bei der Manipulierung der öffentlichen Ausgaben, die man als Konjunkturregler wählt, weil man glaubt, sie in der Hand zu haben, soll nach vielen Vorschlägen eine volkswirtschaftliche „*Güterabwägung*“ nicht stattfinden. Die Folgen können sehr bedenklich sein. Auch unter diesem Gesichtspunkt ist eine Synchronisierung von öffentlicher und privater Wirtschaft nötig, selbstverständlich ohne daß der antizyklische Eingriff das marktwirtschaftliche Prinzip verletzt. Man übersieht gelegentlich auch, daß oft die Bedürfnisse der öffentlichen Hand nur äußerlich in einem Konflikt mit den konjunkturpolitischen Grundsätzen stehen, da die Ausgaben, um die es geht, selbst Dämpfungscharakter haben sollen.

[20] Auf der Bundesebene wird man von mindestens 25 % Manövrierbreite ausgehen können.

[21] Mit diesen Forderungen bewegen wir uns allmählich wieder auf die Frühzeit des öffentlichen Haushalts zu, in der die wichtigsten Bewirtschaftungsmerkmale den Jahreshaushaltsgesetzen überlassen waren. Das Haushaltsrecht, das sich aus ihnen entwickelte, machte dann endlich den Versuch, der Haushaltspolitik die Möglichkeit für jedes volkswirtschaftlich, finanzwirtschaftlich und politisch richtige Verhalten zu bieten. Das Haushaltsrecht

Auch der *Zeitfaktor* im politisch-parlamentarischen und wirtschaftlichen Bereich zwingt dazu, den Haushaltsvoranschlag *ohne*, aber die Durchführung des Haushaltsplans *mit* den Behelfen zu gestalten, die sich aus der jeweiligen Konjunkturlage und den Erkenntnissen der Konjunkturpolitik ergeben. Mit den kürzlich erlassenen Bestimmungen des Haushaltsgesetzes des Bundes über die besonderen Stopprechte des Finanzministers ist ein Anfang gemacht, der allerdings noch keine endgültigen Schlüsse zuläßt. Der Kern ist aber gut. Das Haushaltsrecht muß eine Steuerung des Haushaltsvollzugs ermöglichen, die die heutigen Formen finanzpolitischer Willensbildung sprengt. Wohin hier die Reise zu gehen hat, zeigen uns Staaten, die die wirtschaftliche und finanzielle Verantwortung organisatorisch in eine Hand legen. In der Bundesrepublik ist dies noch nicht praktiziert. Eine andere Form des Regierens, ein wirkliches *Wirtschaftskabinett* mit Richtlinienkompetenz kann uns in Verbindung mit neu zu schaffenden haushaltsrechtlichen Befugnissen der gewünschten Harmonisierung des Haushaltsvollzugs mit der Wirtschaftsentwicklung näherbringen.

Zusammenfassend möchte ich also sagen: Die kompensatorische oder Kontrastpolitik im Haushaltsbereich ist nicht in erster Linie eine Frage der Planungs-, sondern der Vollzugspolitik, die sich im wesentlichen auf *Ermächtigungen* an die Regierung zu gründen hat. Das Haushaltsinstrument ist zu umständlich für rechtlich gesteuerte Anpassungen, besonders wenn die Konjunkturlage nicht eindeutig ist. Für die Planung muß immer die öffentliche Bedarfslage entscheidend sein, für den Vollzug kann es dann die Konjunktursituation werden. Langfristige Pläne haben den Nachteil der politischen und sachlichen Unverbindlichkeit. Ob das Haushalts*recht* für lange Zeiten einer tiefen Baisse oder einer ständig ansteigenden hohen Hausse automatische Vorkehrungen treffen kann, möchte ich nicht ohne Optimismus noch vorläufig dahingestellt sein lassen; Haushaltsgesetz und Haushaltsplan können es mit einer gewissen Wahrscheinlichkeit, sofern die konjunkturellen Tatbestände formulierbar sind. Die Gefahr einer festen rechtlichen Regelung ist, daß die Planung und der Vollzug bei einer Änderung der Verhältnisse ohne

---

kann unmöglich allen volkswirtschaftlichen Gegebenheiten automatisch Rechnung tragen. Klammern wir die Präsentationsfrage, also das Gliederungsproblem des öffentlichen Haushalts aus, bleibt von den „antizyklischen" Wünschen an das Haushalts*recht* sowieso nur eine ganz bestimmte, wichtige Forderung übrig: die Flexibilität der Vorschriften zur Anpassung des Haushaltsvollzugs an die Konjunktur.

[22] Man hat gefordert, der Haushalt solle sicherstellen, daß *sozialpolitisch* nötige Leistungen in der *konjunkturell* richtigen Phase wirksam werden. Wie macht man das? Zum richtigen Zeitpunkt hat man meist kein Geld; oft ist auch dann das Bedürfnis überholt. Nun verzagt der Haushaltstechniker keineswegs vor der Anbringung von Haushaltsvermerken, die einen solchen geistreichen Text enthalten. Aber den Konjunkturpolitikern ist damit schwerlich gedient.

Rücksicht auf die jeweilige Konjunkturlage verlaufen und damit unter Umständen schädlich werden. Das Haushaltsrecht sollte mindestens förmliche Vorkehrungen dafür schaffen, daß die Regierung die Stilllegung von volkswirtschaftlich schädlichen Ausgaben und Geldern anordnen oder Initialzündungen im Rahmen eines längerfristigen Dekkungsplans finanzieren kann. Diese Instrumente dürfen aber nicht die einzigen in dem volkswirtschaftlichen Besteckkasten der Regierungen sein. Der *Zugriff auf die Privatwirtschaft* muß zur Erhaltung der Kongruenz, selbstverständlich unter Anpassung an die Volumina der jeweils in Betracht kommenden Wirksamkeitsbereiche, ebenfalls gegeben sein.

III. Stand der Diskussion über eine umfassende Haushaltsreform in der Bundesrepublik

Mit einem solchen Programm tritt die wirtschaftspolitische Budgetfunktion zugleich in den Mittelpunkt der sogenannten umfassenden Haushaltsreform der Bundesrepublik. Bis zum Wirksamwerden einer solchen Reform wird das *Dilemma* zwischen den Bedürfnissen der wirtschaftlichen und der verwaltungsmäßigen Budgetfunktion am besten gelöst durch eine sorgfältige und aktuelle *Haushaltsanalyse* einerseits und durch eine Anpassung der *Haushaltsgliederung* an die Bedürfnisse dieser Analyse andererseits. Eine moderne Haushaltsanalyse ist planerisch nach vorn und rechnerisch zurück möglich und enthält alle gesamtwirtschaftlichen Gesichtspunkte. Die Haushaltsgliederung braucht den Haushaltsplan ebensowenig wie seine organischen Zusammenhänge zu stören, kann nach Belieben institutionell oder funktionell aufgemacht sein und gehört überwiegend in die Erläuterungen.

Aber wie steht es mit der *Gesamtreform?* Heinig sagte seinerzeit zur Reformfrage: Alles ist in gleicher Weise unzulänglich geworden. Die veraltete Terminologie umfaßt nicht mehr die heutigen Tatsachen, die Haushaltspläne zeigen nicht mehr die Absichten, ihre Abschlüsse nicht die Resultate. Das war ein hartes Wort, das in den vergangenen Jahren nicht unrichtiger geworden ist. Aber betrachten wir die haushaltsrechtliche Arena.

In unserem Fall lautet die Frage, ob die Verantwortlichen des Bundes gut beraten waren, alle Vorarbeiten zu einer grundlegenden Haushaltsreform ab 1958 entschlossen in die Schublade zu legen. Sicher spielte dabei auch eine Rolle, daß die Position des Finanzministers nach deutschem Recht sehr stark ist und daß man das vielleicht Positivste am Bestehenden nicht unnötig in Gefahr bringen wollte.

Der Weichmann-Ausschuß, der von 1952 bis 1955 gewisse Reformgrundsätze entwickelte, mußte erfolglos bleiben, weil er in der wichtigsten Frage, die er sich gestellt hatte, nämlich in der Gliederungsfrage, die Ansprüche für Bund, Länder und Gemeinden zu hoch schraubte[23]. Er forderte die Verbindung des Haushalts mit einem System der volkswirtschaftlichen Gesamtrechnung[24], eine Vermögensvollrechnung für alle Ebenen, daneben unter Umständen auch eine Verbrauchsrechnung, den funktionellen Kontenrahmen und eine Mehrstufigkeit des Veranschlagungsplans[25], wie sie von Weichmann-Wawrczek näher entwickelt worden war[26].

Auch der *Reisebericht einiger Bundestagsabgeordneter* über das amerikanische Haushaltssystem im Jahre 1955 hat die Haushaltsreform in der Bundesrepublik nicht beleben können. Dieser Bericht machte ins einzelne gehende Vorschläge für eine Sofortreform, wobei das Schwergewicht auf einer Lockerung des Jährlichkeitsprinzips, der Abschaffung des außerordentlichen Haushalts und seiner Ersetzung durch einen Kapital- und Investitionshaushalt sowie in einer Neugliederung der Ausgabearten und gewissen anderen Anpassungen beruhte.

Leider wurden auch die Arbeiten an einer bloß moderneren *Fassung* der Haushaltsordnung nicht weitergeführt; immerhin liegt ein neuer Textentwurf vor, der viele Schwierigkeiten des heutigen Textes überbrücken würde, wenn er Gesetz wäre.

Wissenschaftlich blieb die Reform zum Glück nicht liegen. Auch *parlamentarisch* hat sich der Reformwunsch nur noch verstärkt. Man hat gelegentlich sogar die Haushaltsreform als das *Existenzproblem* der staatlichen Verwaltung, insbesondere der *kommunalen Selbstverwaltung* bezeichnet[27]. Hier tritt ein gewisser Illusionismus zutage, der für Richtung und Umfang der Reform nicht ungefährlich ist[28]. Wenn

---

[23] Siehe in diesem Zusammenhang das saarländische Beispiel in: Paul *Senf:* Die Saarländische Haushaltsreform, Finanzarchiv, Neue Folge, Band 17 (56), S. 169, sowie F. *Frey:* Die Etatgestaltung und Finanzkontrolle im Saarland; Der öffentliche Haushalt, 1957, S. 212.

[24] Siehe die Übersicht in „Der öffentliche Haushalt", 1956, S. 259.

[25] Nur mit Mehrstufigkeit der Anforderungen, nämlich in wirtschaftlicher, finanzieller und administrativer Hinsicht, ermögliche eine Loslösung des Haushalts aus dem Charakter des reinen Veranschlagungs- und Vollzugsinstruments der Verwaltung die Herstellung einer Rangordnung unter den Ausgaben, die Rationalisierung des Verwaltungsaufwands, eine umfangreichere sachliche Begründung des Finanzbedarfs und eine sozial gerechtere Verteilung der Finanzmasse.

[26] Der entscheidende Mangel der Vorschläge, deren hoher Wert in dem hier vorliegenden Zusammenhang nicht näher dargestellt werden soll, beruhte wohl darin, daß sie mit den übrigen Ausgangspunkten des übrigen Haushaltsrechts nicht mehr parallel gingen und den Haushaltsplan mit Allgemeingültigkeit in ein Plangefüge einbezogen, das vielleicht wissenschaftlich, aber nicht politisch-parlamentarisch zu errichten und zu kontrollieren ist.

[27] z. B. *Wawrczek* in Der öffentliche Haushalt, 1957, S. 67.

[28] Gewiß kann der Haushalt durch seine bloße Anwesenheit, durch die Art seiner Beratung, durch die Qualität seines Materials, durch die Kontrolle des Vollzugs und der Rechnung z. B. bremsend gegen die Ausdehnungstendenzen des öffentlichen Bedarfs wirken. Er kann auch die natürliche Interessenlage ausnutzen, die gegen eine Verschwendung öffentlicher Mittel über-

man in diesem Zusammenhang beispielsweise gesagt hat, daß wir für alle Ebenen von der Etatform des kameralistischen Verwaltungsstaates weg zu sogenannten wirklichen Haushalten kommen müßten, die die vielfältige Tätigkeit des modernen Staats sichtbar zu machen und eine Leistungs-, eine Aufwands- und eine Deckungsplanung zu ermöglichen hätten, ist dies im Ausgangspunkt richtig; die Überzeugung der Praxis geht allerdings wohl noch dahin, daß die Vermischung aller Zwecke in einem Einheitsplan oder einem dreigestuften Plan den Haushalt, ohne den großen Zusammenhängen zu nutzen, für den politischen und parlamentarischen Bereich unlesbar machen würde, daß man also andere Formen der erläuternden Darstellung finden müßte.

Die Diskussion um die neuen Gliederungspläne des Budgets leidet in der Tat ganz eindeutig unter der Disproportionalität der jeweiligen Anwendungsebenen. Was in einer kommunalen Verwaltung oder in einem kleineren Lande möglich ist, nämlich die übersichtliche Darstellung aller Zusammenhänge der Aufgaben und Finanzierung, ist im großen Bereich nur in krampfhafter Weise aufzuzeichnen. Diese Absage an den Vorschlag einer dreigestuften Gliederung bedeutet aber keine Verteidigung des jetzigen, zugegebenermaßen unhaltbaren Gliederungssystems.

Dazu gehört, ob man nicht auch in den *Haushaltsprinzipien* endlich einmal auseinandergehen muß im *staatlichen* und im *kommunalen* Haushalt. Zunächst vielleicht mit der Feststellung, daß die *technische* Ähnlichkeit des Vorgangs, nämlich die Finanzierung öffentlicher Aufgaben, mehr in den Hintergrund und dafür die funktionelle Verschiedenheit der Aufgaben mehr in den Vordergrund treten sollte, damit zugleich die Verschiedenheit der Größenordnung und des *Wirksamkeitsbereichs,* und zwar quantitativ und qualitativ, nicht nur wertmäßig und wesensmäßig, also alle Verschiedenheiten, die durch die politischen, außenpolitischen, sozialen oder gesellschaftlichen Gegebenheiten entstehen und die jeweilige Ebene als ein ganz anderes Feld unseres Staatswesens erscheinen lassen. Eine weitere Frage ist, ob man *Haushalte mit einer formell und materiell ganz klaren Ausgleichsauflage* nicht von den anderen in ihrer haushaltsrechtlichen Qualifizierung trennen kann.

---

all herzustellen ist, vielleicht auch ein gelegentliches Interesse an der Überlassung von Tätigkeiten an die Selbstverwaltung der Bürger oder Verbände oder durch Eingriffe in das Ausdehnungsstreben der Behörden Erfolge erzielen. Was aber die wachsende Verschuldung angeht, erscheinen die heutigen Vorschriften schon effektvoll genug; sie kollidieren gelegentlich sogar mit den wirtschaftspolitischen Prinzipien. Wie in so vielen Fällen, geht es nur darum, die entsprechenden Vorschriften zutreffend zu interpretieren. Die Überschüsse im ordentlichen Haushalt decken den Fehlbetrag des ao. Haushalts. Kassenüberschüsse verhindern Anleihen. Fehlende Anleiheerlöse bremsen, allerdings mit Ausnahmen, die Ausgaben. Defizite im o. Haushalt dürfen nicht mit geliehenem Geld ausgeglichen werden. Diese Grundsätze, die geltendes Recht sind, gewähren je nach der haushaltspolitischen Situation Flexibilität und Begrenzung genug.

Bei der Planung einer supranationalen Gemeinschaft erklärte ein vielgeplagter Politiker, daß ihm *ein* Blatt als zu genehmigender Haushaltsplan der Gemeinschaft völlig ausreiche[29].

Die Vorschläge von *Greuner* und *Helmert* zur Neugestaltung des Bundeshaushaltsplans, die dem Realprinzip zugrunde liegen, aber gewisse Grundsätze des Institutionsprinzips übernehmen, lassen deutlich erkennen, daß eine neue Zuordnung von Einnahmen und Ausgaben zu den staatlichen Aufgabengebieten eine ganz wesentliche Änderung des Bewirtschaftungsrechts mit sich bringen müßte. Hier wird zugleich ersichtlich, daß die formelle Umstellung auch einen anderen Typ des Veranschlagungs- und Bewirtschaftungsbeamten erfordert; die Meinung, daß sich alles schnell einbürgere, läßt Zweifel entstehen, welche Tiefe mit der neuen Ordnung angestrebt wird.

Aus allen Arbeiten erkennen wir immer wieder, daß die *innere Qualität* des Haushalts auch unter dem heutigen Recht *noch wesentlich* verbessert werden kann[30]. Die Einrichtung z. B. der einmaligen Ausgaben, auf die Reichstag und Haushaltspraxis bis heute so stolz waren, erscheint in ihrer heutigen Gestalt fast vorsintflutlich. Oder das technische,

---

[29] Über die *Haushaltsgebarung in den Partnerstaaten der EWG sind laufend* Veröffentlichungen erschienen, die sich allerdings mehr mit den eigentlichen Haushaltsdaten als der haushaltsrechtlichen Problematik der Einzelbudgets beschäftigen. Immerhin ist der Anfang verheißungsvoll, da in diesen Veröffentlichungen durch wenige Striche die finanzielle Gesamtlage der Einzelstaaten im Rahmen der gesamten Wirtschaftslage und der Wirtschaftspolitik dargestellt wird. Ein weiterer Vorteil besteht darin, daß die Entwicklung des Bruttosozialprodukts und der Haushaltszahlen der Einzelstaaten nebeneinander dargelegt und erörtert werden, wobei eine Aufgliederung der Staatsausgaben nach folgenden fünf Ausgabegruppen vorgenommen ist:

1. Aufwendungen für Arbeitskräfte und Sachgüter,
2. Aufwendungen für den Schuldendienst,
3. Sozialleistungen an die tätigen Arbeitnehmer, Renten und Unterstützungen an die nicht im Wirtschaftsprozeß stehenden Personen,
4. Die nicht vermögenswirksamen Förderungsmaßnahmen,
5. Aufwand für die Erhaltung und Bildung von werbendem Vermögen.

Anschließend wird die Finanzlage im Rahmen der wirtschaftlichen Gegebenheiten dargestellt. Die Krisenerscheinungen, soweit sie eine Wandlung in der wirtschaftlichen Entwicklung mit sich gebracht haben, werden erörtert.

Ebenso fortschrittlich sind die *Budgetvergleiche* im Rahmen der Benelux-Länder, die nach einer „Laufenden Rechnung" und der „Kapitalrechnung" vorgenommen werden. Die *Aufgabenbereiche* sind *funktionell* zusammengefaßt.

[30] Inwieweit könne der Haushaltsplan durch präzisere Erläuterungen seiner Absichten z. B. Erkenntnisse über die volkswirtschaftliche *Struktur* und die *Einkommensströme* vermitteln? Mit dem bisherigen Mangel in dieser Hinsicht hänge es auch zusammen, daß ganz offensichtlich die Entwicklung zuverlässiger *Grundsätze für die Staatswirtschaft*, insbesondere für ihre Zulässigkeit und Betätigung, über die Möglichkeiten der Privatisierung sowie über die Kontrolle noch weit zurück sei. Darauf entgegnen die Kameralisten, daß die Bedürfnisse des *Planers*, des *Wirtschaftlers*, *des Verbrauchers und des Kontrolleurs* von öffentlichen Mitteln völlig verschieden sind. Das Haushaltsrecht müsse zwar versuchen, allen gerecht zu werden, aber nicht unbedingt im Haushaltsplan selbst.

wirtschaftliche, volkswirtschaftliche und finanzielle Phänomen des *öffentlichen Baus,* des Bauprogramms, die Beschaffung großer Einrichtungen, Apparaturen, Forschungswerkstätten usw. ist haushaltstechnisch noch höchst vernachlässigt, von den Problemen der Einordnung der Investitionen in ein übersichtliches Haushaltsgerüst ganz abgesehen.

Viele Einzelfragen sind in den bisherigen Diskussionen gestellt. Ich kann in dieser Übersicht nur einzelne herausgreifen, beispielsweise das Problem der *öffentlichen Kosten.* Da sind die Praktiker der Auffassung, daß es zur Ermittlung der Kosten einer Aufgabe keiner unorganischen Auseinanderreißung der Verwaltungszusammenhänge bedarf, sondern eines verfeinerten finanzstatistischen Systems, wie es mit Hilfe des Statistischen Bundesamts entwickelt ist und noch weiter veredelt werden kann.

Zur Übersicht über den Stand der Haushaltsreform gehört auch die Feststellung, daß das *Leistungsbudget* (performance budget) bei uns nicht wesentlich vorangekommen ist. Sein Gedanke besteht bekanntlich nicht nur in der Gewinnung von Meßzahlen für den Verwaltungsaufwand, sondern in der Darstellung der Leistung der Verwaltung schlechthin[31].

Ein ganz wesentlicher Teil der Reform (neben der Modernisierung) wird die Feststellung bedeuten, welchen Inhalt die *Nebenbücher des Haushaltsplans* haben sollen. Dies ergab die deutsche Diskussion über die antizyklische Haushaltsgebarung. Die Wirkung von Subventionen, die Verwaltung und Ausstrahlung des öffentlichen Vermögens, die Ergebnisse der Wirtschaftsbetriebe und der Staatswirtschaft schlechthin gehören sicherlich zu den notwendigen Ergänzungen des Haushaltsplans.

In seiner *apparativen Funktion* ist das heutige Haushaltswesen ohne Zweifel *überfordert.* Der gigantische Prozeß alljährlicher dickleibiger Haushaltsbücher, die in allen Verwaltungsebenen mit dem Ansuchen ständiger Veredelungen und Verästelungen im Schwange sind, läßt allmählich eine Betriebsblindheit für das Ganze entstehen, die, wie wir heute wissen, viele Beteiligte fast zu einer echten Haushaltsreform außerstand setzt.

---

[31] Nicht nur die Leistung soll gemessen, sondern auch bemessen werden. Anders gesagt, das Budget soll aussagen, ob ein zu hoher Aufwand zu der öffentlichen Leistung in keinem Verhältnis mehr steht. Die Tatbestände für solche Untersuchungen im Haushaltsplan sind erfahrungsgemäß sehr selten. Man denkt hier an die Stärkennachweisungen der Bundeswehr, die Meßzahlen der Versorgungsverwaltung, die Richtstellen für das Hilfspersonal usw., lauter bescheidene Anfänge, die zudem noch parlamentarisch unzulänglich kontrolliert werden. Die Ausstrahlung der Arbeit, die regionale Wirkung der Leistung, die Ausstattung der Behörden mit Qualität sind weitere große Möglichkeiten einer mehr leistungsorientierten Budgetpolitik. Die private Wirtschaft hat viele geeignete Methoden zur Leistungsmessung zur Verfügung gestellt. Aber es haben sich noch keine Vorbilder entwickelt, die in größerem Rahmen wirksam werden könnten.

Da erscheint es als Glück, daß auch im parlamentarischen Bereich der *Zweijahres-Haushalt* immer weitere Befürworter findet[32]. Aber man muß es wohl nochmals durchdenken. Dringlicher scheint es zu sein, den Jahresrhythmus entschlossen von den Personal- und Sachausgaben der ganzen Verwaltung sowie von der Prüfung derjenigen Ansätze und Einzelheiten zu befreien, in denen finanzwirtschaftlich nichts „drin" ist. Für sie kann ein Prüfungsverfahren anderer Art mit den Parlamenten vereinbart werden. Das Ganze erscheint vergleichbar mit dem Problem, das die Engländer im 2. Weltkrieg hatten, als sie erkannten, daß sie 600 Mio ts Wasser mit ihren Lebensmitteln einzuführen hätten. Sie erfanden dann ein Verfahren, das 25-kg-Dosen auf 1-kg-Dosen ohne Schädigung des Inhalts und des Geschmacks zusammenschrumpfen ließ.

Schließlich möchte ich noch auf Erörterungen hinweisen, die das *Haushaltsrecht* der Verbände betreffen. Mehrfach ist die mehr oder weniger vollständige finanzrechtliche Souveränität und die unabhängige Haushaltsführung der öffentlichen Verbände sowie die finanzielle Beziehungslosigkeit untereinander und in bezug auf das Volkseinkommen als überprüfungsbedürftig bezeichnet worden. Welche Schranken sind der finanziellen Autonomie der Verbände gesetzt, so ist gefragt worden. Wenn

---

[32] Die Frage, wie sich überhaupt die *Legislative* in Deutschland, die überall in steigendem Maß auf den Haushalts*vollzug* Einfluß zu nehmen versucht, zur Haushaltsreform stellt, ist positiv zu beantworten. Die Frage ist nur, in welche Richtung die künftige Reise gehen soll. Vielfach fürchtet man in den Parlamenten mit dem Übergang zu einem anderen Haushaltsrecht die Preisgabe des bisher mühsam Erreichten. Man wird hier unterscheiden müssen zwischen der Gesamtrichtung der Reform und den Einzelheiten, beispielsweise der Wahrnehmung des sogenannten parlamentarischen Budgetrechts. Hier braucht sich, außer in der Zeitfrage, nur verhältnismäßig wenig zu ändern.

Parlamente eignen sich ihrer Natur nach nicht zu verantwortlicher Herstellung oder Aufrechterhaltung einer finanziellen Ordnung. Mit allen Versuchen, sie durch Verfassungsbestimmungen, Gesetze oder Wirtschaftsordnungen zu einem Verhalten zu zwingen, das bei bestimmten Voraussetzungen eine automatische Wirkung erzeugt, sind die Parlamente überfordert. Die Schuld liegt in diesen Fällen nur bei den Verfassern solcher Vorschläge selbst. Das Budgetrecht des Parlaments wird auch durch ein Nichtausnutzen von Ausgabebewilligungen nicht geschmälert. Auch die Betätigung von Sperrmaßnahmen engt es nicht ein. Andererseits können Sperrmaßnahmen die Erfüllung zwingender Verpflichtungen des Staates nicht verhindern.

Die Gesamtrichtung der Haushaltsreform muß vielmehr, was die Parlamente angeht, unter dem Gesichtspunkt der *Gewaltenteilung*, der finanziellen Ordnung, deren Hüterin in erster Linie die Regierung ist, unter dem Schutz der Einzelinteressen gesehen werden. Auf die Frage nach der Rechtsnatur des Staates kommt es dabei, wie gesagt, entscheidend an. Besitzt er eine Ermächtigung zu eigenem Tun und Handeln auch in den Fällen, in denen es an einer gesetzlichen Begrenzung seiner Tätigkeit fehlt? Welche Stellung hat das Haushaltsgesetz in diesem Zusammenhang? Welche Kontrollbefugnisse soll das Parlament erhalten? Für die richtige Anlehnung des Haushaltsrechts an die parlamentarischen Institutionen ist im übrigen die psychologische Gesamtverfassung unseres Volkes wichtig. Deshalb können auch keine Regeln aus dem Ausland entliehen werden.

es überhaupt ein Prinzip der inneren finanziellen Stabilität gibt, können die Verbände, so hat man gesagt, von der Einbeziehung in eine haushaltsmäßige Gesamtschau und eine Gesamthaushaltspolitik nicht ausgenommen werden.

IV. Die tragenden Prinzipien[33]

Das *Haushaltsrecht der Länder* hat sich zum Glück von allzu weitgehenden Ausflügen in Neuland zurückhalten lassen. Zwar sind vielerlei Kleinigkeiten modifiziert, gewisse Einzelfragen sogar mit einer spielerischen Verliebtheit differenziert beantwortet worden; die großen Haushaltsprinzipien sind aber unberührt geblieben, wie auch bisher — abgesehen vom Sonderfall Saar — keine einzige eigene Landeshaushaltsordnung erlassen ist[34]. Im Mittelpunkt stehen überall die Sperrermächtigungen für die Finanzminister, ferner die Behelfe zur Übertragbarkeit und Deckungsfähigkeit, Leerstellenregelungen, Wertanpassungen usw[35].

Nach Art. 109 des Grundgesetzes sind bekanntlich Bund und Länder in ihrer Haushaltswirtschaft selbständig und voneinander unabhängig. Dieser Verfassungssatz hat sich formell zwar ohne größere Schwierigkeiten durchsetzen lassen, scheint in der Anwendung aber höchst *überprüfungsbedürftig*. Die übergeordneten Gedanken der Einheit der *Gesamtfinanzmasse* einerseits und die Finanzierung zahlloser *Gemeinschaftsaufgaben* von Bund und Ländern andererseits fordern angesichts des zementierenden Art. 106 GG wenigstens für das Haushaltsrecht neue

---

[33] Die tragenden Prinzipien des deutschen Haushaltsrechts sind unter vielerlei Gesichtspunkten neu gewogen worden. Unter ihnen ist keines, das nicht in dieser oder einer anderen Form in eine grundlegend neue Haushaltsordnung aufgenommen werden müßte. Die meiste Kritik hat sich nicht gegen diese Prinzipien, sondern dagegen gerichtet, daß sie *durchlöchert* wurden. Dies bezieht sich insbesondere auf das Vollständigkeitsprinzip, das Einheitsprinzip, das Nonaffektations- und das Spezialitätsprinzip, ferner auch auf die Genauigkeit und Vorherigkeit, die Übersichtlichkeit und die Wirtschaftlichkeit im Haushaltsplan. Der Grundsatz des Budgetausgleichs dagegen stand, wie wir vorhin gesehen haben, im Mittelpunkt der Forderung auf eine antizyklische Haushaltspolitik. Ferner ist die Problematik der *haushaltspolitischen Willensbildung* ausführlich erörtert worden.

[34] Die Durchsicht der Ausführungsbestimmungen der Länder ergibt, daß wir zum Glück auch noch von einer einheitlichen Haushaltsverwaltung in Bund und Ländern sprechen können. Allerdings liegen viele kleine Fortentwicklungen von Einzelvorschriften in den Haushaltsgesetzen vor, vornehmlich zur Erzielung einer höheren Wirtschaftlichkeit. In einzelnen Ländern ist der ao. Haushalt bereits weggefallen und damit der gleichen Entwicklung im Bund zuvorgekommen.

[35] Obschon ein Detail, scheint doch von besonderer Bedeutung, daß bei einzelnen Ländern der Titel 104 seinen Charakter als Geldtitel verloren hat; der Bund hat dies jetzt zum Zwecke eines Experiments übernommen. Ferner die noch in anderem Zusammenhang wichtige Bestimmung, daß ab 1961 bei der Feststellung des Jahresergebnisses nur die *tatsächlichen* Einnahmen und Ausgaben berücksichtigt werden sollen. Hier war der Bund vorangegangen.

Regelungen, wie sie, wenn auch nur in Umrissen, für die Rechnungsprüfung schon bestehen. Der Unabhängigkeitsgedanke des Art. 109 GG kann sich künftig nur auf die haushaltsmäßige Autonomie von Bund und Ländern, nicht jedoch auf den zum Teil gemeinschaftlichen Haushaltsdarstellungs- und Ausführungsbereich, beziehen. Solange diese Artikel 106 bis 109 GG bestehen, erhebt sich jedenfalls immer gebieterischer die Frage nach einem *unabhängigen Institut,* das für das *Nebeneinander der Aufgaben* und für die *Verteilung der Steuerquellen* Vorschläge macht, die nur durch ein Zusammenwirken von Bundestag und Bundesrat überwunden werden können.

Im Anschluß an das Urteil des BVerfG vom 28. Februar 1961 sind viele Untersuchungen im Bundes- und im Länderbereich in Gang gekommen, deren Ergebnis abzuwarten ist[36]. Es wird sich erweisen, daß die *effektive* Klärung der Zuständigkeitsfragen von den Haushaltsplänen sehr gefördert werden kann[37].

Gegenüber dem *Interventionsstaat* hat das Haushaltsrecht ganz allgemein die Forderung aufzustellen, daß nicht nur eine *generell* gehaltene Ermächtigung zur Intervention ausreicht, sondern daß im Haushaltsplan Voraussetzungen und Wirkungen der *Intervention* ausführlich darzutun sind. Was die gesetzliche Grundlage angeht, deren Notwendigkeit sich aus den Vorschriften des Grundgesetzes ergibt, muß das *Haushaltsgesetz,* dessen Gesetzeskraft bekanntlich auch den Haushaltsplan erfaßt, in seiner heutigen Gestalt als ausreichend angesehen werden.

Die Erörterungen über die Zweckmäßigkeit eines *Nationalbudgets* oder einer volkswirtschaftlichen Gesamtrechnung sind im Ausland stärker gewesen als bei uns. In der Bundesrepublik scheint die Verbindung der Finanz- und Haushaltswirtschaft mit der Privatwirtschaft zu einer gesamtwirtschaftlichen Planungs- und Leistungsschau in Gestalt eines sogenannten Nationalbudgets zwar äußerlich nur von den *Statistikern*

---

[36] Eine interessante Frage, die gewiß keine Kleinigkeit betrifft, ist z. B. schon erörtert, nämlich ob die Haushaltsvermerke des Grünen Plans, die die Verwaltungskompetenz der Länder einengen, mit dem Grundgesetz vereinbar sind oder nicht. Ich bejahe übrigens ohne Einschränkung die verfassungsrechtliche und haushaltsrechtliche Zulässigkeit des Grünen Plans und seiner haushaltsmäßigen Aufmachung. Aber es bleibt abzuwarten, ob es in diesem Zusammenhang zu verfassungsgerichtlichen Entscheidungen kommt, die auch unsere Haushaltsordnung und ihre Praktizierung berühren. Das hängt nicht zuletzt mit dem verfassungsrechtlichen Vakuum in großen Bereichen der Aufgabenkompetenz zusammen. Art. 106 Abs. 4 GG hat leider praktisch keine Bedeutung erlangt und wird dies auch in Zukunft nicht tun, ganz einfach, weil die Anziehungskraft des größeren Haushalts die Verfassungs*wirklichkeit* schafft.

[37] Es ist das gleiche Problem, das darin liegt, ob die Verschiedenartigkeit der *Aufgaben,* der *Volumina* der Haushaltsebenen und der Ansätze nicht auch ein *verschiedenartiges* Haushaltsrecht, nämlich eines, das auf die finanzpolitische und finanzwirtschaftliche Bedeutung zugeschnitten ist, erfordert. Darin steckt das oft geäußerte Verlangen nach einer größeren Bewegungsfreiheit der Verwaltung im Rahmen fester Aufgabenbereiche.

etwas weitergebracht worden zu sein. Dieses Urteil wäre aber oberflächlich. Viele Fortschritte zur organisatorischen Vorbereitung der öffentlichen Wirtschaft auf eine nationale Wirtschaftsrechnung sind getroffen. Ansätze zu einem gesamtwirtschaftlichen *Planungs*budget sind dagegen weder sichtbar noch wünschenswert. Sie wären unzuverlässig und ein Störungsfaktor, selbst wenn man den Versuch in so unverbindlichen Formen durchführte, daß keine planwirtschaftliche Konzeption zugrunde läge. Zu den nationalen Planungsbudgets in der Welt ist zu sagen, daß sie sich nach der Ansicht ihrer Kritiker und vom Standpunkt des Haushalts aus überwiegend als nur theoretische Beiträge oder als bloß politisch-optische Übersichten erwiesen haben. An Plänen zur weiteren Ausgestaltung der volkswirtschaftlichen Gesamtrechnung in der Bundesrepublik fehlt es nicht. Leider ist die Problematik stark ins Politische geraten. Die Formung einer wirtschaftlichen Konzeption, die ein Nationalbudget erst anwendbar machen kann, verträgt sich mit den grundlegenden Prinzipien unserer Wirtschaftsverfassung nicht. So scheint auch die Einordnung des öffentlichen Haushalts in ein solches Planungsinstrument ein Phantom[38].

---

[38] Günter *Meyer* gibt in der „Europäischen Wirtschaft" (Heft 14, Juli 1961) von seinem Standpunkt aus folgenden Einzelüberblick zur Entwicklung und Gestaltung der volkswirtschaftlichen Gesamtrechnung:

„Wie ist die Situation in der Bundesrepublik? In dem interministeriellen Arbeitskreis „Gesamtwirtschaftliche Vorausschätzungen" werden die von den Fachministerien erarbeiteten Daten aufeinander abgestimmt und koordiniert, wobei der Präsident des Statistischen Bundesamtes den Vorsitz innehat, während das Bundeswirtschaftsministerium die Geschäfte führt. Die auf diesem Wege formulierten Vorausschätzungen kurzfristiger Art durch amtliche Stellen der Bundesrepublik werden als sehr nützlich empfunden, zumal in der Zusammenarbeit mit internationalen Organisationen wie der OEEC, der Europäischen Wirtschaftsgemeinschaft, den Vereinten Nationen, dem Internationalen Währungsfonds usw. Bekannt sind hier besonders die Beiträge der Bundesrepublik zu den Jahresberichten der OEEC.

An Plänen zur weiteren Ausgestaltung, ja zur Neugestaltung der volkswirtschaftlichen Gesamtrechnung in der Bundesrepublik fehlt es nicht. So tritt der Wissenschaftliche Beirat beim Bundeswirtschaftsministerium für eine „Zentralbehörde für volkswirtschaftliche Gesamtrechnung" ein, die entsprechende Unterlagen für ein „Wirtschaftsprogramm der Regierung" bereitstellen soll. *Strickrodt* legte einen „Stufenplan" vor, mit dem, ausgehend von der „ex post"-Rechnung des Statistischen Bundesamtes, wie sie bereits gegeben ist, über ein Nationalbudget ein „Gesamtfinanzplan" als „Finanzhauptbuch des Staates" entwickelt werden soll.

Dagegen hält die „Arbeitsgemeinschaft selbständiger Unternehmer E. V." eine Zentralbehörde für die Erstellung volkswirtschaftlicher Gesamtrechnung „als von ihrem Träger abhängige und bürokratische Einrichtung zum Aufstellen von Wirtschaftsprogrammen für ungeeignet". Sie erstrebt statt dessen einen unabhängigen „Ratgeberausschuß". Die SPD-Bundestagsfraktion möchte einen „volkswirtschaftlichen Beirat" schaffen, der sich mit dieser Materie befassen soll, und der Deutsche Gewerkschaftsbund schließlich wünscht in diesem Zusammenhang einen „Bundes-Wirtschaftsrat".

Die letztgenannten Vorschläge und Wünsche ähneln insofern einander, als sie sämtlich auf unabhängige Beiräte abzielen, wenn sich diese Beiräte auch in der Konzeption stark voneinander unterscheiden mögen. Es erscheint verständlich,

Die *Vorausbelastung der Haushaltswirtschaft künftiger Jahre* ist Gegenstand besonderer Untersuchungen gewesen. Man hat erkannt, daß die Vorschriften der 45er Reihe der RHO und der Gemeindehaushaltsordnung sehr fragwürdig sind und nur einen begrenzten Wert haben[39].

Der *Beitrag des Juliusturms* zu diesem Thema[40] ist die Erkenntnis, daß große quantitative Abweichungen im Haushaltsverlauf die qualitativen Werte des materiellen Haushaltsrechts zunichte machen können. Die Denaturierung der Vorschriften erzwingt die Demoralisierung der Beteiligten. Das künftige Haushaltsrecht muß die Forderung nach einer übersichtlichen Darstellung des Haushalts*verlaufs* und die Pflicht zur Information der parlamentarischen und sonstigen Kontrollinstanzen unzweideutig aufstellen. Was aber die volkswirtschaftlichen Schäden eines finanzwirtschaftlichen Ablaufs angeht, wie ihn die Errichtung und die Liquidierung des Juliusturms darstellt, sei hier die vielleicht überraschende Tatsache vermerkt, daß auch die oft zitierte Begehrlichkeit des Parlaments in der Juliusturm-Aera die tatsächliche Inanspruchnahme des Sozialprodukts für öffentliche, insbesondere Haushaltszwecke *nicht steigern konnte*. Eine Analyse der Abschlüsse ergibt vielmehr, daß die *Inanspruchnahme des Sozialprodukts der Bundesrepublik in der Legislaturperiode 1953 bis 1957* prozentual unter derjenigen von 1957 bis 1961 liegt.

Der Juliusturm brachte dem Bund auch die erste große *Milliarden-Rückstellung* seiner Geschichte. Die Auswertung ergibt, daß weniger haus-

---

wenn das Bundeswirtschaftsministerium bei aller Würdigung der einschlägigen Vorschläge die Frage aufwirft, ob es denn nun überhaupt sinnvoll oder gar zweckmäßig sei, neue Institutionen für die Zwecke volkswirtschaftlicher Gesamtrechnungen zu schaffen, und wenn es weiterhin zu der Feststellung gelangt: „Nach den bisherigen Erfahrungen in der Bundesrepublik dürften die bestehenden Einrichtungen durchaus genügen."

Man kann verstehen, daß in der Bundesrepublik bei amtlichen Stellen wenig Neigung besteht, ein „Nationalbudget" einzuführen, das womöglich noch durch Parlamentsbeschluß für verbindlich erklärt wird. Denn man befürchtet, zweifellos mit Recht, daß viele Wirtschaftsgruppen daraus einen „Anspruch auf Planerfüllung" herleiten würden, und „Ansprüche" solcher Art können und dürfen nun einmal in einer Wirtschaft, die auf der Freiheit ihrer Teile und auf dem Leistungswettbewerb basiert, nicht bestehen. So gelangt man zu der Erkenntnis, daß, was die Bundesrepublik anbelangt, auch eine Erstellung volkswirtschaftlicher Gesamtrechnungen in Form eines Nationalbudgets keineswegs an institutionellen Mängeln krankt. Freilich sind noch viele Lücken im statistischen Grundlagen-Material zu überwinden. Aber letzten Endes krankt die Sache vielmehr am Fehlen eines großen „Leitbildes", einer „gemeinsam respektierten Ordnungsvorstellung" der Wirtschaft, die in Deutschland eine „Wirtschaftspolitik aus einem Guß" so oft verhindert."

[39] Auf die Bedeutung der Geschäftsordnungen in diesem Zusammenhang ist dabei mit Nachdruck hingewiesen worden. Auch der unglückliche Art. 115 GG gehört hierher.

[40] Siehe *Jecht*, a. a. O.

haltsrechtliche und haushaltspolitische als wirtschaftspolitische Bedenken erhoben wurden[41].

Ein zweiter wichtiger Beitrag des Juliusturms zum Haushaltsrecht ist die Erkenntnis der absoluten Reformbedürftigkeit eben dieses *Abschlußrechts* und der Verwendungs- und Deckungsauflagen für *Überschüsse und Defizite*. Erstaunlich ist, daß in der Diskussion nur vereinzelt der vorhin schon genannte Wunsch nach einem Wegfall des *Soll-Abschlusses* vorgetragen wurde. Nur sind wir uns alle darüber einig, daß das Recht der *Ausgabenreste* grundlegend überprüft werden muß und daß nur ein Soll-Abschluß in Frage kommt, der die Ermächtigung der alten Haushaltspläne zur Inanspruchnahme von Deckungsmitteln neu bewerten läßt. Originell ist, daß gerade die so oft beanstandete Außerkraftsetzung des § 75 RHO in den Zeiten der höchsten Haushaltsspannung, nämlich in der Juliusturm-Zeit, einen *mehrjährigen* Haushaltsausgleich ermöglicht hat, einen Ausgleich, der zwar kein bewußt kompensatorischer, aber letzten Endes sehr erfolgreich war.

Von der Praxis her kommen auch die starken Bedenken gegen den Aufbau eines *Kapitalhaushalts* innerhalb des jetzigen Haushaltsplans mit Hilfe des Begriffs der *Vermögenswirksamkeit*. Die Haushalts- und Finanzpolitik hat von ihr auf den höheren Ebenen noch keine Bereicherung erfahren. Unser nächstes Ziel müßte sein, die *Vermögenswirksamkeit* in der Fragestellung den finanzpolitischen Bedürfnissen der *einzelnen* Verwaltungsebenen anzupassen und die Unterschiede in der Bedeutung für die jeweiligen Zwecke klarer herauszuarbeiten. Man denke z. B. an die Guthaben des Bundes aus der Entwicklungshilfe als Gegenstand einer haushaltspolitischen Auseinandersetzung über Umfang und Abgrenzung des öffentlichen Vermögens im Gegensatz zur *privaten* Ersparnis oder der Vermögensbildung der *Wirtschaft*.

Vorkehrungen zur *Verbesserung des Haushaltsbildes* müssen sich sowohl auf die Qualität der Gestaltung als auf die Quantität der verarbeiteten Masse beziehen. Zur Qualität sind erläuternde Darlegungen, wie sie z. B. im jetzigen Finanzbericht des Bundesfinanzministers vorliegen, unerläßlich[42]. Der volkswirtschaftliche Budgetteil muß durch eine pflicht-

---

[41] Die Vorschläge für einen formellen *Budgetausgleichsfonds*, dem die fiskalischen Mehreinnahmen, die sonstigen haushaltsmäßigen Überschüsse und die außerordentlichen Einnahmen automatisch oder durch Regierungsakt zugewiesen werden sollen, sind auch in der Bundesrepublik über erste Diskussionen nicht hinausgelangt. Die Erfahrungen des Auslands reizen aber nicht dazu, den Gedanken weiter zu verfolgen. Die Automatik, die der Fonds im haushaltswirtschaftlichen Ablauf verursacht, würde eine zu große Starre bedeuten und den Anlaß zu ständigen Krisen bieten.

[42] Das vielen Haushaltsplänen aller Ebenen beigegebene Material ist leider oft nur Tages- und Dutzendware; Ausnahmen bestätigen diese Regel nur. Früher waren die finanzpolitischen Gutachten auf Jahre hinaus richtungweisend. Die Art, wie heute darin gelegentlich mit sogenannten tragenden Prinzipien der öffentlichen Finanzwirtschaft umgesprungen wird, läßt einen

mäßige Anhörung der Konjunkturinstitute und die Beifügung ihrer Gutachten ergänzt werden. Ein Sozialbericht, der die Parallelentwicklung von Sozialansprüchen und wirtschaftlicher Leistungsfähigkeit überwacht, ist beizufügen. Ferner müssen die Rechtsmäßigkeit und Ordnungsmäßigkeit des Haushaltsplans, insbesondere zu den internationalen und supranationalen sowie den bundesstaatlichen Verpflichtungen, dargetan werden. Zu den Vorkehrungen in *quantitativer* Hinsicht gehört, wie gesagt, in erster Linie die übersichtliche Hineinstellung des jeweiligen Haushaltsplans in einen Gesamtbedarfsplan und in die bundesstaatliche Gesamtfinanzmasse, ferner ein umfassender Überblick über den Stand der Verwaltung[43].

Die Beteiligung der *Öffentlichkeit* am Zustandekommen einer zuverlässigen und bodennahen Veranschlagung und Bedarfsdeckung will nicht gelingen. Die Bereitschaft der Presse zur Mitarbeit ist groß. Es fehlt in der Verwaltung aber an den Menschen, die mit dieser Apparatur arbeiten und ihre Risiken eingehen wollen.

V. Initiativen und Einzeltendenzen im deutschen Haushaltswesen

Die Schwierigkeiten eines Einzelüberblicks über die Entwicklungstendenzen im deutschen Haushaltswesen bestehen vornehmlich darin, daß zusammenhängende Vorschläge für eine umfassende Neugestaltung nicht vorliegen, daß aber in ungezählten Arbeiten Kritik und Anregungen geäußert worden sind, die unter abstrakten Oberbegriffen kaum zusammengefaßt werden können. Ich kann aus dem riesigen Material nur wenige Hinweise geben[44].

Auf die Neugestaltung des formalen Haushaltsrechts ist dabei nicht einzugehen, soweit darunter die Frage der Präsentation des Haushaltsplans verstanden wird[45]. Gleiches gilt von der angestrebten *neuen Ord-*

gewissen Mangel an Tradition und Sicherheit erkennen. Vorkenntnisse in der Staatswirtschaft sind nicht überall die Voraussetzung für die Betätigung im Haushaltsbereich. Die Gegenströmung kommt nur langsam voran.

[43] An eine Frage hat sich das Haushaltsrecht noch nicht herangewagt, nämlich an die Veränderung im *Arbeitswesen* der Behörden zufolge der politischen und technischen allgemeinen Weiterentwicklung. Besonders das Funktionieren des *Leitungsmechanismus* unserer Verwaltung ist durch die einengenden Vorschriften des Haushaltsrechts noch stark behindert. Die Kritik richtet sich auch gegen die *Geschäftsordnungen*, die das Zustandekommen schneller und wirksamer Entscheidungen gelegentlich zu verhindern geeignet sind. Mit einer größeren Bewegungsfreiheit der Behördenchefs müßte natürlich eine gesteigerte Aufsichtsführung der vorgesetzten Stellen und eine schärfere Kontrolle der Prüfungsinstanzen einhergehen.

[44] Siehe das umfangreiche Literaturverzeichnis in *Vialon*; Haushaltsrecht, 2. Auflage 1959, S. 1197 ff.

[45] Die Umstellung auf einen Funktionsplan oder auf mehrstufige Pläne (Finanzplan, Wirtschaftsplan, Vollzugsplan) hat nicht nur formale Bedeutung, sondern greift tief in das materielle Haushaltsrecht ein. Ich glaube nicht, daß dies schon überall in aller Klarheit erkannt ist.

nung der Einnahme- und Ausgabearten[46]. Sie muß durch eine völlig neue und *konkrete* Bearbeitung der Bewirtschaftungsvorschriften ergänzt werden[47]. Anregungen für die Haushaltspolitik, nicht nur für das Haushaltsrecht, können *Budgetvergleiche* bieten, wie sie beispielsweise im Rahmen der Benelux-Länder seit 1953 in einem 4-Jahres-Rhythmus veranstaltet wurden[48]. Gerade im Zuge der Harmonisierung der nationalen Steuer- und Zollsysteme ist die Forderung nach einer international vergleichbaren Analyse der staatlichen *Aufgaben* immer dringlicher geworden. Hier bedarf es eines Gerüsts, das in Verbindung mit einer Darstellungsmethode einen schnell verständlichen Haushaltsvergleich ermöglicht.

Es hat übrigens nicht daran gefehlt, *marktwirtschaftliche Grundsätze* für das deutsche Budget zu empfehlen[49, 50]. In diesem Zusammenhang

---

[46] Für die vielen Bereiche der Bewirtschaftung, der Deckungsfähigkeit, der Übertragbarkeit, der Überschreitbarkeit ist die Qualifizierung der Finanzvorgänge nach Einnahme- und Ausgabearten bedeutungsvoll. Das große Ziel, eine neue systematische Ordnung in den Haushaltsaufbau und die damit verbundenen Wirtschaftsvorgänge zu bringen, muß sich mit neuen Bewirtschaftungsprinzipien verbinden, die dem Sachinhalt der neuen Einteilung gerecht werden. In den interessanten Vorschlägen (siehe die Denkschrift des Bayerischen Staatsministeriums der Finanzen vom 20. Oktober 1956) ist das Problem erkannt, daß eine neue Übersichtlichkeit und Durchsichtigkeit keine Vereinfachung für die Bewirtschaftung zu bedeuten braucht.

[47] Beispielsweise hat die *Sparsamkeit und Wirtschaftlichkeit* als Haushaltsprinzip gegenüber den „preußischen Vorbildern" eine Umdeutung erfahren, die von der Betriebswirtschaft kommt und eine starke Aussagekraft hat (Siehe Bank, a. a. O.). Auch der Unterschied zwischen dem „politischen" und „wirtschaftlichen Verhalten ist klarer erkannt, in seinen weiteren Folgen allerdings bisher in der Aufkommensschwemme des Booms noch nicht wirksam geworden. Die Überbrückung des natürlichen Phlegmas der Bewirtschaftungsstellen ist auch noch nicht gelungen. Die guten Wirtschaftler kommen beruflich nicht immer gut voran.

[48] Die Untersuchung vollzog sich im Rahmen einer Gliederung, die die sogenannte laufende Rechnung von der Kapitalrechnung schied und die Aufgabenbereiche selbstverständlich nach funktionalen Merkmalen zusammenfaßte. Bei der Laufenden Rechnung wurden Verbrauch, Gewinne und Verluste, Einkommensumschichtungen und Kapitalübertragungen getrennt, bei der Kapitalrechnung die direkten Investitionen von den indirekten und von den sonstigen Kapitaloperationen (Schuldentilgung, Vorschüsse usw.).

[49] Ein interessantes Beispiel dafür ist der Vorschlag, die Infrastruktur der Bundesbahn und Bundespost im Wege der sogenannten Vorhaltung des überlassenen Sondervermögens auf den Bundeshaushalt zu übernehmen. Der diesen Vorschlägen zugrunde liegende Gedanke ist, die Infrastrukturplanung aller Verkehrsträger (Schiene, Straße, Wasserstraße, Luft) untereinander in einen Vergleich zu bringen und einen unmittelbaren Zusammenhang zwischen der Wirtschaft der Sondervermögen und der allgemeinen Finanzwirtschaft herzustellen (Siehe *Ottmann*, Intern. Archiv für Verkehrswesen, 1960).

[50] Gelegentlich ist gefragt worden, ob die *Index-Rente* durch Vorschriften des Haushaltsrechts abgewehrt oder eingefangen werden kann. Eine Untersuchung dieser Frage erübrigt sich schon deshalb, weil jedes Spezialgesetz die Haushaltsordnung abändern würde. Wer formuliert auch die Unzulässigkeit? Das Haushaltsrecht wäre überfordert, wenn es in diesen heiklen sozialen Bereich eingriffe.

erhebt sich erneut die vorhin schon gestreifte Frage, ob beispielsweise die *Subventionen* haushalts*rechtlich* näher eingefangen werden können. Sowohl was den Begriff als ihre Höhe angeht, ist diese Frage klar zu verneinen. Es ist z. B. nicht denkbar, daß sogenannte wettbewerbsverfälschende Subventionen haushaltsrechtlich verboten, allgemeine Förderungen dagegen erlaubt werden. In den Subventionen stecken Momente der allgemeinen Politik, der Wirtschaftspolitik, der Sozialpolitik. Das Haushaltsrecht kann nur anordnen, daß die Auswirkung der Subventionen ganz ausführlich in den *Erläuterungen* so dargestellt wird, daß auch der letzte Empfänger der Subventionen im gewerblichen und im privaten Bereich annähernd erkennbar ist. Ein ähnliches Bedürfnis besteht auch für die Mittel, die in der Dunkelkammer des § 64 a RHO verschwinden.

Der Grundsatz der *Jährlichkeit* gerät auch durch die *apparative* Belastung des Haushaltsablaufs immer mehr in Gefahr[51]. Vielfach ist ein mehrjähriger Wirtschaftsplan als *Programm-Budget* neben dem eigentlichen 1- oder 2jährigen Haushaltsplan gefordert worden[52].

Der *Fehlbetrag im Haushalt,* wie überhaupt die Frage des Deckungsbedarfs und des Kassenbedarfs sind mehrfach untersucht worden, wobei immer wieder auffiel, daß der Versuch gemacht wird, eine einheitliche Lösung für die ganz verschiedenartigen Ebenen der Verwaltung zu finden. Vorausdeckung, gleichzeitige Deckung und Nachdeckung sind finanzpolitisch so verschiedenartig, daß die Aufstellung allgemein gültiger Regeln nur immer wieder neue Streitfragen aufwirft[53].

---

[51] Aber die Parlamente wollen auf den Jahresplan, den die Völker einmal ihren Obrigkeiten abgetrotzt haben, nicht verzichten. Der Jahresplan bietet den Koalitionen und Oppositionen auch viele erwünschte Möglichkeiten zu „politischer" Arbeit und ihrer Publizierung.

[52] Das technische Problem von *Wirtschaftsplänen* oder *Finanzplänen* neben dem Haushalt als Grundlage für die Durchführung von Einzel- oder Gesamtprojekten, die vielschichtig sind und sich der allzu starren Festlegung entziehen müssen, ist aber nach allgemeiner Auffassung heute ohne Schwierigkeiten lösbar. Das Grundgesetz läßt aber auch ein formelles Miteinander von Jahreshaushalt und Mehrjahresprogramm durch die Vorschrift des Art. 110 Abs. 2 GG zu, die besagt, daß Ausgaben auch für einen längeren Zeitraum als für nur ein Rechnungsjahr bewilligt werden können. Leider ist es in der Bundesrepublik bisher noch nicht zu einem größeren Versuch gekommen. Auch die *Grünen Pläne* sind in Aufgabenstellung und Mittelbewilligung Einjahrespläne. Sie überfordern die Verwaltung und die Parlamente, anstatt anhand einer jährlichen Kritik nur jeweils die nötigen Korrekturen eines Mehrjahresplans ins Auge zu fassen.

Die Vorteile solcher Pläne im Zusammenhang mit der antizyklischen Haushaltsgebarung liegen auf der Hand. Der Nachteil ist nur, daß diese Pläne, soweit sie nicht für Einzelsparten gemacht werden, beispielsweise für den Straßenbau, für die Entwicklungshilfe durch ihre unverbindliche Langfristigkeit nicht ganz realistisch sind.

[53] Dennoch darf mit aller Überzeugung gesagt werden, daß die Diskussion dieser Fragen in der Bundesrepublik zu den erfreulichsten Fortschritten gehört. Zu der Frage, ob unser Budget klar erkennen läßt, was ein echter Über-

Artikel 113 GG bleibt das trübe Kapitel, das er von Anfang an war. Im Schrifttum ist der Versuch unternommen worden, auch die einnahmemindernden Gesetze in den Zustimmungsvorbehalt der Bundesregierung aufzunehmen[54].

Eine überaus wichtige Frage, deren Beantwortung bisher recht unzulänglich ist, geht dahin, ob die finanziellen Tätigkeiten der *Trésorerie* in die Haushaltsplanung und den Haushaltsvollzug einbezogen und vom Haushaltsrecht erfaßt werden müssen. Rechnungshöfe legen darauf, soweit ersichtlich, großen Wert. Ein ganz wesentlicher Teil der Konjunktursteuerung könnte aber über eine moderne Geld- und Verschuldungspolitik der Trésorerie außerhalb des Haushalts vorgenommen werden[55].

Die Beziehungen zwischen Budget- und Schuldenverwaltung haben sich im übrigen nach 1945 etwa in den traditionellen Vorstellungen gehalten, die diesen spröden Bereich immer ausgezeichnet haben[56].

---

schuß oder ein echtes Defizit ist, wäre zu sagen, daß jeder ordnungsmäßige Abschluß die gewünschte Auskunft gibt, sofern man sich die Mühe macht, nicht nur die erste Zeile zu lesen.

Das mit dem Abschlußproblem in engster Verbindung stehende *Recht der Ausgabenreste* ist mehrfach mit großem Ernst untersucht worden. Behelfe des jährlichen Haushaltsgesetzes haben seine Starrheit aufzulockern versucht. Die Abschlüsse sind etwas wirklichkeitsnäher geworden, ohne aber schon ganz zu befriedigen. In dem Entwurf einer Bundeshaushaltsordnung, wie er vor 1957 im Bundesfinanzministerium entwickelt worden ist, ist sowohl das Wagnis einer neuen Fehlbetragsbildung als einer neuen Restberechnung unternommen. Die Frage ist hier, ob die Ausgabenreste weiter wie bisher dem Soll zufließen sollen (vgl. *Peucker*, Der öffentliche Haushalt 1956, S. 209). Preußen hatte bekanntlich früher eine gesonderte Resteverwaltung; die Reste wurden am Ende des zweiten Jahres der Verwaltung entzogen und dem Staatsschatz zugeführt.

„In vielen Fällen", so schrieb eine Firma ihrer Behördenkundschaft „hat sich die Praxis unserer Proformarechnungen als alleiniger Ausweg zur Übertragung von Etatresten erwiesen".

Gegen die Vorgriffe nach § 30 Abs. 3 RHO wird allgemein Sturm gelaufen. Der ihnen zugrunde liegende Gedankengang gilt als überholt (Siehe *Rohde*, „Weg mit den Vorgriffen nach § 30 Abs. 3 RHO; Der öffentliche Haushalt 1957, S. 241). Erhebliche Bedenken sind auch gegen die *nachträgliche* Zulassung der Übertragbarkeit von Ausgaben durch das Bundeshaushaltsgesetz und durch Länder- Haushaltsgesetze erhoben worden.

[54] Nach den Materialien und dem klaren Wortlaut des GG müssen diese Vorsätze scheitern (Siehe *Henrichs*, Art. 113 GG, mit umfangr. Lit.-Verz. 1958, Bonn, Diss.).

[55] Auf der bisherigen Verlustliste stehen ferner alle Vorschläge, auch den Haushalt stärker „von der Kasse her zu fahren", nicht nur im Haushaltsgesetz, sondern auch in der Haushaltsordnung selbst, ferner das Instrument der *Bindungsermächtigungen* auf die haushaltspolitisch überhaupt schätzbaren Zeiten und Volumina einzuschränken, die Fälle der Übertragbarkeit zu vermindern, die funktionellen Zusammenhänge in den Erläuterungen noch stärker herauszuschälen und für die großen Ausgabeblöcke der *Sozialausgaben*, der *Verteidigungsausgaben* und der *Personalausgaben* neue übersichtliche und praktische Gestaltungen zu schaffen.

[56] Die Überprüfung der Beschaffung von Geldmitteln im Wege des Kredits steht nach wie vor im Mittelpunkt des politischen Interesses, aber die sonstigen Aufgaben der Schuldenverwaltung machen einen ebenso wichtigen

Die *Sicherheitsleistungen und Bürgschaften,* durch das Grundgesetz in mehrfacher Hinsicht neu geordnet, haben in der Praxis viele Schwierigkeiten hervorgerufen. Die Anwendung der Vorschriften auf die *Sondervermögen* ist z. B. völlig ungeklärt[57].

Die Fragen des *öffentlichen Beteiligungsbesitzes* sind durch die umfangreiche Diskussion über die Steigerungsraten des öffentlichen Vermögens gegenüber den Privatvermögen in das allgemeine Gespräch gekommen. In die Diskussion ist dann auch das übrige öffentliche Vermögen einbezogen worden[58]. Wer sie verfolgt hat, wird bestätigen müssen, daß hier in einer grob vereinfachenden Weise bloße Tagespolitik getrieben worden ist. Ohne Rücksicht auf das jeweilige Haushaltssoll sind die unverwendeten Betriebsmittel und die entstandenen Werte des öffentlichen Vermögens ungewogen dem privaten Vermögenszuwachs gegenübergestellt worden[59]. Hier erwachsen ohne Zweifel dem Haushaltsrecht künftige Darstellungspflichten höherer Qualität. Das öffentliche Haushaltsrecht versagt auch sehr klar bei der Frage der Wettbewerbsvorteile des öffentlichen Beteiligungsvermögens durch den mög-

---

Teil der Kontrolle aus, die diesen überall unabhängigen Verwaltungen traditionell obliegt. Hier bedarf es nach allgemeiner Ansicht keiner grundlegenden Reform, wohl aber vielleicht einer Zulassung modernerer Praktiken.

[57] Ihr Recht präsentiert sich heute mit grundlegend differenzierenden Interpretationen. Siehe insbesondere den Art. 115 Satz 3 GG. Gerade dieser letztgenannte Artikel ist ein gutes Beispiel dafür, wie sich die Ressorts, die oberste Kontrollbehörde und die Schuldenverwaltung, wenn es not tut, zu einer Pragmatik zusammenfinden können, die auch der Gesetzgeber und die Gerichte hinnehmen.

[58] Was die Tendenz der öffentlichen Vermögensverwaltung angeht, ist zu hören, daß die *Sicherung der Vermögenssubstanz als* Grundsatz des Haushaltsrechts auch in den Bereichen, in denen er noch nicht statuiert ist, bindend aufgestellt werden müsse; das ist in der Tat richtig. Die Anwendung des Grundsatzes aber (Abschreibungen, Rücklagen usw.) kann für die Einzelbereiche der öffentlichen Verwaltung verschieden sein, muß es sogar.

[59] Wie gefährlich das Gleichstellen der verschiedenartigsten Gesichtspunkte mit den haushaltsmäßigen ist, zeigt dieser Vorgang, der sich täglich wiederholt. Die kassenmäßige Entwicklung der öffentlichen Haushalte wird gegenüber der Öffentlichkeit je nach der Bildung von kassenmäßigen Überschüssen oder Defiziten als „günstig" oder „ungünstig" bezeichnet. Anders gesagt, die bei einem Zurückbleiben von Ausgaben entsprechenden Kassenguthaben werden als haushaltsmäßige Verbesserungen, in einigen Veröffentlichungen sogar als „öffentliches Vermögen" behandelt und den entsprechenden privaten Einrichtungen gegenübergestellt. Die monetäre Entwicklung der Haushalte kann aber ohne Heranziehung des Haushaltssolls überhaupt nicht beurteilt werden; jede Feststellung des kassenmäßigen Ergebnisses als günstig oder ungünstig ist von vornherein korrekturbedürftig, von der Bezeichnung der Guthaben als Vermögen ganz abgesehen. Ohne die Verpflichtungsseite der öffentlichen Haushalte sind alle Schlußfolgerungen aus dem Kassenverlauf abwegig, zumindest unvollständig. Die zeitlichen Verschiebungen der Ausgaben sind oft zufällig und lassen keinerlei Schlüsse auf die Haushalts- und Finanzlage zu.

lichen oder tatsächlichen Rückhalt in den staatlichen Budgets, ferner durch den Verzicht auf die übliche Dividendenpflege, durch die bekannten Steuervergünstigungen, durch Investitionszuschüsse und Entwicklungsfonds[60].

Die *Rechnungsführung* des Bundes, der Länder und der öffentlichen Körperschaften überhaupt ist mehrfach als so unzulänglich bezeichnet worden, daß dies kaum mehr streitig erscheint[61]. Besonders hat man die Buchführung bei den Ländern beanstandet und sie nur als ein auf die Sachkonten aufgegliedertes Kassenbuch dargestellt. Auch die *Vermögensrechnung* habe uns nicht weitergebracht, wie überhaupt die staatliche Rechnungsführung „bei Friedrich dem Großen" steckengeblieben sei. Diese Kritik schießt zwar weit über das Ziel hinaus, ist aber nicht ganz unberechtigt[62]. Die *Rechnung* muß dem Haushaltsplan korrespondierend gegenüberstehen und den nächsten Plan fördern. Alles Beiwerk muß um die Rechnung herumgruppiert werden, ebenso wie beim Haushaltsplan. Die *finanzwirtschaftliche Gesamtrechnung* ist zu verbessern,

---

[60] In den Erläuterungen der Dividendenfonds in den Haushalten sollte nach einer wiederholt erhobenen Forderung auch die Selbstfinanzierungsquote der staatlichen Unternehmen bekannt gegeben werden (Siehe Veröffentlichung D. Ind. Institut 1960 Nr. 10).

[61] In einer früheren Diskussion hat einer einmal sehr plastisch gesagt, eine Sache werde nicht dann rentabel, wenn sie ein *kaufmännisches Rechnungswesen* einführe, und er hat dann Goethe zitiert, der die kaufmännische Rechenweise als eine der schönsten Erfindungen des menschlichen Geistes bezeichnet hat. In beiden Hinweisen steckt etwas Wahres, aber ich denke doch, daß wir diese Betrachtungsweise inzwischen überwunden haben. Sicher ist nur, daß die Rechnungsergebnisse eine stärkere Aussagekraft gewinnen müssen, aber in einer Form, die dem Haushaltsplan entspricht und dem nächsten Voranschlag als Grundlage dienen kann. Die Anwendung der *Doppik im Rechnungswesen* ist gescheitert, ungeachtet der Kühnheit und Folgerichtigkeit einzelner Vorschläge, ganz einfach, weil die Aufgabe des Rechnungswesens nicht technisch gesehen werden darf. Dagegen hat sich erneut bestätigt, daß die kameralistische Rechnung zu jeder Nachweisung und Darstellung imstande ist. Die Rechnung der Gemeinde muß und kann anders aussehen als die des Bundes, und zwar in der Qualität wie in der Quantität der Aufmachung. Die Preisgabe der *Einheitlichkeit* der Haushaltsrechnung, ggf. sogar der Vermögensrechnung, ist ein wichtiges Erfordernis fortschrittlichen Denkens. Vielfach ist in diesem Zusammenhang erklärt worden, daß die einfache *Kameralrechnung* als Rechnungssystem für eine große Anzahl von Einrichtungen nicht ausreichend sei und durch eine erweiterte Berichtspflicht, etwa im Sinne des § 17 der Eigenbetriebs-VO, ergänzt werden müßte (siehe *Fuchs*, Der öffentliche Haushalt, 1957, S. 55).

[62] Sie wird in der Regel nur von Kritikern erhoben, die sich eine Rechnung ohne ziffernmäßige Aussagen des *Teil*erfolgs, der *geldmäßigen* Abwicklungen und der *Vermögensveränderungen* nicht vorstellen können und die infolgedessen eine Verbindung der Geldrechnung mit der Vermögensrechnung zu einer Erfolgsrechnung fordern. Diese Forderung wird nach der Meinung der politischen Praxis auf die *Betriebsverwaltungen* zu beschränken sein; dem *Hoheitsbereich* muß sie wohl fernbleiben.

um eine Kontrolle der Gemeinnützigkeit des Aufwands von einer höheren Ebene aus zu ermöglichen[63, 64].

Was das *gemeindliche Voranschlags- und Rechnungswesen* angeht, stehen sich die Auffassungen bemerkenswert konträr gegenüber, hohes Lob über die großen Fortschritte neben der Feststellung schwerwiegender Mängel[65].

Die vielen Vorschläge zur *Vermögensdarstellung*, -verwaltung und -abrechnung[66] passen meist nur für das *Finanz*vermögen der öffentlichen Hand, das viel besser außerhalb des Haushalts kritisch durchleuchtet werden kann[67]. Deshalb hat sich im großen Bereich bisher, wie gesagt, auch kein Vorschlag für ein Kapitalbudget durchgesetzt.

Wir haben heute die Möglichkeit, die *Vermögensrechnung* des *Bundes* aus einem gewissen zeitlichen Abstand zu betrachten. Die Erfahrungen sind sehr eindeutig. In der Ebene des Bundes kann die Vermögens-

---

[63] Im Rahmen der weitreichenden, fast liebevollen Untersuchung der Haushaltsgebarung der *öffentlichen Betriebe* in der wissenschaftlichen Diskussion der letzten Jahre sind die Fragen der *einfachen und gehobeneren Verwaltungsbuchführung* besonders eingehend geprüft worden. (Siehe *Trassl*, Der öffentliche Haushalt 1956, S. 49). Hier werden immer wieder interessante Vorschläge für eine Vermischung der kameralistischen und kaufmännischen Anschreibung und der Vermeidung ihrer Nachteile gemacht. Die Rechnung muß aber im Kern finanzwirtschaftlich, sie kann nicht betriebswirtschaftlich sein. Betriebswirtschaftliche Nebenrechnungen, insbesondere auch für Verwaltungsteile, sind allerdings unerläßlich.

[64] Für den *Verwaltungskostenvergleich* und für *Selbstkostenrechnungen* bedarf es der betriebswirtschaftlichen Aufmachung des Rechnungsmaterials, aber wiederum außerhalb der den Gegenstand der Entlastung bildenden Rechnung.

[65] Für das *Rechnungsmuster der Gemeinden* sind Vorschläge zur Neukonstruktion entwickelt worden, die die Rechnungsbedürfnisse der Gemeindewirtschaft nach modernen Gesichtspunkten berücksichtigen. Die neuen Muster versuchen, einer Zersplitterung der kommunalen Rechnungslegung vorzubeugen, die sich mit Sicherheit ergeben würde, wenn für jede erwerbswirtschaftliche Zielsetzung kommunaler Stellen ein Sondermuster entwickelt werden müßte. Die Bedeutung dieser Vorschläge geht weit über das formelle hinaus, weil hier in kleinem Bereich der Versuch gemacht worden ist, auch die Wirtschaftlichkeit in der Rechnung optisch sichtbar zu machen und einen Haushaltsplan, der nicht mehr nach der Herkunft der Deckungsmittel, sondern nach der Art der Aufwendungen in einen Erfolgplan und in einen Finanz- und Vermögensplan gegliedert wird. An diesen Plan schließt sich dann die Jahresrechnung an, die demgemäß in eine Erfolgsrechnung und in eine Vermögensrechnung zerfällt. Sie gibt die Möglichkeit, nach innen nach dem *Kostendeckungsprinzip*, nach außen nach dem *Ausgabenprinzip abzurechnen.*

[66] Einen Überblick über „Entwicklung und Stand des Rechts des öffentlichen Vermögens" gibt Konstantin *Spiller* in seiner „Darstellung der gesetzlichen Regelung in Vergangenheit und Gegenwart", 1960 (Münster).

[67] Der Gesichtspunkt, daß mit dem Vermögen öffentliche Funktionen erfüllt werden, schlägt gegenüber allen Vorschlägen für eine sogenannte systematische Vermögensaufzeichnung durch. Dagegen lassen die Betriebsvermögen jegliche Systematik der betriebswirtschaftlichen Ordnung und Übersicht zu.

rechnung keine finanzpolitische Bedeutung erlangen[68]. Allenfalls werden ihre ganz großen Zahlen da und dort erörtert, aber eine echte Vermögenspolitik im großen und im Detail hat sich aus den bisherigen Rechnungen noch nicht entwickelt[69]. In den Ländern ist es nur zum Teil besser.

Die Berichte des Bundesrechnungshofs und der Landesrechnungshöfe über die *Prüfung von Unternehmen* mit eigener Rechtspersönlichkeit haben einen denkbar großen und praktischen Nutzen gezeitigt. Hier wirken in einer der Öffentlichkeit leider abgewandten und der Wirtschaft nicht immer sehr willkommenen Weise Kräfte, die die Kontrolle der öffentlichen Finanzgebarung auf einem der wichtigsten Gebiete abrunden[70].

Die gesonderte Abrechnung der *ao* Vorhaben ist nötig. Im Zusammenhang damit steht der mehrfach entwickelte Gedanke einer Anleihewirtschaft außerhalb der in festen Zeitabschnitten sich vollziehenden Haushaltswirtschaft. Warum soll über eine *Entwicklungsanleihe* oder über eine spezifische *Autobahnanleihe* unbedingt im Rahmen der jährlichen Haushaltsrechnung nach Art. 114 GG abgerechnet werden?

In den *Kassen* sind wir nicht allzu sehr vorangekommen, weder strukturell noch in der Modernisierungsproblematik.

Ich komme nun zur *Rechnungskontrolle*. Hier ist über Entwicklungstendenzen zu berichten, die das Grundsätzliche und viele wichtige Ein-

---

[68] Ein Verzicht auf die Vermögensrechnung oder große Teile von ihr kommt aber nicht in Frage, weil das Ordnungsprinzip die Darlegung des Vermögens einfach fordert. Ferner, weil der Öffentlichkeit und Wissenschaft eine Rechenschaft abgelegt werden muß und die Finanzkontrolle sich naturgemäß und kraft Verfassungsvorschrift auch auf das Vermögen bezieht. Eine gute Verbindung von Vermögensrechnung und Haushaltsrechnung ist uns im Bund auch noch nicht gelungen. Insbesondere fehlt es an guten Analysen der *Vermögensveränderungen*. Unter dem Gesichtspunkt der Einheit des Bundesvermögens unter Einschluß der Betriebsvermögen und sonstigen Sondervermögen erscheint die Vermögensrechnung jedenfalls unverzichtbar, ihre innere Weiterentwicklung aber notwendig und wünschenswert. Wenn unsere Vermögensrechnung im Bund noch nicht allgemein lesbar geworden ist. liegt dies übrigens nicht unbedingt an den Vorschriften, die ihr zugrunde liegen.

[69] Die echten *Vermögensänderungen* müssen als Zugänge oder Abgänge offen ausgewiesen werden. Die dazu erforderlichen Unterlagen können zwangsläufig nicht allein aus der Haushaltsrechnung gewonnen werden. Die Verbesserung der Bestandsaufnahmen und ihre Überleitung in eine Anlage der Rechnung ist daher überall vonnöten. Der Verbund von Haushaltsrechnung und Vermögensrechnung ist selbstverständlich. Die Erfordernisse der Vermögensrechnung können aber nicht den Charakter der Haushaltsrechnung als eines finanzpolitischen und entlastungspolitischen Instruments verändern. Vielmehr müssen neben der Vermögensrechnung alle wünschenswerten Aussagen in Sonderdarstellungen getroffen werden. Gegen eine *Verbrauchsrechnung* als Anhängsel des Rechenwerks ist nichts einzuwenden; Gegenstand der Entlastung kann sie nicht sein.

[70] Zahlreiche bedeutsame Veröffentlichungen sind die unmittelbare Auswirkung der Arbeit der obersten Kontrollbehörden geworden. Sie auszuwerten, wird eine Aufgabe der Haushaltsreform sein.

zelheiten betreffen. Vorweg ist festzustellen, daß die *Stellung des Rechnungshofs* sich in der *Vorstellung unserer Zeitgenossen* trotz eines programmatischen Gesetzesworts noch nicht wesentlich geändert hat. Mehrere Bundesressorts haben dem stolzen Wort von der 4. Gewalt, der Kontrollfunktion, ein rasches Grab bereitet[71]. Immerhin hat eine große öffentliche Debatte zum Durchbruch der vollen *Unabhängigkeit der deutschen Prüfungsbehörden* beigetragen[72].

Die Funktion der Rechnungshöfe im Staat und ihre Beziehungen zu den Gewalten sind in vielen grundlegenden Darstellungen untersucht worden[73]. Betrachtet man die verfassungsrechtlichen und gesetzlichen Regelungen an Hand dieser Analysen, sind grundlegende Umwälzungen im Aufbau und in der Arbeitsweise der Rechnungshöfe bislang nicht zu erkennen. Immer wieder bricht seitens der Rechnungshöfe die Überzeugung durch, daß die Kontrollbehörde näher an die Legislative gerückt werden müsse[74].

---

[71] Die Theorie, daß es sich bei der Finanzkontrolle nicht um eine neue Gewalt im System der Gewaltenteilung, sondern nur um die modernisierende Ausgestaltung eines unabhängigen, völlig selbständigen Ergänzungsorgans der vollziehenden Gewalt handele, ist aber ebenfalls nicht aufgenommen und weiterentwickelt worden. Gelegentlich konnte man den Eindruck haben, daß die gesunde Fortentwicklung unseres Rechtsdenkens auf diesem Gebiet durch persönliche Umstände gehemmt war.

[72] Gelegentlich ist auch in der Bundesrepublik die Frage erörtert worden, ob nach englischem Vorbild nur *ein* Rechnungshof für den gesamten öffentlichen Bereich, nur *ein* beratender Ausschuß für die parlamentarische Kontrolle zuständig sein soll. Aus England ist auch die Anregung übernommen, in die dort maßgebende Einheit der Finanzen auch die Kontrolle des Volkseinkommens einzubeziehen. Eine Verwirklichung dieses Gedankens würde zunächst von der Rechnungsseite her den Versuch eines *Haushalts- und Finanzausgleichs* auf höchster wirtschaftlicher und sozialer Ebene bedeuten. (Siehe *v. Dungern*, Höhere Produktivität der Verwaltung, „Der öffentliche Haushalt" 1956 Heft 1).

[73] z. B. „Die geschichtliche Entwicklung der obersten staatlichen Kontrollbehörden im Bundesgebiet" von Siegfried Ulsmann, „Der öffentliche Haushalt" 1960, S. 24 „Zur Entstehungsgeschichte des § 92 RHO" von *W. Meyer*, Berlin, „Der öffentliche Haushalt", 1960, S. 102. Ferner: *F. W. Beckenstraeter*, „Die Stellung der Rechnungshöfe im System der Freiteilung der Staatsgewalt", 1961, Frankfurt a. M. (Diss.).

[74] Eine einheitliche Entwicklungstendenz hat sich aber noch nicht durchgesetzt, im Gegenteil. Mehrere Gutachten haben ein starkes Beharrungsvermögen der Verwaltung und der konservativen Auffassungen erkennen lassen. Bemühungen, die Kontrollbehörden zu reinen Verwaltungsorganen mit den Rechten einer obersten Bundes- oder Staatsbehörde vorzuschlagen, waren allerdings erfolglos. Wenn das Wort von Heinig richtig ist, ist weder die Haushalts- noch die Rechnungsprüfungsbehörde von Natur aus konservativ. Konservativ wird das Ganze erst, wenn es nicht beachtet wird. Ganz nebenbei sei gesagt, daß wir um die Unabhängigkeit unserer obersten Kontrollbehörde in Europa und in der Welt vielfach sehr beneidet werden. Zwar gibt es Länder, bei denen die Prüfungsbehörde noch stärker als Gericht ausgebildet ist als bei uns; unsere Unabhängigkeit und die Prüfungsbreite erscheinen dennoch als eine heute noch fortschrittliche Leistung.

Das Problem des *Sparkommissars* ist im großen und ganzen noch ungelöst. In einigen Ländern hat es beachtliche Fortentwicklung gegeben, vielfach aus eigenster Initiative[75].

Von besonders aktuellem Wert waren die Auseinandersetzungen über die Zweckmäßigkeit der Einschaltung der Rechnungshöfe *vor* Maßnahmen der Verwaltung, deren finanzielle Abwicklung später Gegenstand der Rechnungsprüfung ist. Mit Recht ist der Standpunkt vertreten worden, daß beiden Seiten durch diese gelegentlich verständliche Handhabung nicht gedient ist[76].

Daneben ist das *gegenwartsnahe Prüfungsrecht* des Bundesrechnungshofs in der letzten Zeit besonders streitig gewesen. Zu dieser Frage liegen neuere Auslassungen vor, die die Gefahr des Eindringens rein justizstaatlicher Elemente, wie sie für die Betrachtung des Bereichs der Grundrechte selbstverständlich sind, in den wirtschaftlichen Bereich der öffentlichen Finanzkontrolle erkennen lassen[77].

---

[75] Beispielsweise können in einzelnen Ländern die Rechnungshöfe nach Belieben im ganzen Bereich der Verwaltung Organisations- und Wirtschaftlichkeitsprüfungen vornehmen. Die Rechnungshöfe beteiligen sich dort auch an Arbeiten der Exekutive, die für die Haushalts- und Wirtschaftsführung der öffentlichen Hand von allgemeiner Bedeutung sind. Der wissenschaftliche Beirat der Verwaltung für Finanzen hat sich dafür eingesetzt, daß innerhalb der Parlamente auch qualifizierte Minderheiten Prüfungsaufgaben erteilen und Wirtschaftlichkeitsgutachten anfordern können.

Dagegen hat sich die Prüfung der Eigenbetriebe nur mühsam entwickelt (*Möller*, Der öffentliche Haushalt, 1957, S. 1).

[76] Die Verwaltungsbehörden verkennen, wenn sie die Anhörung der Kontrollbehörde außerhalb des § 100 RHO als Pflicht auffassen, ihre politische Verantwortung, die Kontrollbehörden die Notwendigkeit einer möglichst unbefangenen Prüfung. Auch im Bundestag ist das Ganze als Flucht der Exekutivbehörden vor der Verantwortung diskutiert worden. Ohne Zustimmung der Behörde ist eine Mitwirkung der Prüfungsinstanz *vor* der Ausgabe eindeutig unzulässig. Dies klarzustellen, wird ebenfalls eine Aufgabe der Haushaltsreform sein. Vor guten Ratschlägen der Prüfungsbehörden sollte aber auch niemand Angst haben (Siehe zum Tatbestand den Aufsatz „Überrechnungshof?" von Gerhard Weisser, „Der öffentliche Haushalt" 1960, S. 65 f. Immer häufiger geschehe es, daß Verwaltungsstellen und selbst Ministerien den zuständigen Rechnungshof des Bundes oder des Landes um Stellungnahmen zu Maßnahmen bitten, *bevor* sie ergriffen werden. Man wolle sicher gehen. Es sollte jetzt an der Zeit sein, sich klarzumachen, wohin dieser sich einbürgernde Brauch führen müsse).

[77] Der Bundesrechnungshof stützt seine Auffassung, die diesen Ministerialgutachten zuwiderläuft, in der Hauptsache auf das umfassende Kontrollrecht, das das Bundesrechnungshof-Gesetz von 1950 in Änderung des § 87 RHO geschaffen habe (§ 4). Die Zulässigkeit einer gegenwartsnahen, man möchte sagen unzyklischen Prüfungstätigkeit der obersten Kontrollinstanz (*nach* der Ausgabe, versteht sich!) scheint wenig zweifelhaft, wenn man die allgemeine Entwicklung des öffentlichen Prüfungswesens kennt.

Der Präsident des Bundesrechnungshofs, *Hertel*, hat am 18. Januar 1961 in einem Vortrag an der Universität Frankfurt/Main (FAZ vom 25. 1. 61) die Rechtsgrundlagen seiner Tätigkeit näher dargelegt. Hierauf darf Bezug genommen werden. In das Überwachungsrecht nach § 4 BRHG sei das gesamte Verwaltungsgeschehen, soweit es unter dem Blickwinkel der Haushalts- und Wirtschaftsführung relevant sei, einbezogen, jedoch mit der Einschränkung,

Der Rechtswirrwarr auf dem Gebiet der Rechnungsprüfung der *juristischen Personen des öffentlichen Rechts* ist dem beruhigenden Faktum pragmatischer Lösungen gewichen[78].

Für die Einrichtung von *Finanz- oder Staatskontrolleuren* nach französischem Vorbild fehlt es bisher an jeder Initiative. Das bleibt sehr bedauerlich, nicht nur für das Gebiet der Rechnungsprüfung[79]. Dagegen ist die Frage der Zweckmäßigkeit der *Vorprüfung*, insbesondere nach der Abschaffung dieser Einrichtung in Bayern, wiederholt erörtert worden. Die Verteidiger der Vorprüfung sind nach wie vor zahlreich[80].

Gelegentlich ist die Einstellung von „*Wander-Prüfungsbeamten*", ebenso auch von freien Mitarbeitern, empfohlen worden, um für einzelne schwierige Prüfungsaufgaben über geeignete Fachkräfte verfügen zu können. Daß die Rechnungshöfe unter Brechung des bisherigen juristischen Monopols sich weitgehend einem anderen, wirtschaftlicheren Typ zuwenden müssen, ist heute Allgemeingut[81].

---

daß die politische Entscheidung der Legislative und Exekutive „für die Finanzkontrolle vorgegeben" seien. In seinen weiteren Ausführungen verweist Hertel auch auf die Richtlinien der Bundesregierung für die Tätigkeit des Bundesbeauftragten für Wirtschaftlichkeit, in denen ein Initiativrecht des Bundesbeauftragten vorgesehen ist, und auf anderes mehr.

Diesen Ansichten steht neben den genannten Ministerialgutachten aus jüngster Zeit auch die Kommentierung des Art. 114 GG durch *Maunz-Dürig* entgegen (5. Lieferung, August 1961). Sie bestreitet u. a. sogar die Zulässigkeit einer Gutachtenstätigkeit des Rechnungshofs, weil hierdurch die innere Unabhängigkeit anläßlich der späteren Rechnungsprüfung gefährdet sei.

[78] Die Rechtswirksamkeit des Kriegskontrollgesetzes hat sich auch im Schrifttum durchgesetzt, ist aber bisher von keiner hohen Rechtsprechungsinstanz bestätigt worden. Immerhin bleibt auf diese Weise eine wichtige Entwicklungstendenz auf dem Kontrollgebiet erhalten und lebendig. In der öffentlichen Dissussion ist man allerdings den Anwendungsfragen der Rechnungsprüfung der öffentlichen Körperschaften bisher nur zögernd nachgegangen. (nach dem grundlegenden Aufsatz von *Werner Weber*, „Zur Frage der Rechnungsprüfung der jur. Personen des öffentlichen Rechts", 1954, Der öffentliche Haushalt, S. 27. Siehe insbes. noch *Huber*, „Die institutionelle Verfassungsgarantie der Rechnungsprüfung", 1958 Verl. I. C. B. *Mohr* (Tübingen).

[79] Die vom Bundesrechnungshof aufgeworfene Frage, ob Minister und Staatssekretäre in Aufsichtsräten öffentlicher Gesellschaften ihres Aufsichtsbereichs Platz haben können, ist bisher nur einseitig erörtert worden. (Vgl. Art. 66 GG und das BMinGes. vom 17. Juni 1953, BGBl. I, S. 407). An die Kernfrage, ob damit die *Verwaltungs -und Verfassungskontrolle* beeinträchtigt wird, ist die Diskussion bisher nicht herangelangt. Wenn sogar Mitglieder der *parlamentarischen* Kontrollausschüsse in Überwachungsorgane staatlicher Gesellschaften und Körperschaften eintreten, wird das Problem noch sichtbarer. Auch die Zusammenhänge zwischen Aufsichtsprüfung und Rechnungsprüfung sind bisher nur unzureichend diskutiert.

[80] Das Zudecken von finanziellen Fahrlässigkeiten muß schärfer geahndet werden; dies ist oft und scharf betont worden. Weniger erörtert wird dagegen die verwaltungseigene Aufsicht und Finanz*kontrolle*, die immer nur behandelt wird, wenn schwere Unterschleife vorgekommen sind.

[81] *Reger:* Rechnungsprüfung und Juristenmonopol. Der öffentliche Haushalt, 1956, S. 230.

Auch der einmalige Versuch einer Verbindung von *Budget und Verwaltungsvereinfachung* ist schnell zusammengebrochen; es zeigte sich, daß das Budget nur die Daten nennen, das Haushaltsrecht aber keine Vereinfachungsautomatik liefern kann.

Die Streitfrage, ob die *Gebühren* finanzwirtschaftlich, d. h. kameralistisch, oder nach erwerbswirtschaftlichen Grundsätzen zu berechnen sind, hat zu mancherlei Auseinandersetzungen in Theorie und Praxis geführt[82].

Die *Publizität* auf dem Gebiet des öffentlichen Haushaltswesens hatte seit 1953 einen verheißungsvollen Aufschwung genommen. Damals entstanden beim Bund die schon einmal genannten finanziellen Überblicke, die im weiteren Verlauf sich zu einer vollen Übersicht über die weltwirtschaftlichen und nationalwirtschaftlichen Ausgangspunkte des Budgetgeschehens auswuchsen. Der Gedanke einer größeren Publizität *auch der Rechnungslegung und Rechnungsprüfung* ist auf fruchtbaren Boden gefallen[83].

Die *Haushaltsordnungen der europäischen Zusammenschlüsse* sind bisher fast nur in unkritischen Darstellungen und nachrichtlich behandelt worden. Inzwischen ist man im supranationalen Bereich über die ersten primitiven Regelungen hinausgekommen. Bemerkenswerte neue Gedanken, die sich zur Verwendung im nationalen Raum eignen würden, sind aber noch nicht sichtbar[84]. Ein großer Fortschritt war, daß auf dem Gebiet der Rechnungsprüfung sich der Grundsatz der Ordnungsmäßigkeits-

---

[82] In ihrem Mittelpunkt stand die Frage nach der Synthese zwischen dem wirtschaftlichen Verhalten der Verwaltung und ihrer öffentlichen Aufgabenerfüllung. Inwieweit das Prinzip von Leistung und Gegenleistung, der Rentabilitätsgesichtspunkt, die Rücklagenbildung, die Vorausdeckung oder Nachdeckung im Gebührenbereich maßgebend sind, hat zu vielen Untersuchungen geführt, die einen Fortschritt bedeuten (siehe insbesondere *Taxis*, Verw. Praxis 2/1961; *Roggenberg*, Die Betriebskostenrechnung, Forkel-Verlag, Stuttgart; *Johns*, Grundfragen; IB Mohr-Verlag, Tübingen; *Festel*, Finanzarchiv 1960, Nr. 2, Heft 2). Nur vereinzelt wird einer grundsätzlichen Verselbständigung der Gebühren-Haushalte das Wort geredet. Der Streit um die marktwirtschaftliche Ausrichtung der großen Betriebsvermögen hat mit einem Kompromiß geendet, der den Politikern als ein notwendiges Zwischenstadium erschien. Durch die Verflechung der Sondervermögen mit dem großen Haushalt, der den Ausgleich vornehmen muß, ist eine Lösung erzielt, die ein gesundes Gleichgewicht zwischen den volkswirtschaftlichen und betriebswirtschaftlichen Interessen, weniger dagegen eine haushaltswirtschaftlich volle Befriedigung ermöglicht.

[83] Nachdem alle bisherigen Versuche, das Haushaltswesen selbst etwas populärer zu machen, an der langwierigen Prozedur sowie daran gescheitert sind, daß niemand gern etwas liest, von dem unsicher ist, ob es überhaupt kommen wird, oder etwas, von dem bereits feststeht,, daß es kommt, sollte die Popularisierung der Kontrollvorgänge unser aller Interesse verdienen.

[84] Siehe die Finanz- (insbesondere auch) Haushaltsvorschriften in EWG und EAG. *Biskup:* Der öffentliche Haushalt, 1957, S. 166.

und Zweckmäßigkeitsprüfung an einzelnen Stellen durchgesetzt hat, während für den Voranschlag und seinen Vollzug überwiegend noch die Regeln des romanischen Haushaltsrechts gelten[85].

[85] Es ist klar, daß aus den Haushaltsvorschriften der deutschen *Sowjetzonenverwaltung* keine Anregungen für unsere Haushaltsreform zu gewinnen sind (siehe meine nachstehende Zusammenfassung aus den Spitzenkapiteln des Bandes 10 der Wirtschaftswissenschaftliche Veröffentlichungen des Osteuropa-Instituts an der Freien Universität Berlin, Helmut *Meier*, „Die Entwicklung des Haushaltswesens in der sowjetischen Besatzungszone Deutschlands", Berlin). Die Wirtschaftspolitik des Sowjetzonen-Staats bedeutet die Anwendung der Grundsätze einer *Zentralverwaltungswirtschaft*, in die die private Wirtschaftstätigkeit planwirtschaftlich und geldwirtschaftlich einbezogen ist. Über die volkseigenen Betriebe besteht eine direkte, über die genossenschaftliche Form ein indirektes Unterstellungsverhältnis unter die oberste Befehlsgewalt. Wirtschaftspläne legen Ziel und Ablauf der Zentralverwaltungswirtschaft fest. Gewisse Unterschiede zur Sowjet-Wirtschaft sind erkennbar (Privateigentum). Der Öffentliche Haushalt hat in dieser Wirtschaftsordnung eine umfassende Bedeutung. Mit dem kameralistischen Verwaltungshaushalt ist der *Finanzhaushalt der Staatsbetriebe* unmittelbar verbunden. Planung, Führung und Kontrolle werden unmittelbar über den Haushalt vollzogen. Damit hat der Haushalt außer der Finanzierung der Hoheitsaufgaben des Staates auch die Aufgabe der zentralen Finanzierungsstelle der gesamten Volkswirtschaft. Der Staatshaushalt faßt in sich die Haushalte aller Gebietskörperschaften mit den Haushalten der ihnen unterstehenden öffentlich-rechtlichen Anstalten und Körperschaften in Verwaltung und Wirtschaft zusammen (geschlossene Einheit).

In der Zentralverwaltungswirtschaft der SBZ wird die Entwicklung in allen Lebensbereichen *langfristig* (z. Z. nach sowjetischem Vorbild in einem 7- Jahresplan) geplant. Für gewisse Hauptbereiche (Volkseinkommen, Industrieproduktion, Warenumsatz) werden Wertzahlen festgelegt, da Mengenzahlen als Generalnenner nicht anwendbar sind. Die auf das Kalenderjahr abgestellte Mengenplanung vollzieht sich in den sogenannten Volkswirtschaftsplänen, die sich von der Industrie, Land-, Forst- und Wasserwirtschaft bis auf den Lebensstandard, die Arbeitsproduktivität, die Löhne, auf alle Zweige der Technik, des Gesundheitswesens und der Körperkultur erstrecken. Die *Wertplanung* setzt sich darin in eine *Finanzplanung* um. Die Verzahnung des Volkswirtschaftsplans mit der Finanzplanung sichert die Programmseite der Planung, für die dann der Haushaltsplan die Exekutionsbasis abgibt. Diese viergeteilte Ordnung (langfristige Mengenplanung, Volkswirtschaftsplan, Finanzplan, Haushaltsplan) ist naturgemäß nur im Plan- und Vollzugsstadium, nicht dagegen im formellen und materiellen Abrechnungsstadium durchführbar. Bereits der Volkswirtschaftsplan hat den Charakter eines Gesetzes, dessen Einhaltung mit Strafen erzwingbar ist. Auch der Finanz- und Haushaltsplan haben Gesetzescharakter. „Der Staatshaushalt ist der Hauptfinanzplan unseres Staates."

Der Volkswirtschaftsplan fällt in die Zuständigkeit der *Staatlichen Plankommission*, während der Haushaltsplan Angelegenheit des Ministeriums der Finanzen ist. Die *Koordinierung von Mengen- und Wertplanung* mit den finanziellen Gegebenheiten ruft immer wieder Schwierigkeiten hervor.

Der Staatshaushaltsplan ist nach dem *Realprinzip* aufgestellt. Die einzelnen Aufgabenbereiche erstrecken sich unabhängig von der vertikalen Verteilung (Ministerialprinzip) horizontal auf alle Einzelpläne. Die Anpassung der Haushaltsgliederung an den *Volkswirtschaftsplan* wird angestrebt. Die Wertplanung der Verwaltungsaufgaben wird mit der Mengenplanung gekoppelt; der jeweils geplanten Menge (z. B. Zahl der Schüler, Lehrer und Klassenräume, der Obstbäume, Krankenanstalten usw.) entspricht ein Wert in DM, der zur Realisierung des Planansatzes erforderlich ist. Die Wertplanung der wirt-

VI. Schluß

Der Gang durch die *nationale Haushaltsdiskussion* läßt die Unsicherheit in der weiteren Wegrichtung, was die großen Fragen angeht, erkennen, andererseits aber den Ernst und Fleiß, mit dem um Fortschritte wirtschaftlicher, technischer und rechtlicher Art gerungen wird[86].

Die Folgerungen, die aus dem *Gesamtstand der Diskussion* zu ziehen sind, können etwa wie folgt umrissen werden:

1. Die Bundesregierung sollte einer *Kommission aus Theorie und Praxis* den Auftrag erteilen, binnen zwei Jahren einen formulierten Vorschlag für eine neue Haushaltsordnung von Bund und Ländern, für etwaige neue Verfassungsvorschriften sowie für neue Vollzugsvorschriften nebst Begründungen vorzulegen.

2. In dem beizufügenden Bericht hätte die Kommission sich zu den *grundsätzlichen Reformvorschlägen* im In- und Ausland gutachtlich zu äußern.

3. Die wirtschaftlichen, rechtlichen, sozialen und administrativen Budgetfunktionen sollen in etwa gleichem Rang bei der Neufassung der Haushaltsordnung Berücksichtigung finden.

4. Die neue Haushaltsordnung sollte ausführliche Vorschriften über die Möglichkeiten und Grenzen der wirtschaftlichen Betätigung des Staa-

---

schaftlichen Aufgaben wird dadurch mit der Mengenplanung verklammert, da die in der Höhe festgelegten Aufwandsarten die Realisierung der Betriebspläne garantieren müssen.

Der *Kassenplan* ist Bestandteil des Finanzplans. Jede Unstimmigkeit zwischen Finanzplan und Produktionsplan stört den Vollzug. Die Problematik der Wirtschaftsrechnung ist bei diesem System mit westlicher Vorstellung einer wirtschaftlichen Übereinstimmung kaum zu bewältigen. Bauen die Finanzpläne auf falschen Plänen auf, wirken sich diese auch in den Haushaltsplänen der zuständigen Körperschaften aus, da sie die Einnahmeseite und Ausgabenseite berühren. Als *Verbindung zwischen dem Finanz- und Haushaltsplan* fungieren Steuern, Gewinne, Abführungen, Rückflüsse (Einnahmeseite), Investitionen, Zuführungen, Preisstützungen, Verlustabdeckungen, Umsetzungskosten usw. (Ausgabenseite).

Die Staatliche Plankommission und das Finanzministerium haben das Recht, allen Haushaltsorganisationen verbindliche *Anweisungen* zu erteilen. Die Fachministerien können allerdings Vorschläge machen. Das Ministerium der Finanzen kann Planansätze im Verwaltungsbereich *streichen* oder *kürzen*. Die Haushaltsabteilungen der Gebietskörperschaften sind praktisch nur ausführende Organe des Ministeriums der Finanzen, das allerdings keine Monopolstellung gegenüber den Fachministerien und Parlamenten besitzt.

[86] Ein wichtiger Beitrag, das ist überall erkannt, wäre das Ausfindigmachen von Ausbildungswegen für einen geeigneten Menschentyp zum Aufbau eines übersichtlichen Erläuterungswerks. (Vgl. *v. Dungern*, Höhere Produktivität der Verwaltung, „Der öffentliche Haushalt", 1956, Heft 1). Wenn beispielsweise gesagt worden ist, daß Saemisch so erfolgreich war, weil er keine routinemäßigen Mitarbeiter hatte, wird in dieser Feststellung ein tiefes Geheimnis sichtbar.

tes im weiteren Sinne sowie die sonstigen haushaltsrechtlichen Folgerungen, die sich aus der Subsidiaritätsstellung des Staates ergeben, enthalten.

5. Die neue Haushaltsordnung soll das dem Haushaltsplan beizufügende Erläuterungsmaterial umfassend bezeichnen.
6. Die Kommission für die Haushaltsreform soll sich gutachtlich dazu äußern, welche Vorkehrungen für eine zuverlässige Schätzung der staatlichen Einkünfte und haushaltsmäßig für das Nebeneinander von Bundes- und Länderaufgaben zu treffen sind.
7. Das zu erstattende Gutachten soll in einem Anhang zu den Haushaltungsprinzipien in Recht und Praxis der kommunalen und sonstigen öffentlichen Körperschaften Stellung nehmen und Grundgedanken einer Reform darlegen.

Lassen Sie mich zu diesem Vorschlag noch ein abschließendes Wort sagen, damit der Ausgangspunkt der Reform vielleicht noch klarer wird: Zuerst starrten wir nach 1945 auf die bewährte Ordnungsfunktion des Haushalts, um eine Finanzplanung zu erreichen und die apparativen Fragen zu lösen. Dann kam es uns auf die organisatorische Ordnung im *politischen* Gesamtzusammenhang an; eine Finanzverfassung kam zustande. Anschließend waren es die *volkswirtschaftlichen* Zusammenhänge, die angesichts der immer größeren Haushaltszahlen nach einer Berücksichtigung riefen. Dann ist es der große Ausgleich im *Volkseinkommen,* der z. Z. dem öffentlichen Haushalt als Aufgabe gestellt ist, und damit im Zusammenhang schließlich der *soziale Vollausgleich,* der das Wunder vollbringen soll, daß der Kapitalismus und der soziale Massenstaat in einer gefährdeten Welt eine Synthese bilden können.

Man hat mit großer Überzeugung gesagt, daß die Theorie der neuen Budgetpolitik Bestandteil einer Theorie der *Wirtschaftspolitik* sein müsse. Bei allem Respekt scheint dies nach jetzigem Erkenntnisvermögen eine vielleicht bereits überholte Betrachtung zu sein. Zu den bisherigen Schwierigkeiten kommt nun aber *heute* hinzu, daß der Zusammenschluß der Welt in supranationalen Organisationen nicht nur die finanzielle Zusammenarbeit, sondern auch eine zwischenstaatliche Finanz*solidarität* nötig macht. Damit ist dem Haushaltsrecht und der Haushaltspolitik eine weitere große Aufgabe gewiesen, nämlich die Schaffung einer haushaltsmäßigen Beweglichkeit nach den Grundsätzen der überstaatlichen Solidarität. Was aber ist Solidarität? Den anderen nicht zu schädigen? Der die Frage aufgeworfen hat[87], fährt fort: „Die innerstaatliche Finanz-

[87] *Strickrodt.*

ordnung kann nicht länger dem Zufall von Arrangements zwischen Regierung und Parlament, Notenbankleitung und privater Wirtschaft überlassen werden."

Die neue Haushaltsordnung wird auch diesem Gedanken Rechnung tragen müssen.

Die Anpassung des Haushaltsrechts an die Erfordernisse der modernen Verwaltung in Belgien

Von Max Frank

Es ist mir in der zur Verfügung stehenden Zeit nicht möglich, mich mit all den Problemen zu befassen, die sich in Belgien in den letzten Jahren auf dem Gebiete der Anpassung des Haushaltsrechts an die Erfordernisse der Verwaltung des modernen Staatswesens ergeben haben. Ich werde mich daher auf drei Beispiele beschränken, die eine internationale Zuhörerschaft interessieren dürften. Die beiden ersten stellen positive Erfahrungen dar, das dritte einen Fehlschlag.

Es handelt sich dabei um folgende Probleme:

1. Die Lösung der Frage, wie halbstaatliche Einrichtungen (organismes parastataux) kontrolliert werden können.
2. Die Behandlung der Verpflichtungskredite und der Zahlungskredite für die großen öffentlichen Arbeiten.
3. Das belgische Experiment auf dem Gebiete des antizyklischen Haushalts.

1. Die Kontrolle der halbstaatlichen Einrichtungen

Besonders seit dem Ende des ersten Weltkrieges wurden in den Grenzbereichen der allgemeinen Staatsverwaltung immer mehr vom öffentlichen Interesse getragene Einrichtungen geschaffen und mit selbständiger Rechtsfähigkeit ausgestattet, die man gewöhnlich halbstaatliche Einrichtungen nennt. Diese Erscheinung, der man in allen Ländern begegnet, findet ihre Erklärung in der Tatsache, daß sich die Aufgaben des Staates auf wirtschaftlichem, finanziellem und sozialem Gebiet ständig vermehren, und daß es notwendig ist, wenn möglich ein Zusammenwirken zwischen dem öffentlichen und privaten Sektor herbeizuführen. Heute gibt es halbstaatliche Einrichtungen auf den verschiedensten und bedeutendsten Sektoren: Kreditgewährung, soziale Sicherheit, öffentliche Versicherung und Wohlfahrtseinrichtungen, Verkehr und Transport, Unterricht, Wissenschaft und Schöne Künste usw. Die Haushaltskredite, die von diesen Einrichtungen verwaltet werden, erreichen in Belgien mehrere Zehnzahlen von Milliarden Franken. Der Gesamtbetrag dieser Kredite ist nicht weniger bedeutsam als der des allgemeinen Staatshaushalts.

Wenn diese Vermehrung der vom öffentlichen Interesse getragenen Einrichtungen auch unter manchen Gesichtspunkten zu begrüßen sein mag, stellt sie doch nicht weniger einen doppelten und ernsthaften Nachteil dar. Einerseits beeinträchtigte sie bisweilen den Blick für die eigentlichen Fragen und ließ — da eine gesetzliche Lösung fehlte — die juristische und verwaltungsmäßige Stellung dieser Einrichtungen in wichtigen Punkten ungewiß erscheinen. Auf der anderen Seite brachte diese Vermehrung der autonomen öffentlichen Betriebe (services publics autonomes) es mit sich, daß die Erfordernisse der Dezentralisation nicht immer in befriedigender Weise mit der Verpflichtung in Einklang gebracht wurden, die Vorrechte der obersten Behörde aufrechtzuerhalten.

Dieser Bruch in der politischen und verwaltungsmäßigen Einheit des Staates wurde von einem Bruch in der finanzwirtschaftlichen Einheit begleitet. Die Einrichtungen, um die es hier geht, haben eine von der allgemeinen Staatsverwaltung völlig getrennte Geschäftsführung. Sie verfügen über ihre Geldmittel nach den Grundsätzen einer weitgehenden Autonomie. Auf dem Gebiete des Rechnungswesens haben sie ihre eigenen Vorschriften. Selbst das Parlament ist in den meisten Fällen nicht mehr dazu berufen, ihre Ausgaben und Einnahmen zu billigen und ihre Rechnungsabschlüsse zu kontrollieren. Unter diesen Umständen trat im allgemeinen Staatshaushalt nur ein Teil der Geschäftsführung der öffentlichen Betriebe in Erscheinung.

Um diesem Zustand abzuhelfen, wurde das *Gesetz vom 16. März 1954 betreffend die Kontrolle bestimmter vom öffentlichen Interesse getragener Einrichtungen*[1] erlassen. Es legt die Vorschriften über die haushaltsmäßige, finanzielle, verwaltungs- und rechnungsmäßige Kontrolle fest, die entweder vom Parlament oder von der Regierung über die wichtigsten halbstaatlichen Einrichtungen auszuüben ist.

Die *Kontrolle des Parlaments* findet in der Form einer unmittelbaren oder mittelbaren Genehmigung der Haushaltspläne dieser Einrichtungen statt. Lediglich der Haushalt der im Finanzwesen tätigen halbstaatlichen Einrichtungen braucht den gesetzgebenden Kammern nicht vorgelegt zu werden. Auf der anderen Seite unterwirft das Gesetz vom 16. März 1954 die halbstaatlichen Einrichtungen der *doppelten Kontrolle durch den zuständigen Ressortminister und durch den Finanzminister.*

Es ist überflüssig, die Einschaltung des Ressortministers zu rechtfertigen. Er ist entweder mit dem Weisungsrecht oder mit der Aufsichtsbefugnis ausgestattet.

---

[1] Loi du 16 mars 1954 relative au contrôle de certains organismes d'intérêt public.

Auf der anderen Seite übertragen die Bestimmungen, die sich auf die Kontrolle durch den Finanzminister beziehen, mit den notwendigen Anpassungen die Aufgaben auf den Sektor der autonomen Dienstleistungsbetriebe, die der Finazminister in bezug auf die anderen Ministerien auf dem Gebiete des Haushalts- und Finanzwesens ausübt.

Die Art und Weise, in der die Kontrolle durch die Regierung vorgenommen wird, entspricht der Natur der betroffenen Einrichtungen.

In den großen staatlichen Regiebetrieben, die dem Weisungsrecht eines Ministers unterliegen, verfügt der Finanzminister über die *Finanzinspektion* (Inspection des Finances), die hier eine Kontrolle ausübt, die der in den Ministerien entspricht, deren Modalitäten jedoch der besonderen Natur der Einrichtungen angepaßt sind.

Was die öffentlichen Einrichtungen und die öffentlich-rechtlichen Vereinigungen einschließlich der halbstaatlichen Finanzinstitutionen betrifft, wird das Aufsichtsrecht des Ministers, dem diese Einrichtungen unterstehen, durch einen *Regierungskommissar* (Commissaire du Gouvernement) wahrgenommen, dem ein suspensives Vetorecht zusteht. Wo der Finanzminister nicht durch einen Kommissar vertreten ist, wird die ihm übertragene besondere Aufsicht durch einen *Beauftragen* (Délégué) ausgeübt, der auf den Gebieten des Haushalts und der Finanzen die gleichen Befugnisse wie ein Regierungskommissar hat.

Darüber hinaus ist die Rechnungskontrolle bei allen Einrichtungen *Revisoren* (reviseurs) anvertraut, die gemeinsam von den beteiligten Ministern bestellt werden.

Schließlich übt der *Rechnungshof* (Cour des Comptes) die Kontrolle über die Rechnungsabschlüsse der halbstaatlichen Einrichtungen aus, deren Haushalt auf Grund des Gesetzes ausdrücklich durch die gesetzgebenden Kammern genehmigt wird.

Das Gesetz vom 16. März 1954 betreffend die Kontrolle bestimmter vom öffentlichen Interesse getragener Einrichtungen löst die verschiedenen Probleme, die ein organisches Gesetz über die halbstaatlichen öffentlichen Rechtsträger regeln sollte, nur teilweise. Aber es kann das große Verdienst für sich in Anspruch nehmen, das dringendste Problem, nämlich die haushaltsmäßige, finanzielle und verwaltungsmäßige Kontrolle der halbstaatlichen Einrichtungen einer Gesamtlösung zuzuführen und in dieser Hinsicht konkrete und anpassungsfähige Bestimmungen zu enthalten. Schließlich ist das Gesetz von 1954 durch einen gewissen Pragmatismus gekennzeichnet, der zwar den kartesischen Geistern einen Schock versetzt, der aber notwendig war, um die Doktrin mit den Erfordernissen der Stunde und den zu beachtenden Interessen in Übereinstimmung zu bringen.

2. Verpflichtungskredite und Zahlungskredite für die großen öffentlichen Arbeiten

Die Regel der Jährlichkeit des Haushalts ist einer der Angelpunkte des klassischen Haushaltsrechts. Wenn diese Regel in ihrer ganzen Strenge angewandt wird, können die öffentlichen Behörden sich nicht zu Ausgaben verpflichten, keine Aufträge an die Industrie geben und keine Kreditverträge abschließen, die die Grenzen der finanziellen Mittel überschreiten, welche im Laufe des Rechnungsjahres zur Verfügung stehen. Da sich jedoch die Maßnahmen zur Regelung der Ausgaben für die öffentlichen Arbeiten und Lieferungen über mehrere Jahre erstrekken, sind die jährlichen Kredite nach ihrer Begriffsbestimmung nur dafür berechnet, die Ausgaben zu decken, die im Laufe des Jahres geleistet werden müssen. Diese Kredite erlauben es daher nur, für einen geringen Teil der Gesamtausgaben, für die öffentlichen Arbeiten und Lieferungen, Verpflichtungen einzugehen. Mit dem Ende des Rechnungsjahres werden alle Finanzmittel entzogen, und man muß den nächsten Haushalt abwarten, damit man über neue Mittel verfügen und neue Aufträge erteilen kann.

Eine solche Regelung ist im industriellen Bereich eine Ketzerei, weil sie sich jeder weitschauenden Planung entgegenstellt und es verbietet, globale oder auch nur laufende Aufträge zu erteilen.

In Belgien hat man die strenge Regel der Jährlichkeit des Haushalts schon in der Vergangenheit in gewissen Punkten abgeschwächt. Alle diese Auswege, die für sich genommen sicher nützlich waren, schadeten jedoch der Klarheit und Einheitlichkeit der haushaltsmäßigen Darstellung der Programme der großen öffentlichen Arbeiten, ohne unbedingt zu gewährleisten, daß sie unter den bestmöglichen Bedingungen ausgeführt wurden. So schritt man 1955—1956 zu einer tiefgreifenden Reform des Mechanismus der Kredite, die die großen öffentlichen Arbeiten betreffen. Nunmehr ist jede dieser Arbeiten Gegenstand zweier verschiedener Kredite: eines *Verpflichtungskredits,* der ermächtigt, die Verpflichtung zur Leistung der Ausgabe einzugehen, und eines *Zahlungsanweisungskredits,* der die Ermächtigung zur Zahlung enthält. Der Teil dieser beiden Kredite, der am Ende des Haushaltsjahres noch verfügbar ist, kann erforderlichenfalls in den Haushalt des nächsten Jahres übertragen werden. Diese Übertragungen, die grundsätzlich automatisch geschehen, werden durch einen königlichen Erlaß vor einem bestimmten Datum bestätigt. Die so übertragenen Kredite werden mit den entsprechenden Finanzmitteln des darauffolgenden Haushaltsjahres vereinigt.

Die 1955—1956 vorgenommene Einführung des Mechanismus der in Verpflichtungs- und Zahlungskredite getrennten Kredite mit Übertragung der noch verfügbaren Mittel am Jahresende wird sowohl der gesetzgebenden wie der Exekutivgewalt gerecht. Daher wurde der Mechanismus der getrennten Kredite in den Gesetzentwurf zur Änderung des Gesetzes von 1846 über das Rechnungswesen des Staates übernommen, das zur Zeit im Parlament erörtert wird. Um jedoch den Grundsatz der Jährlichkeit des Haushalts zu bewahren, sieht das zukünftige Gesetz über das Rechnungswesen des Staates vor, daß die Kredite, die auf Grund des zuvor beschriebenen Systems übertragen werden, Gegenstand des Entwurfs eines Zustimmungsgesetzes bilden sollen, der vom Finanzminister vor dem 31. August des folgenden Jahres vorzulegen ist.

Der 1955—1956 in Belgien eingeführte Mechanismus der Verpflichtungs- und Zahlungskredite hat es verdient, besonders erwähnt zu werden. Er ist in der Tat ein gutes Beispiel, wie man die Prinzipien des klassischen Haushaltsrechts an die Erfordernisse der Verwaltung eines modernen Staatswesens anpassen kann. „Il est inutile d'insister sur le fait que les crédits d'engagement et les crédits de paiement constituent un outil précieux pour la poursuite d'une politique budgétaire anti-cyclique."

3. Der ständige Fonds für den Haushaltsausgleich

Das Experiment, das zwischen den beiden Weltkriegen unternommen wurde, hat gezeigt, daß der Versuch, in einer Zeit der Depression um jeden Preis das jährliche Haushaltsgleichgewicht herzustellen, nicht nur vergeblich ist, sondern sogar den Rückschlag noch vergrößert, zumindest aber die Wiederbelebung der Volkswirtschaft verzögert. Das besagt allerdings nicht, daß man sich gegenüber dem fehlenden Gleichgewicht des Haushalts völlig passiv verhalten soll. Wenn in einer Zeit des Nachlassens der Konjunktur Haushaltsdefizite in Erscheinung treten können, so müssen umgekehrt Zeiten der Hochkonjunktur Überschüsse erzeugen. Auf diese Weise tragen die öffentlichen Finanzen in gewissem Umfange dazu bei, die unvermeidlichen Schwankungen der Ausgaben auf privatem Sektor auszugleichen und dadurch den gesamten Wirtschaftsablauf zu ordnen.

Um eine entsprechende Politik zu begünstigen, wurde in Belgien das Gesetz vom 19. Juni 1959 erlassen, das die Schaffung eines *ständigen Fonds für den Haushaltsausgleich* zum Gegenstand hat. Dieser Fonds sollte auf folgende Weise gespeist werden:

1. Aus dem Überschuß der Steuereinnahmen eines Jahres im Verhältnis zum vorausgegangenen Jahr, soweit er 5 % überschreitet.
2. Aus dem möglichen Überschuß des ordentlichen Haushalts.
3. Aus dem Ergebnis außergewöhnlicher Einnahmen.

Es war vorgesehen, daß der Fonds nur in Anspruch genommen werden könnte, um einem Defizit im ordentlichen Haushalt zu begegnen.

Es ist kein Zufall, daß der ständige Fonds für den Haushaltsausgleich im Jahre 1959 geschaffen wurde. Dieses Jahr war für Belgien ein Jahr des wirtschaftlichen Rückschlags und des fehlenden Haushaltsausgleichs. Der Fonds sollte der Regierung, die gerade einen Defizithaushalt vorgelegt hatte, in gewissem Sinne als Alibi dienen. Aber er sollte zugleich beweisen, daß die Regierung beabsichtigte, dieses Defizit später bei einem wirtschaftlichen Wiederaufschwung auszugleichen.

Alles schien demgemäß normal zu sein und mit den Lehren der Wirtschaftswissenschaftler im Einklang zu stehen. Weniger normal war allerdings das spätere Mißgeschick des Fonds.

Nach dem Rückschlag von 1959 setzte in Belgien 1960 der Wiederaufschwung ein, dem 1961 eine wirtschaftliche Expansion folgte. Man stellte nun fest, daß der 1959 geschaffene Haushaltsmechanismus ebenso unvorhergesehene wie mißliche Wirkungen mit sich brachte. Wenn 1960 der Überschuß der Steuereinnahmen im Verhältnis zum Vorjahr den im Gesetz vom 19. Juni 1959 vorgesehenen Satz von 5 % überschritt, so vermehrte sich aber auch der Umfang der Ausgaben in gleichem Maße wie die Einnahmen. Daraus folgt, daß die Sterilisation des Überschusses der Steuereinnahmen von 1960 im Verhältnis zu 1959 und von 1961 im Verhältnis zu 1960, soweit er den für den Ausgleichsfonds vorgesehenen Satz von 5 % überschritt, entweder durch eine Verminderung der laufenden Ausgaben oder durch einen Rückgriff auf Anleihen zur Deckung eines Teiles dieser Ausgaben hätte ausgeglichen werden müssen. Jedoch wollte weder die Regierung noch das Parlament diesen Weg beschreiten. Daher wurde das Gesetz vom 19. Juni 1959 betreffend die Schaffung des Ausgleichsfonds vom ersten Jahr seiner Anwendung, das heißt von 1960 an, praktisch außer Kraft gesetzt.

Das Mißgeschick, das in Belgien dem ständigen Fonds für den Haushaltsausgleich seit seiner Schaffung widerfahren ist, läßt erkennen, wie sinnlos, wenn nicht gar gefährlich es ist, in Gesetzestexte Grundsätze einer bestimmten Wirtschaftspolitik aufzunehmen, wenn sich Regierung und Parlament nicht gleichzeitig darum bemühen, die tiefgreifenden Maßnahmen zu verwirklichen, die diese Politik erfordert. Was die antizyklische Politik betrifft, müssen diesen Maßnahmen auf den Gebieten des Haushalts- und Geldwesens wie auch im Bereich des verfügbaren Einkommens (disposable income) vollzogen werden.

Auf dem Gebiete des *Haushalts* ist es offensichtlich notwendig, daß man im Laufe wenigstens eines oder mehrerer wirtschaftlicher Kreisläufe die Defizite der rückläufigen Jahren effektiv durch die Überschüsse der Jahre mit Hochkonjunktur ausgleicht. Demgegenüber hat in Belgien seit dem Ende des zweiten Weltkrieges der Haushalt der laufenden

Vorgänge ein ständiges Defizit hervorgerufen, und dies sogar während der Jahre des großen Wohlstandes, wie 1951, 1956 und 1960. Dies muß näher erklärt werden. Das Anwachsen des Überschusses oder die Verminderung des Defizits während einer Hochkonjunktur bedeutet nicht, daß in diesem Zeitraum das absolute Niveau der öffentlichen Ausgaben herabgesetzt werden muß, es kann sogar noch weiter erhöht werden. Um den Forderungen einer realistischen antizyklischen Politik gerecht zu werden, genügt es ganz einfach, daß sich in Zeiten günstiger Konjunktur die öffentlichen Ausgaben langsamer entwickeln als das Anwachsen des Nationalprodukts. Diese Wahrheit hatten die Schöpfer des ständigen Fondes für den Haushaltsausgleich offenbar aus den Augen verloren. Sie begingen den Fehler anzunehmen, daß es politisch möglich und wirtschaftlich wünschenswert sei, in einer Zeit des Wohlergehens das Anwachsen der laufenden Staatsausgaben auf 5 % zu beschränken.

Um wirksam zu sein, muß die antizyklische Politik sich auch auf der Ebene des *Geldwesens* (im weitesten Sinne des Wortes) fortsetzen. So ist vor allem unentbehrlich, auf die Höhe der Staatsschuld einzuwirken, die in einer Zeit der Hochkonjunktur vermindert werden muß. Unter diesem Gesichtspunkt ist die Verwaltung der Staatsfinanzen in Belgien ebenfalls enttäuschend gewesen. Die ständige Mittellosigkeit des Schatzamtes hat den Staat gezwungen, den Kapitalmarkt abzuschöpfen, wie auch immer die Lage der privaten Wirtschaft gewesen sein mag. Es war daher nicht möglich, eine — wie die Angelsachsen es ausdrücken — Politik des *debt management* zu betreiben.

Endlich hat es dem antizyklischen Einwirken des Staates auf dem Bereich des verfügbaren Einkommens nach dem Weltkrieg an Schärfe gefehlt. Sicher hat der Mechanismus der *built-in stabilizers* eine gewisse Rolle gespielt; das gleiche gilt für die Politik der großen öffentlichen Arbeiten. Aber insgesamt waren die Maßnahmen auf diesem Gebiet unzulänglich, und ihre Wirkungen sind manchmal im falschen Zeitpunkt eingetreten.

Man hat in Belgien geglaubt, das Problem des antizyklischen Haushalts dadurch lösen zu können, daß man ein Gesetz erläßt, ohne gleichzeitig die notwendigen Maßnahmen im Bereich des Haushalts, des Geldwesens und der Wirtschaft zu treffen — das Resultat war ein Fehlschlag. In anderen Ländern, wie z. B. in den Niederlanden, wurden die erforderlichen antizyklischen Maßnahmen effektiv ergriffen, aber man nahm davon Abstand, sie durch ein formelles Gesetz zu bestätigen, und es wurden Erfolge verzeichnet. Diese Lehre über die Sinnlosigkeit formeller Gesetze auf wirtschaftlichem und finanziellem Gebiet sollte man beherzigen.

Neue Tendenzen im italienischen Staatshaushalt

Von Arnaldo Marcantonio

1. Im Rahmen des Generalthemas dieser ersten Sitzung bin ich beauftragt worden, über die italienischen Erfahrungen und die neusten Tendenzen im Staatshaushalt zu sprechen.

Der italienische Staatshaushalt ist, wie bekannt, ein reiner Zuständigkeitshaushalt[1], welcher durch eine äußerste „Starre“ gekennzeichnet und als solcher nicht immer in der Lage ist, mit der Dynamik des Wirtschaftslebens Schritt zu halten.

Diese „Starre“ findet ihre Grundlage, sowohl in wirtschaftlichen Belangen, als auch in rechtlichen Bestimmungen.

Die Paragraphen 3 und 4 Art. 81 der italienischen Verfassung befassen sich in spezifischer Weise mit dem Haushaltswesen und bestimmen:

---

[1] Die Belange des Haushalts sind in Italien sowohl durch die am 27. Dezember 1947 herausgegebene Verfassung der Republik Italien in den Artikeln 23, 53 und 81 wie auch durch Sondergesetze, und zwar insbesondere durch den Kgl. Erlaß Nr. 2440 vom 18. November 1923 und durch die zugehörige, durch Kgl. Erlaß Nr. 827 vom 23. Mai 1924 gutgeheißene Ausführungsbestimmung über die „Verwaltung des Staatsvermögens und die allgemeine Buchführung“ des Staates geregelt.

Laut Art. 127 der genannten Durchführungsbestimmung, betr. die „in den Voranschlägen vorgesehenen Einnahmen und Ausgaben die Zuständigkeit des Rechnungsjahres“ berücksichtigt der italienische Haushalt daher:

a) für die Einnahmen, diejenigen Beträge, die voraussichtlich rechtlich dem Staate zustehen werden, in der Phase der Kreditentstehung,

b) für die Ausgaben, diejenigen Beträge, welche die Regierung zwecks Wahrnehmung der öffentlichen Dienste verpflichten kann, d. i. für welche die Regierung Verpflichtungen eingehen kann.

Die Einnahmen und Ausgaben gehen durch drei Phasen oder Stufen, welche wie folgt im Gesetz gekennzeichnet sind:

für die Einnahmen:	für die Ausgaben:
Kreditentstehung	Verpflichtung
Einziehung	Liquidation
Einzahlung bei den Staatskassen	Anweisung und Bezahlung

Unter Berücksichtigung der obengenannten Phasen beziehen sich die in den italienischen Haushalt einbezogenen Werte bei den Einnahmen auf die Phase der Kreditentstehung oder Ermittlung und bei den Ausgaben auf die Phase der Verpflichtung.

Der Zuständigkeitshaushalt unterscheidet sich vom Kassahaushalt dadurch, daß dieser letzte die Einnahmen und die Ausgaben in der Phase der Einziehung und der Bezahlung berücksichtigt.

Die Anwendung des Zuständigkeitshaushalts führt am Ende des Rechnungsjahres, zur Berechnung der sogenannten „Reste“ d. s. bei den Einnahmen die entstandenen und nicht einkassierten Kredite des Staates und bei den Ausgaben die verpflichteten und nicht bezahlten Beträge.

„In dem Genehmigungsgesetz des Haushalts können keine neuen Steuern sowie keine neuen Ausgaben bewilligt werden.“

„Jedes weitere Gesetz über Neu- oder Mehrausgaben muß die Mittel zu ihrer Bestreitung angeben.“

Besonders wichtig erscheint die Bestimmung des § 4, welcher die Neu- und Mehrausgaben regelt.

2. Die Definition der Neu- und Mehrausgaben ist klar im Gesetz angegeben, derzufolge man

a) unter Neuausgaben die ursprünglich nicht vorgesehenen Ausgaben versteht, für welche die Einrichtung neuer Haushaltsansätze erforderlich ist;

b) unter Mehrausgaben diejenigen Ausgaben versteht, die eine Erhöhung der vorhandenen Ansätze erfordern.

Änderungen an den ursprünglichen Bereitstellungen können ferner eintreten:

— in der Zeit zwischen Vorlage und Bewilligung der Haushaltsvoranschläge oder

— nach Bewilligung der Haushaltsvoranschläge seitens des Parlaments.

Um den Neu- und Mehrausgaben zu begegnen, sind in den Ist-Angaben des Schatzministeriums vor allem zwei „Reservefonds“ vorgesehen, und zwar:

— ein Reservefonds für Pflicht- und ordentliche Ausgaben, auf den mit Erlaß des Schatzministeriums zur Zahlung der infolge verwaltungsmäßiger Säumnis aus den vorangegangenen Budgets anfallenden Rückstände sowie zur Erhöhung der Posten der Pflicht- und ordentlichen Ausgaben zurückgegriffen werden kann. Diese Posten sind in einem dem Voranschlag des Schatzministeriums beigefügten besonderen Verzeichnis aufgeführt;

— ein Reservefonds für unvorhergesehene Ausgaben, der mit Erlaß des Präsidenten der Republik verwendet werden kann; dieser Erlaß ist dem Parlament zur Bestätigung vorzulegen und dient der Deckung allfälliger Mängel der Haushaltszuteilungen für alle sonstigen Ausgabearten.

Voraussetzung für den Rückgriff auf den Reservefonds für unvorhergesehene Ausgaben ist äußerste Dringlichkeit und Unaufschiebbarkeit; außerdem darf die Maßnahme nicht nach dem Grundsatz einer fortlaufenden Ausgabe den Etat künftiger Rechnungsjahre verpflichten.

Zugelassen sind ferner unter Befolgung eines angemessenen Verfahrens Änderungen in den anfallenden Ausgaben für die Rückerstattung widerrechtlich erhobener Abgaben und Gebühren auf Exporterzeugnisse, für die Auszahlung von Lottogewinnen sowie für die Rückgabe sonstiger erhobener Fremdbeträge.

In allen sonstigen Fällen müssen die Neu- und Mehrausgaben zwangsläufig durch Gesetz bewilligt sein, und auf Grund des vierten Absatzes des Art. 81 der Verfassung muß jedes Neu- oder Mehrausgaben bedingende Gesetz die Mittel zu ihrer Bestreitung angeben.

Laut übereinstimmendem Beschluß der zuständigen Kommissionen der Abgeordnetenkammer und des Senats gilt die Bestimmung des Art. 81 für alle nach der Bewilligung der Haushaltsvoranschläge auftretenden Neu- und Mehrausgaben sowie auch für die in der Zeit zwischen der Vorlage und der Verabschiedung auftretenden Neu- und Mehrausgaben. Ferner gilt diese Bestimmung sowohl für die effektiven Ausgaben als auch für die kapitalisierbaren Ausgaben, sowohl für die ein- als auch für die mehrjährigen Ausgaben.

Für jede Neu- und Mehrausgabe, die sich nicht den Reservefonds zuweisen läßt, muß also gleich ein „Änderungsvermerk" des Haushalts mit Angabe der für die Bestreitung dienenden Einnahmen vorgelegt werden.

Im übrigen kann es sich ergeben, daß im Augenblick der Vorlage der Haushaltsvoranschläge dem Parlament Gesetzentwürfe vorliegen und von diesem noch nicht gebilligt wurden, deren Lasten planmäßig dem Rechnungsjahr zugeteilt werden, auf das sich die Voranschläge beziehen.

Da im übrigen laut Art. 81 Abs. 3 keine Ausgaben im Etat vorgesehen werden dürfen, die sich nicht auf bereits verabschiedete Gesetze stützen, ergab sich die verfahrensmäßig bedingte Notwendigkeit, im Voranschlag der Ausgaben des Schatzministeriums ein besonderes Kapitel einzurichten, das allgemein als „Fonds zur Bestreitung von Lasten, die sich aus den in Abwicklung begriffenen gesetzlichen Maßnahmen ergeben" oder als „Globalfonds" bezeichnet wird.

Die Verwendung dieses Fonds ist dem Parlament durch die alljährliche „Einführungsnote" bekanntzugeben, und zwar wickelt sie sich im Laufe des Rechnungsjahres entsprechend der Fertigstellung der betreffenden Bestimmungen ab.

Die praktische Anwendung der beiden letzten Absätze des Art. 81 mittels Schaffung des „Globalfonds" erwies sich im übrigen von Anfang an, das heißt beginnend mit dem Rechnungsjahr 1948/49, als überaus schwierig und umständlich.

Insbesondere war in häufigen Fällen innerhalb der jeweiligen Rechnungsjahre ein Mangel an Übereinstimmung zwischen den feststehenden Einnahmen und den mit diesen zu finanzierenden Lasten festzustellen. Während nämlich die vorgesehenen größeren Einnahmen oft unverzügliche Wirkung hatten oder überhaupt zur Bildung der Geldmittel des Rechnungsjahres beitrugen, erfolgte die Auszahlung der entsprechenden

Ausgaben mit Verspätung und wurde bisweilen auf das nachfolgende Rechnungsjahr verschoben.

Zur Behebung dieses Mißstandes sorgte man zunächst für die Verlängerung der Verwendungsfristen der für jedes Rechnungsjahr vorgesehenen Geldmittel, wobei zu Lasten des jeweils laufenden Rechnungsjahres auch diejenigen Verpflichtungen gehen, die unter Abweichung von ausdrücklichen Gesetzesbestimmungen nach dem Schließungstermin des betreffenden Rechnungsjahres eingegangen wurden.

Sodann wurde durch Gesetz Nr. 151 vom 13. März 1953 dem neuen Rechnungsjahr die Abwicklung derjenigen Maßnahmen übertragen, die nicht innerhalb des Rechnungsjahres abgeschlossen wurden, wobei auch die genannten Einnahmen dem neuen Rechnungsjahr überwiesen wurden.

Dies bedeutete jedoch einen glatten Verstoß gegen die Regeln der „reinen Zuständigkeit" und der „Annualität" des Etats, wie sie im ersten Absatz des genannten Art. 81 der Verfassung vorgesehen ist.

Dieses Gesetz kam — nicht zuletzt auch auf Grund der vom Rechnungshof vorgebrachten Beanstandungen — niemals zur Anwendung, und an seine Stelle trat das Gesetz Nr. 64 vom 27. Februar 1955, auf Grund dessen die Geldmittel, die in jedem Rechnungsjahr zur Deckung der anfallenden Lasten aus den bei Abschluß des Rechnungsjahres noch nicht verabschiedeten Gesetzesmaßnahmen vorgesehen sind, zur Deckung derselben Lasten im nachfolgenden Haushaltsjahr verwendet werden dürfen. Während also die Zuteilung dieser Geldmittel zum Rechnungsjahre, in welchem sie erworben wurden, bestehen bleibt, verschiebt sich die Zuständigkeit für die Ausgaben zu Lasten desjenigen Rechnungsjahres, in welchem die Maßnahme verabschiedet wird.

Auch die neue Lösung hält sich nicht ganz an die Regeln der „reinen Zuständigkeit" und der Annualität des Etats, vielmehr löst sie eine Reihe von „Ketten"-Etats aus, die in offenem Gegensatz zum Geiste des Artikels 81 der Verfassung stehen, denn wenn dieser Artikel bei einem mit Überschuß arbeitenden Etat seinen Sinn hat, so gibt er hingegen bei einem in Defizit befindlichen Haushalt leicht Anlaß zu Vermutungen und Mißbräuchen.

Um die Bedeutung dieses „Globalfonds" im italienischen Haushalt darzustellen, seien folgende Angaben gemacht:

Gesamtsumme der Ausgaben	L. bil.	4.381
Gesamtsumme der Ausgaben des Schatzministeriums	L. bil.	1.766
Betrag des Globalfonds	L. bil.	339

3. Wie aus diesen Betrachtungen zu ersehen ist, hat in Italien das Haushaltsbewilligungsgesetz den Charakter eines „rein formalen" Gesetzes, insofern:

a) als die Eintragung der Einnahmen und Ausgaben in den Haushalt einem „substantiellen Bewilligungsgesetz“ unterliegt,

b) als jede Neu- oder Mehrausgabe — von den ausdrücklich vorgesehenen Fällen abgesehen — durch das Bewilligungsgesetz selbst gedeckt sein muß.

Der Haushaltsvoranschlag reduziert sich daher auf ein einfaches „Wiederaufgreifen“ der wesentlichen Gesetze und läßt keinerlei Raum für angemessene Beurteilungen.

Dieser streng juristischen Ausrichtung stehen verschiedene Tendenzen entgegen, die eine radikale Reform des ganzen Systems der Haushaltsplanung erstreben.

Die Reformvorschläge betreffen insbesondere folgende Aspekte des vielseitigen Problems:

— Neuordnung der Haushaltsorgane,
— Neuansetzung des Beginns des Rechnungsjahres per 1. Januar,
— Neugliederung des Haushalts und Neuklassifizierung der Einnahmen und Ausgaben,
— Neugliederung des Haushalts und Neuklassifizierung der Einnahmen und Ausgaben,
— Eingliederung aller „außer der Bilanz stehenden“ Fonds jeglicher Art, wie die Spezialfonds und Spezialbuchführungen, in den Haushalt,
— Klarstellung von Ausdehnung und Inhalt des Art. 81, Abs. 3,
— Neue Regelung der öffentlichen Betriebe (Eisenbahnen usw.),
— Eingliederung des Staatshaushalts und desjenigen der öffentlichen Betriebe in der Nationalbuchführung,
— Vereinfachung und Verstärkung der internen und der äußeren Kontrollen,
— Automatisierung der Ermittlung und der Eintragung im allgemeinen.

Das Thema ist in Italien sehr aktuell und wird als sehr wichtig empfunden: Es ist also reif für eine Beschlußfassung.

4. Den jüngsten, aber im übrigen nicht einstimmig gutgeheißenen Vorschlägen zufolge findet die Neuordnung der Organe des Staatshaushalts ihren Ausdruck in folgenden wichtigen Maßnahmen:

— Übergabe des Allgemeinen Staatlichen Rechnungsamtes vom Schatzan das Haushaltsministerium,
— Übergabe des Zentralinstituts für Statistik an das Haushaltsministerium,
— Zusammenlegung des Finanz- und des Schatzministeriums,
— Übergabe der öffentlichen Sachen an das Ministerium für Staatliche Beteiligungen.

Mit dieser Neuordnung würden auch alle heute dem Schatzministerium zustehenden Aufgaben der Ausarbeitung und der Vorlage der Haushaltsvoranschläge an das Parlament auf das Haushaltsministerium übergehen.

5. Hinsichtlich der Neuaufgliederung des Haushalts zeichnen sich — auf Grund der bisherigen rein theoretischen Diskussionen — folgende Lösungsmöglichkeiten ab:

— Umwandlung des reinen Zuständigkeitsbudgets in ein Kassenbudget,

— bei den Ausgaben getrennte Angabe der Beträge, die in jedem Rechnungsjahr „verpflichtet" werden können mit Angabe der vorgesehenen Aufteilung der entsprechenden Zahlungen nach Rechnungsjahren.

Der Voranschlag des Kassenbudgets würde zur Bestimmung nicht etwa eines Ausgleichs, eines Überschusses oder eines Defizits, wohl aber eines positiven oder negativen „Finanzbedarfs" führen, wobei letzterem die Gesamtverschuldung entsprechen würde, die erforderlich und ausreichend für den Ausgleich der Einnahmen und Ausgaben wäre.

Die getrennte Angabe und Bewilligung der Ausgaben, die innerhalb eines gegebenen Rechnungsjahres verpflichtet werden dürfen, gestattet hingegen die Erreichung gerade derjenigen Ergebnisse, die man von reinen Zuständigkeitsbudgets fordert, denn diese haben nur für die Ausgaben konkrete Bedeutung.

Der Spezialisierung der Voranschläge entspricht offensichtlich eine analoge Spezialisierung der Abrechnungen.

Unabhängig von der Bewilligung eines Kassenbudgets plant man mit besonderer Dringlichkeit die Gutheißung einer Neuklassifizierung der Einnahmen und der Ausgaben auf nicht nur buchhalterischen sondern auch wirtschaftlichen und funktionellen Grundlagen. Da jedoch dieses Thema Gegenstand einer getrennten Berichterstattung und Behandlung bildet, wird auf die entsprechenden Ausführungen verwiesen.

6. Vielseitiger und schwieriger zu lösen ist das Problem der richtigen Auslegung des vierten Absatzes des Art. 81 der Verfassung.

Die Ziele, die dieser Artikel tatsächlich bezweckte, wurden zum großen Teile mit nicht immer orthodoxen Mitteln vereitelt. Die Nichtbeachtung des Art. 81 hatte zur Folge, daß die Ausweitung der Ausgaben nicht verhindert wurde und daß das Defizit stieg, woraus sich wiederum ein Anwachsen der öffentlichen Schuld ergab. Wie *Repaci* in einer scharfsinnigen Untersuchung feststellt, ergaben sich u. a. nachstehende unheilvolle Folgen:

— Verletzung der Grundsätze der Zuständigkeit und der Jährlichkeit des Budgets,

— Verletzung des Grundsatzes, daß die im Etat einzutragenden Ausgaben durch Gesetz bewilligt werden müssen,
— enorme Verspätung in der Vorlage der Rechenschaftsberichte,
— Verwirrung in den Bilanzergebnissen der verschiedenen Rechnungsjahre.

Da es wegen ihrer politischen Bedeutung unmöglich ist, die Bestimmung des Art. 81 abzuschaffen, muß man, wie vorgeschlagen wurde, zur Ausmerzung dieser und anderer Mißstände zur Achtung vor den „heiligen" Normen des Gesetzes über die Rechnungsführung zurückkehren und außerdem die Verfassungsbestimmung nach Geist und Buchstaben ehrlich auslegen. Insbesondere muß man im Falle eines Defizits:

— die Neu- und Mehreinnahmen der Verminderung des Defizits zuweisen,
— den Neu- und Mehrausgaben durch Eingehen von Mehrschulden begegnen,
— in jedem Falle die Verwendung der Neu- und Mehreinnahmen strengstens auf das Rechnungsjahr begrenzen, in welchem sie getätigt werden, vorausgesetzt, daß die betreffenden Ausgabenbewilligungen noch vor Schließung des Rechnungsjahres erteilt werden.

Die Bewilligung des Kassenbudgets würde automatisch viele Probleme lösen, die in Anwendung des Art. 81 Abs. 4 der Verfassung aufgeworfen wurden. In einem Kassenbudget gibt es keine „Überträge" der Einnahmen und Ausgaben von einem Rechnungsjahr zum anderen.

Die in der Verfassung enthaltene Bestimmung würde für ein Rechnungsjahr gelten und müßte von einem Rechnungsjahr zum anderen erneuert werden, sofern die Ausgabe sich auf mehrere Haushaltsjahre verteilen sollte. Auch könnte die Quelle der Ausgabendeckung von Rechnungsjahr zu Rechnungsjahr eine andere sein.

Im ganzen gesehen ist das Problem von seiner endgültigen Lösung noch weit entfernt, und die bisherigen Anwendungen geben keine ausreichende Gewähr völliger Gesetzlichkeit.

7. Der Fortschritt in Technik und Wirtschaft führt zu einer immer stärkeren Solidarität der im staatlichen Bereich wirkenden Betriebe untereinander sowie mit den öffentlichen, und zwar an erster Stelle mit den staatlichen, Betrieben.

Das Wirtschaftsleben wickelt sich unter Wechselwirkungen ab, je nach der Stärke eines jeden Unternehmers. Der Staat hat die Aufgabe, den friedlichen Ablauf des Wirtschaftslebens im eigenen Interesse sowie im Interesse der Erzeuger, der Werktätigen und der Verbraucher zu regeln.

Das Wirtschaftsleben bringt seinen wirtschaftlichen Aspekt in dem Verhältnis „Ertrag — Verbrauch — Ersparnis", seinen finanziellen Aspekt in der Formel „Geldmittelbeschaffung und Investitionen" zum Ausdruck.

Zur Durchführung einer zielbewußten Wirtschaftspolitik muß der Staat nicht nur die beiden vorgenannten Formeln einhalten, sondern er muß auch die Änderungen bestimmen, die jede seiner Wirtschaftsmaßnahmen oder sein Vorgehen an ihnen auslösen können.

Daraus erklärt sich die den meisten Staaten gemeinsame Tendenz, den Staatshaushalt den weiteren Systemen der Nationalbuchführung einzugliedern, um somit zur Ausarbeitung einer sogenannten „nationalen Wirtschaftsbilanz" zu gelangen.

Wenn es zwar in Italien an einer systematischen nationalen Buchführung fehlt, so findet man dennoch ausreichende Angaben über die Zusammensetzung der Einnahmen, über den Verbrauch, über die Geldreserven und über die Investitionen im alljährlichen „Allgemeinen Bericht über die Wirtschaftslage des Landes", der auf Veranlassung des Schatzministers dem Parlament vorgelegt wird.

Weitere Vervollkommnungen werden zur Zeit geprüft, nicht zuletzt auch zwecks Festsetzung des Beitrags des Staates zur Bildung des sogenannten „Zusatzwertes" oder Nationaleinkommens.

8. Die Neuordnung der Kontrollen über die Abwicklung der Finanztätigkeit des Staates bildet ein Kapitel für sich innerhalb der Tendenzen zur Reform der Haushaltsstruktur und der mit ihr verbundenen Einrichtungen.

Außer dem Parlament beteiligen sich der Rechnungshof, der Staatsrat sowie die zentralen und die zonalen Rechnungsämter der einzelnen Ministerien an den Kontrollen. Die jüngsten Tendenzen streben nach einer Spezialisierung der Kontrollen, namentlich über die Durchführung der Ausgaben, um auf diese Weise den Eindruck der Doppelarbeit zu vermeiden und die Abwicklung flotter zu gestalten.

Das Thema ist jedoch zu heikel, als daß man es an dieser Stelle prüfen könnte.

9. Die Automatisierung der Ermittlungen und Eintragungen verzeichnet dank der Anwendung zweckentsprechender maschineller Buchungssysteme in Italien beachtliche Fortschritte.

Im übrigen sind die Unterschiedlichkeiten von Ministerium zu Ministerium, von Zentral- zu Randorgan noch recht beträchtlich. Neben vollkommensten elektronischen Maschinen findet man noch — namentlich in den kleineren Ämtern — altmodische Zettelkästen und handschriftliche Eintragungssysteme aus Urgroßmutters Zeiten.

Zahlreiche Ministerien haben eigene „Dienststellen für Organisation und Methodik", die sogenannten „OM"-Stellen zur Prüfung und Anwendung der modernsten Bürotechnik. Einige greifbare Ergebnisse bezeugen die bisherigen Anstrengungen, aber der Weg zur Erzielung einer allgemeinen Besserung der Arbeitseinrichtungen ist noch weit und stößt auf viele Schwierigkeiten und Verständnislosigkeit.

Erst die Ersetzung der alten durch die neuen Generationen wird in diesem Bereich zu konkreten Ergebnissen führen.

10. In jüngster Zeit tritt in Italien eine weitere Tendenz immer stärker in Erscheinung. Sie betrifft die Möglichkeit, sich für die Beschlußfassung der Leiter der öffentlichen Sachen der „Ausrichtungsverfahren“ zu bedienen, die den Privatunternehmungen eigen sind, nämlich: Funktionsanalysen, Zeitstudien, symptomatologische Untersuchungen, Unternehmungsanalysen, Linearplanungen, Marktstudien, Kosten- und Ertragsbestimmung usw.

Die Art selbst, in welcher diese und andere analoge Probleme zur Vorausbestimmung der Handlungsweise des Staates und ihrer Auswirkung auf die gesamte Landeswirtschaft in Angriff genommen werden, zeugt von hohem politischem Verantwortungssinn und von einer bewußten Ausrichtung nach moderneren Formen des öffentlichen Lebens.

Der formalen Starre der Staatshaushalte und einiger mit diesen verbundenen Einrichtungen steht in Italien die Tendenz nach mitreißender Dynamik und Wirtschaftlichkeit auch in der öffentlichen Wirtschaftstätigkeit gegenüber, als eine neue Instanz zur Erhaltung und Festigung der überlieferten freien Institutionen.

Das Staatsbudget im Rahmen der antizyklischen Konjunkturpolitik

Von Johannis Pieter de Looff

Ebenso wie in einigen anderen Ländern hat sich auch in den Niederlanden eine Entwicklung vollzogen, bei der dem Staatsbudget im Rahmen der sogenannten antizyklischen Konjunkturpolitik eine besondere Bedeutung zukommt. Um die Wirkung der Konjunkturschwankungen zu mildern, soll eine aktive Konjunkturpolitik geführt werden. Für eine international verflochtene Wirtschaft wie die niederländische ist dieses allerdings besonders schwierig, und eine mehr internationale Konjunkturbeherrschung (z. B. im Rahmen der Europäischen Wirtschaftsgemeinschaft) wäre sehr interessant.

Unter den in den Niederlanden benutzten konjunkturpolitischen Instrumenten nimmt das Staatsbudget eine hervorragende Stelle ein. Andere Instrumente sind die monetäre und die Lohn- und Preispolitik. Wie bereits bemerkt, wird in den Niederlanden mittels des Staatshaushaltsplanes versucht, die Wirkung der Konjunkturschwankungen zu mildern, wenn auch eingesehen wird, daß diesbezügliche Möglichkeiten begrenzt sind. Die Bedeutung, die dem Staatshaushaltsplan innerhalb der Gesamtwirtschaft zugemessen wird, geht aus den Noten hervor, die in den letzten Jahren von dem Finanzminister gelegentlich der Beratung des jährlichen Haushaltsplanes der Volksvertretung vorgelegt wurden. Aus diesen sind die Grundlagen des befolgten Systems zu ersehen. Aus der zu dem Haushaltsplan 1962 gehörenden ministeriellen Note, die vor 10 Tagen dem Parlament unterbreitet wurde und wovon ich zu meinem Vergnügen dem Sekretariat dieses Kongresses drei Exemplare zur gefälligen Bedienung zustellen kann, gestatte ich mir, einige Stellen zur näheren Erläuterung des Vorstehenden anzuführen.

1. Der Staatshaushalt hat, im Vergleich zu den Jahren vor dem zweiten Weltkrieg, allmählich einen sehr bedeutenden Platz in unserer Volkswirtschaft eingenommen. Diese Entwicklung wird, wenn auch eine — hinsichtlich des Volkseinkommens — verhältnismäßige Senkung der öffentlichen Geldaufwendungen angestrebt wird, nicht mehr rückgängig gemacht werden können. Darum soll man dem Einfluß des Staates, der mittels des öffentlichen Finanzwesens auf die wirtschaftliche Ordnung ausgeübt werden kann, gebührend berücksichtigen. Andererseits beträgt das Staatsbudget nur 15 % der Gesamtheit von Angebot und Nachfrage

unserer Wirtschaft. Auch in Anbetracht seiner beschränkten Flexibilität liegt es auf der Hand, daß an den Staatshaushalt nicht die Anforderung gestellt werden darf, nicht unerhebliche Schwankungen in der Gesamtheit der Angebots- und Nachfrageverhältnisse vollständig auszugleichen.

2. Eine verantwortliche Verteilung der dem Staat zur Verfügung gestellten Mittel erfordert, weil die Mittel verschieden verwendet werden können, die Aufstellung kurzfristiger und langfristiger Prioritäten (Auswahl auch in bezug auf den Umfang der zu verwirklichenden Vorhaben). Diese Bestimmung der Prioritäten verlangt an erster Stelle die Abgrenzung eines budgetären Rahmens, innerhalb dessen die zukünftigen politischen Entscheidungen auf den verschiedenen Gebieten getroffen werden sollen. Man kann ja nur zu einer Wahl schreiten, wenn die Grenze, innerhalb deren die Abwägung zu erfolgen hat, im voraus abgeschätzt wird.

Hierbei wird die Budgetpolitik mit dem Anwachsen des Volkseinkommens in Beziehung gebracht. Auf der Basis von Schätzungen über die normale Zunahme des Sozialprodukts werden die Mittel, worüber der Staat wird verfügen können, geschätzt. Der Zuwachs des Volkseinkommens wird dabei auf 4 % pro Jahr gestellt (Trend über eine Reihe von Jahren). Infolge der progressiven Art einer Anzahl von Steuern werden die Staatsmittel etwas stärker steigen. Bei dieser Veranschlagung werden die konjunkturellen Schwankungen der Mittel außer Betracht gelassen, die nicht — wenigstens nicht in derselben Richtung — zu Abänderungen der Ausgaben führen sollen, sondern nur den Saldo der Haushaltsplanung beeinflussen dürfen.

Durch die Aufstellung eines allgemeinen finanziellen Schemas über die Ausgaben wird dem Parlament mehr als in der Vergangenheit die Möglichkeit geboten, zu überlegen, ob und inwieweit es von seiner Verfügungsgewalt über die Staatsausgaben bei der Auswahl Gebrauch machen soll. Das Wesentliche das in dem Vorstehenden beschriebenen Gedankenganges ist, daß es für Ausgabenerhöhung und Steuersenkung *einen* totalen Raum gibt, der im Verhältnis zum Umfang des Budgets einige Hunderte von Millionen Gulden pro Jahr umfaßt, daß Abwägung notwendig ist und daß es, bei Überschreitung des verfügbaren Betrages durch Ausgabenerhöhung, unumgänglich sein wird, eine Kompensation zu finden, sei es durch eine Verringerung bereits bestehender Staatstätigkeit, sei es durch eine Erhöhung der Steuern. Es ist von größter Wichtigkeit, um trotz der damit verbundenen Schwierigkeiten die Entwicklung der Ausgaben auf längere Frist innerhalb der normalen Schranken zu halten.

3. Die makro-ökonomischen Schätzungen für 1961 und 1962, denen der im Haushaltsplan 1962 vorgezeichnete Kurs zugrunde liegt, wurden von

dem Zentralen Planungsamt (Centraal Planbureau) aufgestellt. Eine kurzgefaßte Übersicht des Wirtschaftsplanes 1962, worin die wichtigen Aspekte unserer Wirtschaft berührt werden, wird zugleich mit dieser Note der Volksvertretung angeboten.

Mit Rücksicht auf die zu erwartende konjunkturelle Entwicklung hat das Kabinett danach gestrebt, die Staatsausgaben relativ hinter dem strukturellen Zuwachs des Volkseinkommens zurückbleiben zu lassen. Es wird erwartet, daß auf diese Weise mittels der Staatsausgaben ein leichter Gegendruck gegen die stimulierenden Faktoren, die sich in der Wirtschaft zeigen werden, ausgeübt wird.

Hiermit habe ich einige Fragen aus der zu dem Haushaltsplan 1962 gehörenden Note über die Lage der Staatsfinanzen wiedergegeben. Zu bemerken wäre, daß die Bedeutung des Haushaltsplanes als Instrument der Konjunktursteuerung auch in dem im Jahre 1960 erstatteten Bericht des Ausschusses zur Vorbereitung einer Abänderung des Gesetzes über das Rechnungswesen zur Sprache kam. Auch von diesem Bericht, der verschiedene Anhaltspunkte mit den in diesem Kongreß behandelten Problemen enthält, kann die niederländische Delegation zu ihrem Vergnügen drei Exemplare dem Sekretariat übergeben. Dieser Bericht enthält eine in englischer Sprache abgefaßte Zusammenfassung. Hiervon haben wir den Teilnehmern eine ausreichende Zahl von Sonderdrucken überreichen können.

Im niederländischen Staatsleben gibt es außer der Zentralverwaltung auch noch die sogenannten auf niedrigerer Ebene stehenden öffentlich-rechtlichen Verwaltungskörper, wie u. a. die Provinzen und Gemeinden. Hieraus ergeben sich Schwierigkeiten, wenn man das Finanzwesen als Instrument zur Beeinflussung der Konjunktur verwenden will.

Nun können wir feststellen, daß in den Niederlanden sowohl der Staat als auch die Gemeinden die Konjunktur beeinflussen. Wenn aber von Gemeinden die Rede ist, so sind damit die insgesamt fast 1000 Gemeinden gemeint.

Es ist nun eben eine unmögliche Sache, daß einerseits der Staat Konjunkturpolitik betreibt und daß andererseits — und außerdem — jede von den fast 1000 Gemeinden nochmals eine eigene Konjunkturpolitik betreibt.

Warum sind die 1000 Gemeinden von Bedeutung, dagegen in viel geringerem Ausmaß die anderen niedrigeren öffentlich-rechtlichen Verwaltungsbehörden, wie z. B. die Provinzen? Diese Frage ist nicht schwer zu beantworten, wenn wir in Betracht ziehen, daß die Gesamtheit der Gemeinden einen Teil des Volkseinkommens für sich in Anspruch nimmt. Dieser Teil ist so umfangreich, daß die Gemeinden einen merklichen Einfluß auf die wirtschaftliche Entwicklung ausüben. Besonders deutlich macht sich dies bei den kommunalen Investitionen bemerkbar. Und nun wird das Problem der Konjunkturbeeinflussung dadurch, daß ein wichtiger Teil dieser kommunalen Investitionen pro-zyklisch ist, d. h. mit der Konjunktur mitwogt, noch schwieriger. Die Gemeinden werden gerade in einer Zeit der Hochkonjunktur vor allerhand Ausgaben gestellt, die keinen Aufschub dulden, wie den Bau von Straßen, von Häfen, die Schaffung von Industriegelände, die Erweiterung der öffentlichen Versorgungsbetriebe usw.

Es wird allgemein anerkannt, daß es an erster Stelle eine Aufgabe der Zentralbehörde ist, Konjunkturpolitik zu treiben. Die Budgetpolitik ist also Aufgabe des Staates. Aber wie soll man nun die Gemeinden behandeln, wenn in Erscheinung tritt, daß in diesen in mancher Hinsicht eine andere Entwicklung erfolgt als im Staat? Hier stehen wir vor einem Problem, das in den Niederlanden bereits seit Jahren Gegenstand schärfster Auseinandersetzungen gewesen ist.

Es ist natürlich zu verstehen, daß von seiten der Zentralbehörde versucht wurde, die Gemeinden in den Griff zu bekommen. Im Anfang der fünfziger Jahre wurde dieses mittels eines Investitionsausschusses versucht, welchem die kommunalen Investitionsprojekte vorher zur Beurteilung unterbreitet werden mußten.

Nun wäre zu bemerken, daß die Ausgaben der Gemeinden — also auch die Investitionen — auf Grund des Gemeindegesetzes einer höheren Aufsicht, und zwar der der Provinzialverwaltung unterworfen sind. Durch die Einsetzung eines Investitionsausschusses wurde eine zentrale, nicht gesetzlich geregelte Aufsicht ins Leben gerufen. Daneben blieb übrigens die in dem Gemeindegesetz vorgesehene Aufsicht in Kraft.

Dieses war nun gerade nicht eine erfreuliche Situation, und sie veranlaßte dann auch die nötige Kritik.

Als vor einigen Jahren wieder einmal eine Überhitzung der Volkswirtschaft eintrat, hat man einen anderen Weg gewählt. Seit 1940 gelten in den Niederlanden Vorschriften bezüglich der Aufnahme von Anleihen. U. a. schrieb die Zentralbehörde vor, zu welchem Zinsfuß die Gemeinden höchstens Anleihen aufnehmen dürfen. Jetzt hat die Regierung begonnen, diese Vorschriften, die ursprünglich zu einem anderen Zweck ins Leben gerufen wurden, anzuwenden, um die Kapitalbeschaffung der Gemeinden zu drosseln.

Der Zinsfuß, zu welchem die Gemeinden höchstens Anleihen aufnehmen durften, wurde so niedrig gehalten, daß ein deutlicher Unterschied mit den auf dem Kapitalmarkt üblichen Zinsen entstand. Auf diese Weise wurde es den Gemeinden unmöglich gemacht, sich an den Kapitalmarkt zu wenden. Nur die Bank für Niederländische Gemeinden (Bank voor Nederlandsche Gemeenten), ein Institut, woran der Staat und die Gemeinden beteiligt sind, durfte zu den jeweils geltenden Kapitalmarktzinsen leihen und die aufgenommenen Gelder den Gemeinden weitergeben. Auf diese Weise wurde eine Rationierung von Kapitalmarktmitteln bei den Gemeinden erreicht und gleichzeitig die kommunale Investitionsaktivität abgebremst.

Auch dieses System stieß bei den Gemeinden auf starken Widerspruch. Sowohl vom Investitionsausschuß wie von dem System der Kapitalrationierung hieß es, daß sie die kommunale Selbständigkeit, die den Gemeinden auf Grund des Gemeindegesetzes von 1851 zuerkannt worden war, verletzte.

Wie dem aber auch sei: man hat auf diesem Wege versucht, die Kommunalpolitik in den Griff zu bekommen, wovon unverkennbar unsere Volkswirtschaft beeinflußt wird.

Inzwischen wird die Frage, ob es vielleicht möglich ist, eine für die Gemeinden befriedigendere Lösung zu erlangen, einem gründlichen Studium unterzogen.

Die unteren öffentlich-rechtlichen Verwaltungsbehörden sind also verpflichtet, die Konjunkturpolitik des Staates zu befolgen.

Die Zentralbehörde versucht auch noch auf andere Weise, die Konjunktur zu beherrschen.

So wird z. B. nicht nur der Umfang des subventionierten Wohnungsbaues von der Zentralbehörde mittels ihres Haushaltsplanes festgesetzt, sondern es wird auch der nichtsubventionierte Wohnungsbau und der Bau von Schulen, Fabriken, Geschäftshäusern, Krankenhäusern, Kirchen und anderen Neubauten der Überwachung — einer quantitativen Überwachung — der Zentralbehörde unterworfen, und insofern dafür in irgendeiner Weise von seiten der Verwaltungsbehörden Vergünstigungen erteilt wurden, auch einer qualitativen Prüfung. Welch eine hemmende Auswirkung diese Überwachung in der heutigen Phase der Hochkonjunktur hat, geht hervor aus der Tatsache, daß am 1. Juli 1961 die nicht-beschiedenen Anträge auf die Erteilung von Baugenehmigungen sich auf eine Bausumme von 1310 Mill. holl. Gulden beliefen.

Aus Vorstehendem erhellt, daß in den Niederlanden die antizyklische Budgetpolitik mehr oder weniger zu einer Politik des funktionellen Finanzwesens („functional finance“) herangewachsen ist, und weiter, daß die budgetären und monetären Instrumente der Wirtschaftspolitik wegen deren beschränkter Zweckbestimmung — auch weil ihre Anzahl zu gering ist[1] — ergänzt werden mit extrabudgetären beziehungsweise physischen Mitteln.

---

[1] Die Anzahl Instrumente soll der Anzahl der unterschiedlichen Zweckbestimmungen gleich sein.

Die Entwicklungstendenzen des öffentlichen Haushalts in der Schweiz unter Berücksichtigung der dort gemachten Erfahrungen

Von Rudolf Probst

1. Wir wollen uns vorweg mit ein paar Worten vergegenwärtigen, in welchem *Rahmen* sich die Frage nach den modernen Entwicklungstendenzen des öffentlichen Haushalts *für die Schweiz* stellt:

a) Staatsrechtlich

aa) Die Schweiz ist ein *Bundesstaat.* Der *Gesamt*staat (Bund) hat den ihm von der Bundesverfassung zugewiesenen Aufgabenbereich. Die *Glied*staaten (Kantone) umschreiben ihren Aufgabenbereich, in den Schranken der Bundesverfassung, selber; für wichtige Aufgaben, etwa im Erziehungswesen, Bauwesen, in Justiz und Polizei sind sie ganz oder zum großen Teil zuständig. Die Gemeinden genießen weitgehende Autonomie. Die *Finanzhaushalte auf den drei Stufen* spiegeln diese Aufgabenverteilung wider. Der Finanz*ausgleich,* durch den Bund unter den Kantonen, durch die einzelnen Kantone unter ihren Gemeinden, spielt eine bedeutende Rolle.

bb) Die Schweiz ist eine *unmittelbare Demokratie. Gesetze,* etwa Steuergesetze, sind der Volksbestimmung unterworfen, sei es überhaupt (obligatorisches Referendum), sei es, wenn eine bestimmte Anzahl von Stimmberechtigten es verlangt (fakultatives Referendum, so im Bunde). In den Kantonen und Gemeinden nimmt das Volk auch an der *Finanzverwaltung* teil, vor allem durch Abstimmung über wichtige Ausgaben (Finanzreferendum).

cc) Im *Mittelpunkte* der Rechtsordnung steht die Bewahrung der *menschlichen Freiheit.*

Die Rechtsordnung stellt sich als eine eher pragmatische *Kombination* von Gewährenlassen (Selbstverantwortung des einzelnen) und staatlicher Tätigkeit zur Mehrung der gemeinsamen Wohlfahrt (Vorsorge durch das Gemeinwesen) dar.

Ein Hauptgebiet solcher Tätigkeit ist die *Lenkung in bestimmten Bereichen der Wirtschaft* (einschließlich Konjunkturpolitik) mit sozialem Endziel.

Oberster Grundsatz bleibt indessen die *Freiheit* der Wirtschaft.

dd) Diesen staatsrechtlichen Grundsätzen und den darin verkörperten politischen Idealen entspricht die *Finanzverfassung* der Schweiz[1].

Auffallend ist indessen die Dürftigkeit der Rechtsgrundlagen für den öffentlichen Finanz*haushalt,* besonders auch beim Bunde.

b) Politik und politische Tendenzen

aa) Die öffentlichen Finanzen sind ein *Politikum* ersten Ranges. Das erklären, wenigstens teilweise, die Zurückhaltung des Finanz*gesetzgebers* und das Gewicht der Finanz*politik*.

bb) Die *ordnungs*politische Bedeutung der Finanzpolitik wird wohl erkannt (Subventionen, öffentliche Bauten; Zölle, besondere Importabgaben).

Erkannt wird auch, daß die *Finanzwirtschaft* „kein in sich selbst abgeschlossenes Gebilde" ist[2].

In beiderlei Hinsicht wirken die Starrheit und Kompliziertheit des Steuersystems beinträchtigend. Dies wurde indessen wegen des anhaltenden Wohlstandes wenig spürbar.

cc) Im Bereiche der *Wirtschaftspolitik* waren einerseits *Abbau len*kender Maßnahmen und finanzielles „disengagement" des Staates möglich (Uhrenindustrie, Gastwirtschaftsgewerbe); andererseits erwiesen sich verstärkte *Schutzmaßnahmen* — auch finanzielle — als notwendig (Landwirtschaft) und der *Wohlfahrtsstaat* wurde ausgebaut, was vermehrten Finanzaufwand mit sich brachte (Sozialversicherung).

c) Sozialpsychologisch

Das Volk stellt erhöhte materielle Ansprüche. Dies ist eine Folge des andauernden Wohlstandes. Damit ist die Gefahr der Verwöhnung verbunden.

Trotzdem lassen sich noch ein gewisser Finanzkonservatismus und eine im großen ganzen solide Finanzgesinnung feststellen.

2. Die Entwicklungstendenzen

(Die Darstellung beschränkt sich auf die Verhältnisse beim Bunde)

a) Die *Ausweitung* des öffentlichen Haushaltes (quantitative Entwicklungstendenz).

---

[1] Vgl. dazu (für Deutschland) *Hettlage,* Die Finanzverfassung im Rahmen der Staatsverfassung, Veröffentlichungen der Vereinigung deutscher Staatsrechtslehrer, Heft 14 (1956), S. 4. * *Colm,* Wirtschaftsverfassung, Finanzwirtschaft und Finanzwissenschaft, Finanzarchiv, NF 19 (1958/59), S. 23.

[2] *Colm,* a. a. O.

aa) Die Ausweitung zeigt sich sowohl bei den *Ausgaben* als auch bei den *Einnahmen.*

Die Ausweitung übertrifft die im Jahre *1958* anläßlich der verfassungsmäßigen Neuordnung des Bundesfinanzhaushalts angestellten *Schätzungen*

— bei den *Ausgaben* (Voranschlag 1961)	um etwa	75 %	für die Stützung der Landwirtschaft
	um über	50 %	für die Sozialversicherung
	um	50 %	für den Straßenbau
	um über	40 %	für die Landesverteidigung (in absoluten Zahlen die weitaus größte Steigerung)
	um etwa	30 %	für das (zivile) Personal

— bei den *Einnahmen* ist der Fiskalertrag um etwa 25 % höher ausgefallen.

— beim *Reinertrag* der *Gesamtrechnung* ist eine Verdoppelung gegenüber den Schätzungen eingetreten.

Ein *Vergleich der Rechnungsabschlüsse* des Bundes seit dem Ende des Zweiten Weltkriegs bis zum Voranschlag 1961 zeigt eine Steigerung der *Ausgaben* von etwa Fr. 2 Mrd. je in den ersten Nachkriegsjahren auf etwa Fr. 3 Mrd. für 1961 (Größenordnungen). Die *Einnahmen* haben ungefähr die gleiche Bewegung mitgemacht.

Die *fiskalische Belastung* ist in der Schweiz, verglichen mit andern Ländern, noch mäßig; sie wird mit 15 bis 20 % des Nettosozialproduktes anzunehmen sein.

In der erwähnten Zeitspanne war die schrittweise Tilgung eines Teils des Bilanzfehlbetrags des Bundes möglich (von rund achteinhalb auf rund sechseinviertel Mrd. Franken).

bb) Die Ausweitung des öffentlichen Haushaltes ist *in Beziehung zu setzen* zur Zunahme der Wohnbevölkerung und zur Expansion der Wirtschaft. Diese läßt sich u. a. an der Zunahme der Zahl der Erwerbstätigen ablesen.

Bezeichnend ist, daß in der schweizerischen Volkswirtschaft heute rund eine halbe Million Fremdarbeiter beschäftigt sind; d. h., daß jeder fünfte Erwerbstätige ein Ausländer ist. Dazu treten nun auch die geburtenstarken Jahrgänge nach und nach ins Erwerbsleben ein.

cc) Aussichten (Prognose)

Die Behörden rechnen mit einem *weiteren Anwachsen des Volkseinkommens* für die nächsten Jahre. Der Zuwachs wird sich allerdings verlangsamen sowohl wegen des Mangels an qualifizierten Arbeitskräften als auch wegen der Verkürzungen der Arbeitszeit.

Eine weitere Steigerung sowohl der *Einnahmen* als auch der *Ausgaben* ist vorauszusehen.

Rechnungsüberschüsse werden auch für die absehbare Zukunft erwartet.

b) Charakteristik der Entwicklung (qualitative Entwicklungstendenzen)

aa) Der öffentliche Haushalt spiegelt das staatliche Leben in einem *maßvollen,* d. h. noch weitgehend der liberalen Tradition verhafteten *Wohlfahrtsstaate* wider.

Die Dynamik des politischen und vor allem des wirtschaftlichen Geschehens, dazu die erwähnte pragmatische Einstellung, führen zu mancherlei Wandlungen und *Abweichungen von den Prognosen,* besonders im Bereiche der wirtschaftspolitischen Maßnahmen des Staates.

Schon *vorbereitete Maßnahmen konnten unterbleiben,* weil sie nicht notwendig wurden (Krisenbekämpfung, Arbeitsbeschaffung). Die öffentliche *Fürsorge* erfährt eine bedeutende Entlastung durch die Wohlfahrtseinrichtungen der privaten Unternehmungen, die, angeregt durch Steuervergünstigungen, dank der guten wirtschaftlichen Konjunktur geschaffen werden konnten.

Andererseits bringt die fortgesetzte Entwicklung zum dichtbevölkerten Industriestaat *zusätzlichen Bedarf* hervor (verstärkten Schutz der landwirtschaftlichen Minderheit, Gewässerschutz, Straßenbau); solcher Bedarf entsteht auch wegen der Kriegsdrohung zufolge der weltpolitischen Lage (militärische Rüstung, Zivilschutz).

bb) Finanzpolitik und Konjunkturpolitik insbesondere

Der einzige wahre Reichtum der Schweiz ist die *Arbeitskraft* ihres Volkes.

Arbeit zu erhalten, Arbeitslosigkeit zu verhüten und zu bekämpfen, ist das *Hauptanliegen* aktiver staatlicher Konjunkturpolitik. Arbeit erhalten heißt in einem so sehr mit der Weltwirtschaft verbundenen Lande vor allem: Internationale Wettbewerbsfähigkeit, und diese wiederum erfordert möglichst stabile Preise und Löhne im Inland. In diesen Dienst ist auch die Finanzpolitik gestellt.

Der *freiheitlichen* Ordnung der Wirtschaft und der *Dezentralisation* des Gemeinwesens entsprechend hat der Bund seine konjunkturpolitischen Maßnahmen in Verbindung mit den *Kantonen* und der *privaten* Wirtschaft zu treffen[3]. Das Eingreifen des Staates ist *subsidiär;* die Wirtschaft soll sich zuerst selber helfen, auch durch *gemeinsame* solidarische Maßnahmen der Arbeitgeber und Arbeitnehmer (Beispiel: Sog. Stabilisierungsabkommen zur Verhütung der Preis-Lohnspirale[4]). Die Zurückhaltung des Staates zeigt sich bis in seine Verwaltungsorganisation hinein: Mit der Betreuung der dem Bund auf den Gebieten der Krisenbekämpfung und Arbeitsbeschaffung obliegenden Aufgaben sowie mit der fortlaufenden Überwachung aller Möglichkeiten der Krisenverhütung und der Koordination entsprechender Maßnahmen ist ein Delegierter beauftragt, der nicht Beamter ist[5].

Das geltende Verfassungs- und Gesetzesrecht ist inspiriert von den Erfahrungen in der Depression der 30er Jahre. Der hauptsächliche Erlaß, das Bundesgesetz über die Vorbereitung der Krisenbekämpfung und Arbeitsbeschaffung, bildet die Grundlage für *vorbereitende* Maßnahmen; es strebt die *Koordination* der Konjunkturpolitik mit den übrigen politischen Bereichen an, wobei es die Finanzpolitik besonders hervorhebt[6]; es stellt die *Selbsthilfe der Wirtschaft* in den Vordergrund und geht darauf aus, sie mit staatlichen Maßnahmen anzuregen[7].

Tatsächlich stellt die seit dem Ende des Zweiten Weltkrieges andauernde Hochkonjunktur auch ganz *andere* als die vom Gesetz vorgesehenen Aufgaben. Sie entbindet zwar nicht von der *Vorbereitung* krisen*verhütender* Maßnahmen, etwa von der Weiterführung von Projektierungsarbeiten als vorsorglichen Maßnahmen zur Arbeitsbeschaffung[8].

Aktuell ist aber die Frage nach dem richtigen Verhalten in der *Hochkonjunktur.* Dies ist in der Tat weitgehend Sache der *Politik,* rechtlicher Normierung wenig zugänglich. Der Anteil der Finanzpolitik ist hervorragend wichtig. Ich komme darauf zurück.

Neue konjunkturpolitische Fragen mögen sich stellen — mit neuen Anforderungen an die Finanzpolitik. So spricht man gegenwärtig über die möglichen Auswirkungen der (hoffentlich) kommenden wirtschaftlichen *Integration* des freien Europas, u. a. darüber, ob zugunsten dadurch benachteiligter Wirtschaftszweige ein Solidaritätsfonds zu eröffnen sei, aus dem die Kosten der Umschulung von Arbeitnehmern bestritten und Lohnersatz bezahlt werden könnte. Im weiteren beschäfti-

---

[3] Bundesverfassung Artikel 31 quinquies.

[4] Botschaft des Bundesrates an die Bundesversammlung zum Entwurf eines Bundesgesetzes über die Vorbereitung der Krisenbekämpfung und Arbeitsbeschaffung (vom 9. April 1954; Bundesblatt 1954, I, S. 569).

[5] Artikel 13 des zit. Bundesgesetzes (vom 30. September 1954; Amtliche Sammlung 1954, S. 1. 302).

[6] Artikel 1, Absatz 2.

[7] Artikel 1, Absatz 3.

[8] Bericht des Schweizerischen Bundesrates an die Bundesversammlung über seine Geschäftsführung im Jahre 1960, S. 400 (Zentralstelle für Arbeitsbeschaffung).

gen sich die Behörden mit der Förderung der wissenschaftlichen und technischen *Forschung,* der Förderung des *Nachwuchses* und mit dem Studium der wirtschaftlichen und sozialen Auswirkungen der *Elektronik und Automation*[9]. Insbesondere die Förderung des Nachwuchses dürfte in naher Zukunft bedeutende finanzielle Mittel erfordern (nicht nur im Bunde, sondern auch in den Kantonen, die dazu als Hauptträger des Erziehungswesens berufen sind).

Konjunkturgerechte Ausgabenpolitik

Das Gemeinwesen soll mit dem guten Beispiel konjunkturgerechten Verhaltens vorangehen. Es soll insbesondere mit öffentlichen *Bauten,* aber auch mit sonstigen *Aufträgen* an die private Wirtschaft zurückhalten, solange die gegenwärtige Hochkonjunktur andauert. In Wirklichkeit läßt sich aber diese politische Richtlinie nur in recht bescheidenem Maße befolgen, da gebieterische Erfordernisse ein Abweichen herbeiführen (Ausbau des Straßennetzes für den motorisierten Verkehr, militärische Rüstung).

In einzelnen Fällen werden die Ausgaben *tatsächlich* gebremst, weil die Produktionsstätten überlastet sind (nicht gänzliche Erfüllung des militärischen Rüstungsprogramms) oder weil Personalmangel herrscht (nicht volle Besetzung der öffentlichen Amtsstellen).

Einnahmen

Dem schweizerischen *Steuersystem,* insbesondere den *direkten Steuern* fehlt es an der Anpassungsfähigkeit, die eine konjunkturgerechte Finanzpolitik erfordern würde (Starrheit der Tarife, mangelnde Koordination unter den verschiedenen Hoheitsträgern).

Handlicher sind *Zollerleichterungen* zum Zweck der Verbesserung der Versorgungslage.

Bestimmte *Importabgaben* tragen mehr zur Strukturerhaltung als zur Ausgleichung der Konjunktur bei (Schutz der Landwirtschaft).

Eine *gezielte Steuervergünstigung* dient als Anreiz für die Bildung von Arbeitsbeschaffungsreserven der privaten Wirtschaft[10]. Die gesetzliche Ordnung ist nicht gerade großzügig. Der Bund gewährt nämlich nicht etwa einen Abzug für die in Reserve gestellten Beträge vom steuerbaren Einkommen, sondern eine nachträgliche Vergütung des Steuerbetrags, wenn die Reserve einmal eingesetzt wird. Die Kantone haben für ihre direkten Steuern entsprechende Vorschriften erlassen. Diese

---

[9] Siehe Fußnote 8.

[10] Bundesgesetz über die Bildung von Arbeitsbeschaffungsreserven der privaten Wirtschaft (vom 3. Oktober 1951; Amtliche Sammlung 1952, S. 13).

Arbeitsbeschaffungsreserven der privaten Wirtschaft erreichen einen Gesamtbetrag von rund einer halben Mrd. Franken[11].

Konjunkturdämpfende Maßnahmen im Bereich der Verwaltung des öffentlichen Vermögens:

Hierfür ist grundlegend die *Unterscheidung* zwischen der Tilgung des Bilanzfehlbetrages und der Rückzahlung von Schulden[12].

Der Bund konnte, wie erwähnt, den *Bilanzfehlbetrag* dank wirklicher Überschüsse der Staatsrechnungen abbauen, womit einem konjunkturpolitischen Gebot entsprochen und einer Weisung des Verfassungsgesetzgebers[13] gehorcht wurde. Wenn dieser beifügt, es sei bei der Abtragung des Bilanzfehlbetrags „auf die Lage der Wirtschaft Rücksicht zu nehmen", so stellt er — was typisch schweizerisch ist — aus einem konkreten Anlaß (der Abtragung des Bilanzfehlbetrags) einen allgemeingültigen Grundsatz (Harmonisierung von Finanz- und Konjunkturpolitik) auf, ohne ihn als solchen auszudrücken.

Die früher wiederholt aufgestellten *starren Tilgungspläne* hat der Bund fallengelassen. Mit Recht; denn sie waren konjunkturpolitisch unrichtig und finanzpolitisch oftmals bloße Täuschung (unechte Tilgungen). Aus konjunkturpolitischen Gründen — nämlich um dem Markte nicht noch mehr Gelder zuzuführen — hat der Bund *Rückzahlungen von Schulden unterlassen,* obwohl er die Mittel dazu besessen hätte; er hat sogar, zur Entlastung des Marktes, *Gelder aufgenommen,* um sie zu sterilisieren (sogenannte Sterilisierungsreskriptionen)[14]. Der Bund hat diese Maßnahmen ergriffen, ohne daß dafür eine gesetzliche Grundlage vorhanden wäre[15]. In früheren Jahren hat der Bund einen Teil des *Goldes* übernommen, das der Schweiz als Folge der starken Ausfuhrtätigkeit und der aktiven Zahlungsbilanz zuströmte, um so den Nachfragenüberschuß, soweit er von den Exporterlösen herrührte, einzudämmen[16].

Solche staatliche Maßnahmen hängen u. a. mit den von Gesetzes wegen geringen konjunkturpolitischen Kompetenzen der *Notenbank* (Schweizerische Nationalbank) zusammen[17]. Die Ergänzung der Notenbankpoli-

---

11 Geschäftsbericht des Bundesrates, a. a. O.

Probst, Schuldentilgung und Voranschlag des Bundes, Archiv für Schweizerisches Abgaberecht 25 (1950), S. 170 ff.

13 Bundesverfassung Artikel 42.

14 Botschaft des Bundesrates an die Bundesversammlung zur Staatsrechnung der Schweizerischen Eidgenossenschaft für das Jahr 1960 (vom 14. April 1961), S. 2.

15 Der Bundesbeschluß über die Aufnahme von Anleihen für die Bundesverwaltung (vom 16. Dezember 1947, Bereinigte Sammlung 6, S. 36) sieht solche Maßnahmen nicht vor.

16 Botschaft zum Bundesgesetz über die Vorbereitung der Krisenbekämpfung und Arbeitsbeschaffung, a. a. O., S. 569.

17 Bundesgesetz über die schweizerische Nationalbank vom 23. Dezember 1953, Amtliche Sammlung 1954, S. 509. In diesem Gesetz fehlen insbesondere Vorschriften über Pflichtreserven der Banken.

tik durch die Finanzpolitik zum Zwecke gleichgerichteter Einwirkung auf die Konjunktur ist darum in der Schweiz besonders wichtig[18]. So wurde etwa die Annahme von USA-Dollars im Einvernehmen zwischen der Nationalbank und dem Bundesrat beschränkt[19].

Die Notenbank selbst hilft dem Mangel an gesetzlichen Befugnissen dadurch etwas ab, daß sie mit den Banken und andern Finanzunternehmungen sogenannte *gentlemen's agreements* abschließt, vor allem zur Abwehr ausländischer Gelder.

Auch die Bundesbehörden verschmähen den Weg der Mitwirkung beim Zustandekommen *freiwilliger Vereinbarungen* mit konjunkturpolitischen Zwecken durchaus nicht (Beispiel: Gentlemen's agreement unter den Banken über die Baufinanzierung[20], Verzicht der Baustoffindustrie auf Preiserhöhungen[21].

cc) Von nicht zu unterschätzender Bedeutung, hier jedoch nur anzumerken, ist die Rolle der *Lenkungsverbände* gemischt öffentlich-rechtlicher und privatrechtlicher Natur und mit mehr oder weniger ausgebauter finanzieller Autonomie für die Konjunkturpolitik. Solche Verbände wirken vor allem im Bereich der Landwirtschaftspolitik. Ihre wirtschaftspolitische und finanzielle Autonomie, namentlich deren Verhältnis zur staatlichen Kontrolle, ist eine kaum recht erkannte, geschweige denn gelöste Frage[22].

3. „Ist" und „Soll" in den Entwicklungstendenzen

a) Die schweizerische *Konjunkturpolitik* seit dem Ende des Zweiten Weltkrieges hatte bisher die *erwartete* Bewährungsprobe nicht zu bestehen. Ob sie sich den Anforderungen der *Hochkonjunktur* mit ihrer Tendenz zu *strukturellen* Veränderungen (etwa Überfremdung!) gewachsen zeigt, ist heute noch nicht abschließend zu beurteilen. Tatsache ist jedenfalls, daß die Teuerung (Sinken des realen Geldwertes) in vergleichsweise engen Schranken gehalten werden konnte.

Der Anteil der *Finanzpolitik* ist dabei sehr beträchtlich, mag auch da und dort zwischen dem „Soll" und dem „Ist" ein Abstand bestehen (Anwachsen der Subventionen, wenig elastische Steuern, eher bescheidene Reinerträge der Staatsrechnung).

---

[18] Vgl. dazu für die Bundesrepublik Deutschland die Vorträge von Bundesbankpräsident Blessing und Bundesfinanzminister Etzel vom Frühjahr 1960 in Zürich, Neue Zürcher Zeitung vom 3. April 1960, Nr. 1122.

[19] Siehe die zit. Botschaft, S. 569.

[20] a. a. O., S. 7.

[21] Geschäftsbericht des Bundesrates 1960, S. 400.

[22] Siehe dazu etwa *Demichel*, Le contrôle de l'état sur les organismes privés, Bibliothèque de droit public 19, 1960, S. 619 f. (Finanzierung), 632 ff. (wirtschaftliche Intervention).

b) Reform?

Der Bund hat eine Finanzreform mehrmals versucht. Sie wurde stets verworfen. Die *bundesstaatliche Struktur* der Schweiz und die *unmittelbare Demokratie* erschweren eine umfassende Reform. Gegen den Erlaß neuer Finanz- oder Wirtschaftsgesetze besteht eine starke Abneigung bei den Stimmberechtigten. Es ist auch wenig wahrscheinlich, daß in absehbarer Zeit etwa ein *Finanzverwaltungs*(Haushalt)- oder auch nur ein *Budget*gesetz des Bundes erlassen würde, in dem bestimmte konjunkturpolitische Grundsätze enthalten wären. Die Frage, ob ein *Subventionsg*esetz vorzubereiten sei, befindet sich gegenwärtig im Studium. Gesetzliche *Sparvorschriften,* die ebenfalls studiert wurden, haben kaum Aussicht auf Annahme.

Im Rahmen einer befristeten verfassungsmäßigen Neuordnung der Bundessteuern ist eine gewisse *Beweglichkeit* der *Tarife* der *Wehrsteuer* (direkte Bundessteuer) und der *Warenumsatzsteuer* geplant. Diese Beweglichkeit hätte aber in erster Linie finanzpolitischen Zwecken zu dienen (Gleichgewicht der Staatsrechnung)[23].

Ein Problem für sich bietet (auch in konjunkturpolitischer Hinsicht) der *Ersatz der Zölle* im Gefolge der *wirtschaftlichen Integration* Europas. In erster Linie wird dafür an die Erhebung neuer „Inlandabgaben auf dem Warensektor" gedacht[24].

Konjunkturgerechte Finanzpolitik ist heute in der Schweiz weitgehend eine Frage der behördlichen *Praxis* (weniger der Gesetzgebung). Eine *gesetzliche* Regelung für ein konjunkturgerecht wirkendes *finanzpolitisches* Instrumentarium wird in der unmittelbaren, dezentralen Demokratie fragwürdig. Das *Fundament* konjunkturgerechter Finanzpolitik ist in der Schweiz eine solide *Finanzgesinnung* bei Volk und Behörden.

„Wichtiger als papierne Bestimmungen ist der Sparwille, welcher das Parlament, den Bundesrat, die Departemente und die einzelnen Verwaltungen beseelen muß und der nur durch Erziehungsarbeit und — im Gebiete der Verwaltung — durch sorgfältige Personalauslese erzielt werden kann" — steht in dem Bericht des eidgenössischen Finanzdepartementes vom August d. J. zur Weiterführung der Bundesfinanzordnung[25]. Ein Satz, der zu Reflexionen Anlaß gäbe, darüber, wer nun wen ausliest und erzieht!

---

[23] Erläuterungen des eidgenössischen Finanz- und Zolldepartementes zum Entwurf eines Bundesbeschlusses über die Weiterführung der Finanzordnung des Bundes (vom August 1961), S. 7 f.

[24] a. a. O., S. 9 f.

[25] a. a. O., S. 9.

Das türkische Haushaltssystem und seine Reformtendenzen

Von Tashin Bekir Balta

Entwicklungstendenzen im türkischen öffentlichen Haushaltssystem

A. Die Grundzüge des öffentlichen türkischen Haushaltssystems

I. Haushaltskategorien

Das türkische öffentliche Haushaltssystem umfaßt folgende Kategorien:

1. Das allgemeine Staatsbudget. Es regelt die Staatseinnahmen sowie die Ausgaben von Ministerien und den von ihnen abhängigen Verwaltungszweigen. Die Voranschläge des Staatsbudgets betragen im laufenden Finanzjahr 8678 M. TL, was ungefähr 15 % des Brutto-Sozialproduktes ausmacht.

Die Einnahmen des allgemeinen Staatshaushaltes bestehen zu 30 % aus direkten Steuern, 48 % aus indirekten Steuern, 10 % aus staatlichen Einkünften und 10 % aus Kreditaufnahmen und ausländischer Hilfe. Auf der anderen Seite sind von den Ausgaben 5961 M. TL für den laufenden Staatsbedarf und 2717 M. TL für die Investierungen bestimmt. Besonders die letzten Ziffern ermöglichen eine starke Konjunkturanpassung, wenn sie zweckmäßig verwendet werden.

2. Eine zweite Kategorie bilden die Anhangsbudgets, die zusammen mit dem allgemeinen Staatsbudget auf Grund von Regierungsvorschlägen durch den Gesetzgeber beschlossen und deren Anwendung vom Finanzministerium kontrolliert werden. Augenblicklich sind 14 autonome Anstalten diesem Budgetsystem unterstellt. Die laufenden Anhangsbudgets betragen insgesamt 1557 M. TL, von denen 1380 M. TL (ca. 87 %) von dem allgemeinen Staatsbudget finanziert werden.

3. Eine dritte Kategorie sind die Budgets der lokalen Verwaltungen, die im laufenden Jahr ca. 1150 M. TL betragen. Für die Einnahmen der lokalen Verwaltungen, die zum Teil aus den staatlichen Subventionen und zum Teil aus Realsteuern bestehen, ist der konjunkturelle Einfluß der lokalen Haushaltsführung von unerheblicher Bedeutung.

4. Die vierte und eine der wichtigsten Kategorien sind die autonomen Budgets, welche von den betreffenden Verwaltungsstellen beschlossen und angewendet werden. Hauptsächlich sind folgende zwei Gruppen von öffentlichen Anstalten diesem Budgetsystem unterworfen:

a) die wirtschaftlichen öffentlichen Unternehmungen,

b) die sozialen Versicherungsanstalten.

Die öffentlichen industriellen Unternehmen machen in der Türkei ungefähr 40 % der gesamten Nationalindustrie aus. Aus diesem Grund beeinflussen sowohl die Investierungen wie die Produktions- und Preispolitik dieser Unternehmen die Konjunkturlage im weitesten Umfange. Was die öffentlichen Versicherungsanstalten betrifft, verdienen diese eine besondere Erwähnung, da sie über große Geldmittel verfügen und ihr Kreditgebaren konjunkturell von großer Bedeutung ist.

B. Haushaltsverwaltung

Die zentrale Stellung auf dem Gebiete des Staatsbudgets sowie der Anhangsbudgets liegt in der Hand des Finanzministeriums. Dagegen ist die Oberleitung auf dem Gebiete der autonomen Budgets zwischen den verschiedenen Ministerien sowie den betreffenden autonomen Anstalten verteilt. Jetzt wird eine Reform in dieser Beziehung geplant, welche organisatorische Maßnahmen für die Zusammenarbeit vorsieht.

C. Kreditkontrolle

Es mag hinzugefügt werden, daß in der Türkei die Regierung weitgehende Kontrollmöglichkeiten auf dem Gebiete der Bankkredite besitzt. Zunächst steht die türkische Zentralbank unter der Kontrolle des Finanzministeriums. Zweitens besitzt der Staat in einigen großen Privatbanken bedeutsame Anteile, die ihm weitgehende Einflußnahmen ermöglichen. Drittens gehören die meisten großen Banken insgesamt oder zum großen Teil dem Staate. Viertens wurde vor einigen Jahren ein Verein der Banken gegründet, der unter dem Einfluß der Regierung steht und im Bankwesen Einwirkungsmöglichkeiten besitzt. Die staatliche Kreditführung, welche diese Einrichtungen ermöglicht, wird in der Hauptsache durch das Finanzministerium betätigt.

Aus dem Gesagten ergibt sich, daß in der Türkei die Regierung weitgehende Möglichkeiten besitzt, in die Nationalökonomie bestimmend einzuwirken. Wir werden aber im folgenden — gemäß dem Programm der Arbeitstagung — uns hauptsächlich auf die Haushaltsfragen beschränken und das allgemeine Staatsbudget ins Auge fassen.

I. Haushaltsrecht

Gesetzlich ist das Vorbereitungs- und Vollzugsverfahren hauptsächlich für das allgemeine Staatsbudget sowie die Anhangsbudgets geregelt. Das Haushaltsrecht von beiden Kategorien stammt aus dem Zeitabschnitt vor 1930. Es ist weitgehend formalistisch gestaltet.

Dieser Formalismus gilt nicht so sehr für die Vorbereitung, aber er besteht besonders für den Haushaltsvollzug. So werden z. B. die Anschaffungsverträge durch ein sehr formalistisches Verfahren abgeschlossen. Auch die Abnahme der Vertragsleistungen ist formalistisch gestaltet. Dieser weitgehende Formalismus entstammt dem Bedürfnis, Mißbräuche zu vermeiden; aber er steht den schnellen Abschlüssen und Anpassungen entgegen.

Das geltende Haushaltsrecht ermöglicht, die Ausgabenposten einschränkend zum Vollzug zu bringen. Hierfür wurde dieses Jahr folgende neue Methode eingeführt: das laufende Haushaltsgesetz gestattet dem Finanzministerium, die konjunkturell wichtigen Posten in drittjährlichen Abschnitten zu vollziehen. Hingegen gestattet es der Haushaltsverwaltung nicht — abgesehen von seltenen und unwichtigen Ausnahmen — von sich aus in Ausgabeposten erhöhende und transferierende Änderungen vorzunehmen. Hierzu ist ein gesetzgeberisches Verfahren notwendig, welches immer Zeit beansprucht und eine schnelle Konjunkturanpassung erschwert. Diese Schwierigkeit läßt sich allerdings mit einer diesbezüglichen Ermächtigung durch das jeweilige Haushaltsgesetz überwinden. Eine derartige Lösung wird in der türkischen Lehre von einigen befürwortet.

Da die parlamentarische und öffentliche Meinung für die Lockerung des haushaltsrechtlichen Formalismus nicht günstig ist, verspricht dieser Standpunkt kaum einen Erfolg.

Es sei hinzugefügt, daß im Unterschied zum allgemeinen Staatsbudget und den Anhangsbudgets die autonomen Budgets im ganzen formfrei sind, d. h. sie sind weder in ihrer Ausgestaltung noch in ihrem Vollzug gesetzlich bestimmten Formen unterstellt. Dies gilt auch für die Anschaffungsverträge. Deshalb besitzen die Regierung und die zuständigen Verwaltungsstellen in dieser Hinsicht freie Hand.

Zusammenfassend läßt sich feststellen, daß in der Türkei das Haushaltsrecht auf dem Gebiete des allgemeinen Staatsbudgets und der Anhangsbudgets weitgehend formalistisch ausgestaltet ist, dies setzt aber einer gesunden Haushaltspolitik keine unüberwindbaren Schwierigkeiten entgegen.

II. Haushaltspolitik

Die Türkei muß als Entwicklungsland eine Haushaltspolitik führen, die einerseits die wirtschaftliche Entwicklung des Landes fördert, auf der anderen Seite ungünstige konjunkturelle Schwankungen möglichst vermeidet. Dieses letzte Ziel der Haushaltspolitik ist nicht immer leicht zu verwirklichen gewesen. Deshalb ist man genötigt gewesen, einige organisatorische Maßnahmen zu treffen. Man schaffte eine zentrale Planungsbehörde, die dem Ministerpräsidenten untersteht. An ihrer Spitze steht ein Rat, zusammengesetzt aus vier Ministern und vier Sachverständigen von hohem Rang. Diese Behörde wirkt in Zusammenarbeit mit allen interessierten Stellen. Sie ist eine beratende Behörde und hat einen nationalen Investierungsplan vorzubereiten. Sie wirkt bei der Durchführung und Kontrolle der Investierungen mit. Eine enge Zusammenarbeit zwischen Finanzministerium und dieser Behörde ist hergestellt worden, um die Haushaltspolitik den wirtschaftlichen Bedürfnissen möglichst anzupassen. Nach der neuen Verfassung ist die Planungsbehörde eine verfassungsmäßige Einrichtung. Außerdem schreibt die Verfassung vor, daß die wirtschaftliche, soziale und kulturelle Entwicklung des Landes nach der vorbestimmten Planung durchgeführt werden soll.

Bei der Herstellung und Durchführung der Haushaltspolitik hat die türkische Finanzverwaltung weitgehende Anstrengungen zu machen. Sie muß die in- und ausländischen wirtschaftlichen Entwicklungen und konjunkturellen Ereignisse ohne privatwirtschaftliche Hilfe selbst verfolgen. So kann auch die Planungsbehörde der Finanzverwaltung sehr behilflich sein.

Probleme der Haushalte der Europäischen Gemeinschaften

Von Friedrich Markull

Die drei Europäischen Gemeinschaften — Montanunion (EGKS), Europäische Atomgemeinschaft (EAG), Europäische Wirtschaftsgemeinschaft (EWG) — werden in politischer Hinsicht immer stärker als eine Einheit betrachtet, obwohl die Unterschiede zwischen ihnen groß sind und sich auch haushaltsmäßig stark auswirken. Während z. B. die EGKS und die EAG sogenannte Sektoren-Integrationen für Kohle und Stahl bzw. Atomenergie darstellen, strebt die EWG fast eine ökonomische Vollintegration mit nicht zuletzt politischer Zielsetzung an. Jedoch lassen sich immer stärkere Bestrebungen erkennen, auch haushaltsrechtlich die drei Gemeinschaften nach einheitlichen Grundsätzen zu behandeln.

Bevor im einzelnen auf die Struktur der Haushalte eingegangen werden soll, erscheint es zweckmäßig, die Organe der Gemeinschaften in Erinnerung zu rufen. Bei allen drei Gemeinschaften sind es jeweils vier oberste Organe, jedoch sind zwei von diesen, nämlich Parlament und Gerichtshof, allen dreien gemeinsam. Die beiden anderen Organe sind jeweils der Ministerrat und die Kommissionen (bei der EGKS Hohe Behörde genannt); jedoch haben die drei Ministerräte der Gemeinschaften ein gemeinsames Sekretariat. Die Europäische Investitionsbank kann in diesem Kurzbericht nicht behandelt werden.

Die Haushalte der Gemeinschaften sind mit den umfangreichen Haushalten ihrer sechs Mitgliedstaaten naturgemäß nicht vergleichbar. Ihnen fehlen vor allem jene „allgemeinen Ausgaben", die die mannigfaltigen wirtschafts- und sozialpolitischen „Umverteilungsfunktionen" der modernen Staatshaushalte erst ermöglichen. Um wenigstens ganz kurz von den hier in Frage stehenden Größenordnungen zu sprechen, so dürften sich — mit allen Vorbehalten — die Haushalte der sechs Mitgliedstaaten insgesamt für 1961 auf über 150 Md. DM belaufen, während die Haushalte der Europäischen Gemeinschaften demgegenüber für 1961 nur 1,3 Md. DM umfassen. Diesem Betrag fehlt allerdings ebenfalls nicht die tiefere politische Bedeutung.

Es ist interessant, die Struktur dieser Finanzmaße näher zu betrachten. Nicht ganz ein Sechstel entfällt auf Personal- und Sachausgaben, der Rest auf „Fonds". Der EGKS stehen für Forschung und für Anpassungsbeihilfen zwei Fonds mit einem Betrag von rd. 275 Mill. DM zur Verfügung. Die EAG verfügt auf Grund des Vertrags über einen größeren Fonds für Forschung und Investitionen, der sich für 1961 auf etwa 220 Mill. DM beläuft. Die EWG hat den Entwicklungsfonds, der im Jahre 1961 rd. 536 Mill. DM umfaßte, sowie den Sozialfonds, der mit etwa 80 Mill. DM einen kleineren Umfang hat. Weitere Fonds bestehen z. Z. nicht, doch läßt der EWG-Vertrag in Art. 42 die Möglichkeit der Gewährung von Beihilfen zum Schutz von landwirtschaftlichen Betrieben oder im Rahmen wirtschaftlicher Entwicklungsprogramme offen. Die Zusammensetzung der gesamten Finanzmasse ist also recht unterschiedlich, wobei die Schwerpunkte im wesentlichen durch die Forschung, gewisse strukturpolitische Maßnahmen und die politisch wichtigen Personal- und Sachausgaben gebildet werden. Wie weit darüber hinaus weitere Fonds gebildet werden, dürfte eins der wichtigsten Haushaltsprobleme sein. Hervorzuheben ist insbesondere für den Sozialfonds, aber auch die verschiedenen Forschungsfonds, daß es sich hier um Ansätze eines europäischen Lastenausgleichs handelt, die zweifellos bei der Bildung neuer Fonds ein gewisses Vorbild abgeben werden.

Die formelle Ordnung dieser Finanzmasse ist ebenso uneinheitlich wie ihre Zusammensetzung. Insbesondere fehlt es in mehrfacher Beziehung an der Haushaltseinheit. Was zunächst die Personal- und Sachausgaben angeht, so ist deren formale Ordnung, d. h. die sogenannten Verwaltungs-Haushalte, in etwa einheitlich bei EWG und EAG, wogegen der Haushalt der EGKS davon erheblich abweicht. Sonderhaushalte sind vorgesehen —nur im Rahmen der EWG und EAG — für die Forschungs- und Investitionsausgaben sowie für den Entwicklungsfonds der EWG, wogegen der Sozialfonds in den Verwaltungshaushalt der EWG eingesetzt wird.

Die Finanzierungsmethoden der drei Gemeinschaften weisen ebenfalls erhebliche Unterschiede auf. Während die EGKS durch Umlagen, die von etwa 600 europäischen Unternehmen erhoben werden, eigene Einnahmen hat, fehlen diese bei den Brüsseler Gemeinschaften. Sie leben von Matrikularbeiträgen. Nach dem Vertrag ist vorgesehen, daß auch sie später eigene Einnahmen erhalten werden, doch ist z. Z. noch nicht entschieden, aus welchen Quellen — ob z. B. gemäß Art. 201 des EWG-Vertrags aus dem gemeinsamen Außentarif — sie genommen werden sollen. Sonstige kleinere Einnahmen wie Geldbußen, Verkaufserlöse usw. können hier außer Betracht bleiben. Daß es sich bei den eigenen Einnahmen um ein haushaltspolitisches Problem erster Ordnung für die Gemeinschaften handelt, braucht nicht betont zu werden, zumal nach seiner Lösung die Matrikularbeiträge nicht oder jedenfalls nicht mehr in dieser Höhe den nationalen Haushalten angelastet werden würden.

Bei den Haushaltsorganen zeigen sich gleichfalls große Unterschiede. Bei der EGKS sind Haushaltsorgane sowohl die Präsidenten der vier obersten Organe wie auch ein gemäß Art. 78 des Pariser Vertrags aus ihnen selbst gebildeter Ausschuß, der über die wesentlichen Elemente des Verwaltungshaushalts autonom entscheidet. Bei den beiden Gemeinschaften, die auf Grund der römischen Verträge errichtet sind, bestehen sehr viel eingehendere Bestimmungen. Dort sind die Räte das oberste Haushaltsorgan. Sie haben somit eine sehr viel stärkere Stellung als der Ministerrat der EGKS, der nur einen der vier Präsidenten in dem erwähnten Ausschuß stellt. Während die Räte der EWG und der EAG die alleinige Haushaltshoheit besitzen, sind die Kommissionen Haushaltsbehörden für die Ausführung der Haushalte. Dem Parlament fällt nach den Verträgen ebenfalls eine bedeutende, insbesondere politische Rolle zu, da es berechtigt ist, Abänderungen vorzuschlagen. Die Beratung der Haushalte ruft daher regelmäßig eine lebendige und intensive Debatte hervor, die für den jeweiligen Vertreter der Räte eine besondere Verantwortung bedeutet.

Für das Haushaltsrecht bringen die römischen Verträge einen erheblichen Fortschritt gegenüber der EGKS, deren Vertrag nur wenige Vorschriften enthält und deren oberste Organe keine gemeinsame Haushaltsordnung besitzen; hier bestehen lediglich jeweils interne Regelungen für den eigenen Geschäftsbereich des Organs. Die römischen Verträge (Art. 199—209 EWG, Art. 177—183 EAG) dagegen enthalten nicht nur die wichtigsten klassischen Prinzipien, sondern darüber hinaus ins einzelne gehende Vorschriften über die Aufschlüsselung der Finanzbeiträge, über das Haushaltsjahr, das Haushaltsverfahren, die Übertragbarkeit der Mittel, den Nothaushalt und die Haushaltskontrolle. Weiter ist in einer Reihe von Haushaltsordnungen — eine Gesamtkodifikation besteht noch nicht — ein eingehend geregeltes Haushaltsrecht niedergelegt worden. Dabei handelt es sich um eine durchaus konservative Ordnung, die neue Haushaltsideen noch nicht entwickelt hat. Sie ist jedoch für die Aufstellung und Ausführung der verhältnismäßig begrenzten Haushalte der Gemeinschaften zweckmäßig und stellt im übrigen eine recht geglückte Integration verschiedener nationaler Rechtsordnungen dar. So enthält sie z. B. an französischen Rechtsgedanken insbesondere das System der „Gestion" (Abschluß der Bücher am 31. 12.), die besondere Haushaltsbuchführung mit Buchungsplan, die strenge Trennung der Befugnisse von Anweisungsbefugten, Rechnungsführer und Finanzkontrolleur, das Institut der Vorwegnahme von Haushaltsverpflichtungen am 1. Dezember bis zu einem Viertel der Ansätze u. a. An deutschen Elementen sind hervorzuheben, das der RHO (§ 26) entsprechende Prinzip der Sparsamkeit und Wirtschaftlichkeit, Sonderregelungen betreffend gegenseitige Deckungsfähigkeit, eine sogar über den Bundeshaushalt hinausgehende erhöhte Publizität des Organisations- und Stellenplans, die Trennung von einmaligen und laufenden Ausgaben usw. Hinzuweisen ist ferner auf den sehr detaillierten Eingliederungsplan, der fast für jedes Haushaltsjahr weiter spezialisiert worden ist und schon in sich ein sehr wirksames Kontrollinstrument darstellt. Eine Haushaltsautonomie der Organe besteht nicht annähernd in dem Maße wie bei der EGKS, obwohl eine gewisse Marge für die gegenseitige Deckungsfähigkeit von „Posten“ (unterste Gliederungseinheit) geblieben ist.

Das Haushaltsverfahren ist umständlich und wirft gerade dadurch zahlreiche Probleme auf. Weitere ergeben sich aus den ungünstig gesetzten Fristen insbesondere der römischen Verträge, die den Räten nur einen knappen Monat von Ende September bis Ende Oktober für die Beratungen lassen. Die Fülle der sonstigen Sitzungen läßt diese Frist praktisch noch weiter zusammenschrumpfen, so daß die eingehende Prüfung der Haushalte erschwert ist. Auch das Parlament hat nur einen Monat (November) Zeit, um sich zu äußern. Das Verfahren selbst gliedert sich in vier Stufen, in deren erster die Kommission alle Einzelpläne der Organe im „Vorentwurf“ zusammenfaßt, während in der zweiten Stufe, innerhalb der erwähnten Fristen, der Rat den Vorentwurf berät und als „Entwurf“ aufstellt. Sodann wird dieser Entwurf in der dritten Stufe vor dem Parlament beraten, das Änderungen vorschlagen kann, darauf dem Rat zurückgeleitet und in der letzten Stufe mit qualifizierter Mehrheit als „Haushaltsplan“ endgültig festgestellt. Besondere Bedeutung kommt naturgemäß der Beratung durch die Räte zu. Sie wird — in Anwesenheit der Beteiligten — durch einen Fachausschuß vorbereitet, den die Räte auf Grund der Haushaltsverhandlungen geschaffen haben, und der aus Haushaltssachverständigen der Mitgliedstaaten zusammengesetzt ist. Diese Vorbereitung durch Beamte ist zunächst vom Parlament kritisiert, dann aber in der Haushaltsordnung förmlich institutionalisiert worden. Im Anschluß an die Arbeiten der Haushaltssachverständigen befaßt sich der auf Grund der römischen Verträge eingesetzte Ausschuß der Ständigen Vertreter (Botschafter) mit der Vorlage und leitet sie den Räten zu. An der Sitzung der Räte nehmen die Kommissionen zur Verteidigung ihrer Haushaltsvoranschläge teil. Sie vertreten entsprechend ihrer politischen Verantwortung gegenüber dem Parlament ihren Haushalt nochmals vor diesem. — Bei der EGKS ist die Feststellung des Haushalts wie erwähnt im Rahmen der Autonomie der vier Präsidenten geregelt. Vor dem Parlament wird der Haushalt nur indirekt debattiert, da dieses ihn als Bestandteil des Jahresberichtes erhält und zusammen mit diesem diskutiert.

Der Haushalt der Gemeinsamen Organe endlich entsteht nach einem sehr komplizierten Verfahren, da die Gemeinschaften jeweils nach ihrem Haushaltsrecht vorgehen. Für jede Gemeinschaft werden die Haushalte für Parlament und Gerichtshof gesondert durch die zuständige Haushaltsbehörde (vier Präsidenten der EGKS, Räte der EWG und EAG) aufgestellt und jeweils unter Vorbehalt des gemeinsamen Einvernehmens (mit den anderen Organen) beschlossen, das anschließend schriftlich hergestellt wird. Die bei einem derartigen Verfahren theoretisch zu erwartenden Schwierigkeiten werden in der Praxis durch gegenseitige Fühlungnahme verhindert. Für eine eventuelle Konfliktregelung ist ein Koordinationsausschuß vorgesehen, der aus den Vertretern aller obersten Organe der drei Gemeinschaften besteht (3 Kommissionen, 3 Ministerräte, Parlament und Gerichtshof). Bisher ist dieser Ausschuß noch nicht einberufen worden. Für die Gemeinsamen Organe wird im übrigen auch eine gemeinsame Haushaltsordnung geschaffen werden, die den schon bestehenden weitgehend angeglichen werden soll. Hier bestehen für die Wahrung der Rechts- und Verfahrenseinheit ebenfalls gewisse Probleme, zumal die Hohe Behörde der Montanunion auch nach Erlaß dieser letzten wichtigen Haushaltsordnung von dem dann geschaffenen gemeinsamen Haushaltsrecht der Gemeinschaften nicht erfaßt wird, ihre Haushaltsautonomie also behalten dürfte, ebenso wie ihre eigenen Einnahmen.

Zur Haushaltspolitik sind noch einige Bemerkungen hinzuzufügen. Die ersten Haushaltsverhandlungen haben sowohl vor den Räten wie vor dem Parlament in einer etwas gespannten Atmosphäre stattgefunden. Inzwischen haben sich die zuständigen Haushaltsorgane weitgehend miteinander eingespielt. Insbesondere ist durch eine Reihe großer politischer Grundsatzbesprechungen zwischen den Räten und dem Parlament ein sehr viel besseres Klima geschaffen worden, das auch die Haushaltsverhandlungen beeinflußt.

Im übrigen geht die allgemeine Tendenz dahin, dem Grundsatz der allgemeinen Wirtschaftlichkeit und Sparsamkeit ebenso Geltung zu verschaffen wie in den nationalen Haushalten. Die Räte sind bei ihrer Bewilligungen zum Teil sehr zurückhaltend gewesen. Sie haben es bei Erörterung der Haushaltsordnungen betreffend die Beiträge der Mitgliedsstaaten z. B. abgelehnt, sogenannte „Fonds de roulement“, d. h. ständige Beitragsvorschüsse zu bewilligen. Hier wirkte zugleich das Bestreben mit, die zur Verfügung gestellten Gelder auf nationalen Konten anzulegen.

Was Rechnungsführung und Rechnungslegung betrifft, so besteht inhaltlich auch hier ein gewisser Unterschied zwischen EGKS und EWG/EAG. Die Rechnungsprüfung erstreckt sich z. B. nach dem Pariser Vertrag über die Gründung der EGKS nur auf die „gestion financière“, während sie nach den Römischen Verträgen die „bonne gestion financière“, d. h. die Wirtschaftlichkeit der Haushaltsführung erfaßt. Dieser in einem Wort zum Ausdruck kommende Fortschritt ist nicht zuletzt der Tätigkeit des Rechnungsprüfers der Montanunion zu verdanken. Im übrigen ist die Rechnungsprüfung derzeit noch sehr konservativer, um nicht zu sagen buchprüfungsmäßiger Art. Es ist noch nicht zu übersehen, wie sich die Praxis des für EWG und EAG eingesetzten Kontrollausschusses (in dem der Rechnungsprüfer der Montanunion Mitglied ist) entwickeln wird. Bei ihrer Entschließung vom Juli d. J., bei der die Räte die Entlastung für das Rechnungsjahr 1958 erteilten, haben sie die Kontrollorgane ausdrücklich gebeten, sich stärker mit den Fragen der Organisation zu befassen. Die Erkenntnis, daß Haushalt und Organisation eine Einheit bilden, entwickelt sich auch im internationalen Bereich immer stärker und wird zweifellos zu einer Verstärkung der Wirtschaftlichkeit und Wirksamkeit der Verwaltung im Ganzen führen.

Dieser Kurzbericht kann nicht anders als fragmentarisch sein. Möge er dennoch einen gewissen Einblick in die Haushaltsprobleme der Europäischen Gemeinschaften übermitteln.

Bericht über die Diskussionsbeiträge zum Arbeitsthema „Moderne Entwicklungstendenzen des öffentlichen Haushalts (außerhalb der Gesetzgebung)"

Von Elmar Breuckmann

Die Diskussion zum Problem der modernen Entwicklungstendenzen des öffentlichen Haushalts unterstrich die außerordentliche Aktualität des Themas, sie spiegelte die vielschichtigen Probleme, die der moderne öffentliche Haushalt aufweist, wider und gab wichtige Auskünfte für die gegenwärtigen Reformbestrebungen durch die Beiträge aus dem In- und Ausland.

Staatssekretär Professor Dr. *Hettlage* (Bonn) unterschied bei seinen Ausführungen sehr sorgfältig die politische, die wirtschaftliche und die rechtliche Denkebene, um bei den überaus zahlreichen Einzelproblemen den Blick auf die wesentlichen Punkte zu lenken.

Für das Leben und die Geschichte, erklärte er, sei die politische Denkebene, d. h. die Haushaltspolitik, die wichtigste. Sie lege fest, welche Mittel für welche Zwecke nach einem bestimmten Plan aufgebracht und verwendet werden sollen. Diese Ebene der haushaltspolitischen Betrachtung sei am wenigsten wissenschaftlicher Analyse und wissenschaftlicher Systematik zugänglich.

Die wirtschaftliche Denkebene, die schlechthin Haushaltswirtschaft genannt wird, ordnete *Hettlage* mit der bisherigen Systematik wissenschaftlich in den Bereich der Finanzwissenschaften, der wirtschaftlichen Staatswissenschaften, ein. Allerdings war er mit der Bereicherung, die das heutige Haushaltswesen in der Bundesrepublik aus dieser Wissenschaftsprovinz erfahren hat, nicht einverstanden. Er meinte, daß man sich bei der heute üblichen pragmatischen Sicht des Haushaltswesens nicht hinreichend darüber Rechenschaft gegeben habe, daß diese Sozialerscheinung im weitesten Sinne des Wortes sehr wohl einigen tragenden wissenschaftlichen Grundüberzeugungen zugänglich sei. Für die gesetzgeberische Seite der Staatswirtschaft, mehr aber noch für ihren praktischen, organisatorischen und technischen Ablauf könnte man aus diesem Bereich wertvolle Anregungen beziehen. *Hettlage* stellte fest, daß die drei klassischen Haushaltstheorien, die politische, die wirtschaftliche und die sozialstaatliche, über die praktische Bedeutung der staatswirtschaftlichen Seite des Haushalts wenig aussagen würden.

Der Diskussionsredner vertrat die Auffassung, daß man bisher die Einplanung der Staatswirtschaft in den gesamtwirtschaftlichen Ablauf nicht hinreichend gewürdigt habe. Die Stellung der Staatswirtschaft, hier im Sinne des öffentlichen Gesamthaushalts von Bund, Ländern und Gemeinden, müsse nicht nur statistisch, sondern auch funktional und in innerer Beziehung zu den wirtschaftlichen Daten besser durchdrungen werden, als das bisher geschehen sei. *Hettlage* konnte auf eine vor wenigen Monaten erschienene Sonderveröffentlichung des statistischen Bundesamtes (Statistisches Bundesamt: Wirtschaft und Statistik, Heft 3, 1961, S. 133—157) verweisen, worin nach seiner Meinung Ansatzpunkte über die Eingliederung der Staatswirtschaft in die volkswirtschaftliche Gesamtrechnung enthalten sind. Er betonte mit Nachdruck, daß für die Planung gewisse Rahmenvorstellungen über die Einordnung des staatlichen Gesamthaushalts in den volkswirtschaftlichen Ablauf nicht entbehrt werden könnten und hierbei den öffentlichen Investitionen und der Umverteilungsfunktion ein besonderes Gewicht zukomme. Der Haushalt, so stellte er es dar, sei abgesehen von einem technischen Ordnungszweck nie Selbstzweck, sondern überwiegend Mittel für bestimmte andere Zwecke.

Das Übergewicht, welches die dritte Denkebene, die rechtliche Betrachtungsweise, in der wissenschaftlichen Diskussion des öffentlichen Haushalts erhalten habe, führte *Hettlage* auf die Kodifikation der Reichshaushaltsordnung von 1922 zurück. Dieses für die damalige Zeit durchaus fortschrittliche Gesetz enthalte kaum materielle Gestaltungsnormen und sei gegenüber dem Gemeindefinanzrecht, welches auf der Gemeindeordnung von 1935 basiert, antiquiert.

Hettlage sieht bei einer Neufassung des Haushaltsrechts ein horizontales und vertikales Problem. Die Vernachlässigung der Vermögenswirtschaft und die geradezu altväterliche Art in Organisation und Technik des öffentlichen Schuldenwesens bedürfe dringend einer großzügigen und modernen rechtlichen Regelung. Zur horizontalen Problematik gehöre auch, die Institution der Rücklage und des nichtrechtfähigen Sondervermögens in das Haushaltsrecht einzubeziehen.

Zur vertikalen Problematik schlug *Hettlage* vor, alles, was nicht unbedingt zu den tragenden normativen Bestandteilen des Haushaltswesens gehöre, aus der Gesetzgebung herauszulassen. Alle Fragen mehr technischer Natur müßten aus der Haushaltsordnung in Rechtsverordnungen überführt werden.

Bei den Bemerkungen zum materiellen Haushaltsrecht kam zur Sprache, daß im Bundesministerium der Finanzen zwei Entwürfe für eine Neuordnung des geltenden Haushaltsrecht vorliegen. Nach seiner Auffassung, so führte *Hettlage* aus, würden diese keine echten tragenden Reformideen enthalten, sondern nur zum Ziele haben, an die in begrifflicher und technischer Beziehung veränderten Verhältnisse anzupassen. Darin sei auch der Grund zu suchen, daß der Bundesfinanzminister darauf verzichtet habe, diese in den Gesetzgebungsgang zu bringen. Folgende Fragen bedürfen nach der Auffassung *Hettlages* einer stärkeren Durchdringung, bevor eine Reform in Angriff genommen werden könne: Die Jährlichkeit, der Grundsatz von der Einheit des öffentlichen Haushalts, die Natur rechtsfähiger oder nicht rechtsfähiger Sondervermögen, Entwicklungsmittel für bestimmte Staatsfunktionen oder ein bestimmtes Staatsressort und die großartigen Möglichkeiten, die der fortgeschrittene Stand der Technik für das öffentliche Haushaltswesen bietet.

Sehr eingehend setzte sich *Hettlage* auch mit den Voraussetzungen auseinander, die nach seiner Auffassung gegeben sein müssen, um ein reformatorisches Werk in Gang zu setzen. Zunächst kritisierte er, daß man immer noch nicht genau wisse, was man wolle. Deshalb unterstützte er den Vorschlag von Ministerialdirektor Professor Dr. *Vialon* (Bonn), die schon früher durchgeführten Kommissionsarbeiten in besserer und wirksamer Form fortzuführen. Andererseits meldete er Zweifel an, ob für eine echte umfangreiche zusammenfassende Reform die Zeit reif und das politische Klima günstig sei. Schließlich meinte er auch, daß in dem heutigen Nebel der sprunghaften Entwicklung von Sozialprodukt und Wohlstand die Elementartatsachen der staatlichen Finanzwirtschaft, die ja auch Elementartatsachen des staatswirtschaftlichen und politischen Lebens seien, nicht mehr in der erforderlichen Schärfe sichtbar seien oder sichtbar gemacht würden. Zur Erläuterung führte er den Grundsatz der Gewaltentrennung zwischen Regierung und Parlament und die saubere Scheidung zwischen Bewilligung und Kontrolle einerseits und Vollzug andererseits an. Die Zeit weniger voller Kassen sei einer Haushaltsreform günstiger.

Der Diskussionsbeitrag *Hettlages* erhielt ein besonderes Schwergewicht dadurch, weil in ihm nicht nur die Erfordernisse und Möglichkeiten einer Verbesserung der gegenwärtigen Verhältnisse des Haushaltswesens erörtert, sondern auch die Gedanken für eine zukunftsträchtige Reform entwickelt wurden.

Professor Dr. *Mey* (Amsterdam) trat in seinem Diskussionsbeitrag für das Nationalbudget und die nationale Buchhaltung ein. Er knüpfte daran an, daß nach der heute in den Niederlanden vorherrschenden Auffassung dem Budget eine wichtige Rolle als Instrument der monetären Politik zukomme. Das deutsche Einleitungsreferat sei ebenfalls von dieser Tatsache ausgegangen. Er könne sich nicht vorstellen, wie man dieses Instrument wirksam einsetzen könne, ohne auf ein Nationalbudget und eine nationale Buchhaltung zurückgreifen zu können.

Mit den Ausführungen *Vialons* zum Leistungsbudget (performance budget) stimme er nicht überein, zumal man nach 1945 in den Niederlanden den Weg zum Leistungsbudget erfolgreich beschritten habe. Als Begründung trug er vor, daß dem Budget notwendigerweise ein Leistungsauftrag innewohne, da der Staat heute die Aufgabe habe, eine soziale Infrastruktur zu schaffen.

Als Argument für die vermögensrechtliche Staatsbuchhaltung führte *Mey* den Umstand an, daß die Wirtschaftlichkeit der Verwaltung sich nur auf Grund eines solchen Instituts feststellen lasse, ebenso wie in der Privatindustrie Rentabilitätsberechnungen nicht ohne geordnete Buchführung durchgeführt werden könnten. Schließlich könne eine Kontrolle des Finanzgebarens der öffentlichen Hand über eine Rechtskontrolle hinaus nur dann die Zweckmäßigkeit umfassen und damit zu brauchbaren Ergebnissen führen, wenn sie sich an den Fakten der Staatsbuchhaltung orientiere.

Der Direktor im Sekretariat der Ministerräte der Europäischen Gemeinschaften, Dr. *Markull* (Brüssel), wies darauf hin, daß die Haushaltspolitik bei der starken internationalen Verflechtung der Wirtschaften insbesondere im europäischen Raum mit der Haushaltspolitik der Nachbarländer abgestimmt werden müsse. Nach seiner Auffassung könne dieses Ziel nur dann erreicht werden, wenn die Haushaltsgliederungen in den beteiligten Staaten einander angepaßt würden.

Im Anschluß hieran sprach der Senator der Finanzen, Dr. *Weichmann* (Hamburg). In Anlehnung an den belgischen Bericht zum ersten Arbeitsthema, in dem Professor Dr. *Frank* (Brüssel) von den halbstaatlichen („parastatalen") Einrichtungen sprach, eine Institution, die er in der Diskussion auf mehrfachen Wunsch noch näher erläutert hatte, machte *Weichmann* auf den Umstand aufmerksam, daß sich in Deutschland „parabudgétair" ein System von mehreren Jahresplänen entwickelt habe. Hier sei beispielsweise an den Grünen Plan, an die Jahrespläne für den Ausbau der Universitäten und für die Wissenschaftsförderung zu denken. Um diese Jahrespläne würde zwar alljährlich ein Quotenkampf der beteiligten Ministerien geführt — sie seien somit in weitem Umfang Grundlage der jährlichen Budgetplanung — gleichwohl aber würden sie programmatisch wie ökonomisch in der Luft hängen. Er forderte, diese Mehrjahrespläne zusammenzufassen und unter dem Gesichtspunkt der fiskalischen Möglichkeiten und ökonomischen Zweckmäßigkeit kritisch zu überprüfen.

Aus dem System der Verpflichtungsermächtigungen, welches man dort entwickelt habe, wo bei Investitionsausgaben die Vollzugstätigkeit der Wirtschaft nicht mit dem Haushaltsjahr zusammenfalle, würden sich Belastungen der kommenden Haushaltsjahre ergeben. Hierdurch habe jeder Haushalt den Charakter eines Zukunftsbudgets (budget d'avenir). Die Vorbelastungen des Haushalts seien erst durch erhebliche Rechenoperationen sichtbar. *Weichmann* forderte, daß diese Budgetmethode, die sich pragmatisch entwickelt habe, in ihrer systematischen Bedeutung sichtbar gemacht und der Kritik unterstellt werden müsse.

Schließlich wies er noch darauf hin, daß die insbesondere durch den Wiederaufbau in Deutschland bedingten hohen Investitionsausgaben der Öffentlichen Hand ihrer Natur nach nicht jährlich seien. Wenn man beispielsweise die Kosten für den ersten Abschnitt einer Baumaßnahme in den Haushalt aufgenommen habe, dann bedeute das eine Verfügung über die Budgetmasse der nächsten Jahre, bis das Vorhaben abgeschlossen sei. *Weichmann* konnte darauf verweisen, daß auf Grund der vorerwähnten Erscheinungsformen in Hamburg 95 % der Budgetmasse eingefroren sind. Wenn im Bundeshaushalt — wie er den Ausführungen *Vialons* entnommen habe — die Elastizitätsquote mit 20 % auch höher liege, so müsse man die Konsequenz einer systematischen Koordinierung der Budgetplanung ziehen. Dies bedeute andererseits nicht, daß man das Prinzip des Jahresbudgets aufgeben müsse.

Im Anschluß an *Weichmann* versuchte Dr. *Heimann,* der Chef des Eidgenössischen Kassen- und Rechnungswesens (Bern), zwischen den entgegengesetzten Auffassungen von *Mey* und *Vialon* zu vermitteln. Er wies auf die in der Schweiz gemachten Erfahrungen hin und meinte, daß Zahlungsverpflichtungsbudget und das Prinzip der Jährlichkeit sich nicht notwendigerweise ausschließen müßten. Wenn sich beispielsweise die Errichtung öffentlicher Bauten über einen Zeitraum von mehreren Jahren hinziehe, so würden die vorgesehenen Mittel als Zahlungskredite in die Kameralrechnung aufgenommen. Somit würde verhindert, daß die Zahlungsmittel am Ende eines Rechnungsjahres verfallen. Mit dieser Regelung habe man erreicht, daß die Regierung jetzt Zahlungsverpflichtungen, die über ein Jahr hinausgehen, eingehen kann.

Professor Dr. *Marcantonio* (Rom) erläuterte auf eine Anregung von *Markull,* was unter Kassenbudget zu verstehen ist. Er stellte es in Gegensatz zum Zuständigkeitsbudget, welches bisher in Italien gebräuchlich war. Er gab zunächst zu verstehen, daß es bei den Einnahmen und Ausgaben des Staates drei Phasen gibt. Dies sind bei den Einnahmen die rechtliche Entstehung, beispielsweise durch Gesetz oder Vertrag, die Anforderung der Einnahme durch die zuständige Behörde und die Einzahlung in die Staatskassen. Bei den Ausgaben steht an erster Stelle die Entstehung der Verbindlichkeit. Die zweite Phase ist die Liquidation, d. h. die Berechnung des zu zahlenden Betrages, und zuletzt erfolgt die Bezahlung. Beim Kassenbudget berücksichtige man die dritte Phase. Komme Italien zum Kassenbudget, so würde die gesamte Staatsbuchhaltung und damit auch die Staatsverwaltung vereinfacht.

In seinem *Schlußwort* ging *Vialon* zunächst auf den Diskussionsbeitrag von *Mey* ein. Er bejahte die Frage, ob in der Bundesrepublik die Politik der finanziellen und wirtschaftlichen Stabilität ohne ein vieljähriges Planungsinstrument, wie es das Nationalbudget darstelle, durchgeführt werden könne.

Zu dem Problem des Leistungsbudgets räumte er *Mey* ein, daß es aus dem Bedürfnis heraus entstanden sei, den Finanzbedarf einer Behörde in schlichter Weise an deren Leistung anzuschließen. Es wäre zu begrüßen, wenn man mit der Einführung des Leistungsbudgets wieder in diese gesunde Ausgangsstellung, aus der heraus das ganze Haushaltsdenken einmal entstanden sei, zurückkehren würde. Bei der Kompliziertheit des Verwaltungsverfahrens und aus der Tatsache des föderalistischen Aufbaus der Bundesrepublik seien derartige Vorstellungen jedoch nicht zu realisieren.

Vialon bemerkte in bezug auf die Vermögensrechnung, daß er mit Recht bezweifelt habe — jedenfalls soweit es den Bund betreffe —, daß sie für finanzpolitische Entscheidungen einen zwingenden Aussagewert habe. Leider müsse man feststellen, daß sich bisher weder in einem Ausschuß noch im Plenum des Bundestages noch in der Öffentlichkeit eine ganz bestimmte und finanzpolitisch auswertbare Diskussion entwickelt habe. Er wisse, daß dies im Ausland anders sei, und möglicherweise könnten sich die Verhältnisse in Deutschland auch ändern. Für den Gesamtbereich der Betriebe der Öffentlichen Hand bejahe er schon jetzt eine weitgehende Vermögensrechnung, da diese offensichtlich dort einen hohen Aussagewert besitze. In diesem Bereich, den er einmal die Betriebswirtschaft des Staates nennen wolle, sei sie sogar dringend erforderlich.

Die Frage nach der Zielrichtung und dem Charakter der öffentlichen Finanzkontrolle, die neben *Mey* auch *Frank* gestellt hatte, beantwortete *Vialon* mit einem Hinweis auf das deutsche Recht. Er konnte darauf verweisen, daß in allen Bereichen des öffentlichen Lebens die staatliche Kontrolle neben der Ordnungsmäßigkeit auf die Wirtschaftlichkeit ausgerichtet ist. Der in Deutschland gebrauchte Begriff der Wirtschaftlichkeit decke sich offensichtlich mit dem, was *Mey* unter Zweckmäßigkeit verstanden habe. *Vialon* stellte nochmals klar, daß es ihm bei seinen Ausführungen zur Finanzkontrolle darauf angekommen sei, davor zu warnen, das System der sogenannten Vorkontrolle zu strapazieren. Beiden Seiten sei nicht gedient, wenn sich die Rechnungskontrolle und die politisch verantwortliche Behörde vor einer Ausgabe zusammensetzen würden, um im einzelnen zu besprechen, wie man vorgehen solle.

Auf die beiden von *Markull* gestellten Fragen konnte der Referent darauf verweisen, daß sich die Finanzminister der sechs EWG-Staaten mit dem Problem der Koordinierung der Wirtschaftspolitik auseinandergesetzt haben. In diesem Zusammenhang führte er die Stabilisierungs- und Konjunkturfonds an. Hierbei habe man auch die Harmonisierung der Haushaltspolitik angesprochen. Er glaubte jedoch, feststellen zu müssen, daß der Fragenkreis noch nicht hinreichend vertieft sei. *Vialon* schloß aus dem Wesen des Bündnisses, daß die Haushaltspolitik eines Staates nicht zu einer erheblichen Bedrohung oder Störung der Haushaltspolitik eines anderen Mitgliedstaates werden dürfe. Es erschien ihm sodann als eine notwendige Folge, Vergleichsgrundlagen zwischen den einzelnen Haushalten der EWG-Staaten zu schaffen. Hierbei brauche man jedoch nicht in das eigentliche Gerüst des Haushalts einzubrechen, wenn ein veredeltes finanzstatistisches System alle gewünschten Vergleichsgrundlagen biete.

In seinen zusammenfassenden Ausführungen wandte er sich nochmals mit Nachdruck gegen das von *Heimann* und *Weichmann* befürwortete formelle und in gewissem Grade verbindliche Programmbudget, welches neben dem Haushalt bestehen solle. Das führe dazu, daß der organische Zusammenhang verlorengehe. Dieser werde über die Gliederung des Budgets geschaffen. Auch ohne Programmbudget ließe sich das Problem der Verpflichtungen für künftige Jahre lösen, da bei der Beratung der ersten Rate das Gesamtobjekt geprüft werde. Schließlich könne man auch mit Bindungsermächtigungen arbeiten. Dieses Instrument habe man zwar in den vergangenen Jahren im Rahmen des Verteidigungshaushalts über Gebühr strapaziert. In diesem Punkt sei jedoch heute fast wieder ein haushaltsrechtlicher Normalzustand erreicht.

Im letzten Teil seines Schlußwortes setzte sich *Vialon* mit den Argumenten *Hettlages* auseinander. *Vialon* stimmte mit diesem darin überein, daß die Haushaltspolitik mit Behelfen versehen werden müßte, die es ihr ermöglichen würden antizyklisch tätig zu werden. Im Gegensatz zu *Hettlage* sei er jedoch der Auffassung, daß die sogenannten tragenden Grundsätze des deutschen Haushaltsrechts in den letzten Jahren sehr stark durchlöchert worden seien. Er würde es sehr begrüßen, wenn der Entwurf des Bundesfinanzministeriums Gesetz würde. Denn aus seiner Kenntnis der Dinge sei dieser doch mehr als eine Anpassung an die veränderten institutionellen Verhältnisse.

Den Bedenken *Hettlages*, daß die Reform jetzt noch nicht erfolgen könne, hielt *Vialon* die folgenden Gesichtspunkte entgegen: Schon jetzt bestehe die Gefahr, daß die Reform, für die allerdings noch erhebliche Vorarbeiten zu leisten wären, zu spät komme. Die Frage des politischen Klimas bezeichnete auch er als sehr ernst, weil angesichts der heutigen Flut von Einnahmen der öffentlichen Hand sich Bestrebungen bemerkbar machten, die Position des Finanzministers zu schwächen. Diesen müsse und könne man allerdings entsprechend entgegenwirken. Was schließlich das wirtschaftliche Wetter betreffe, so sei dieses vielleicht heute für eine Reform gerade günstig; wenn nämlich die Kassen leer seien, dann könne man nur sehr schwer eine ausgewogene Reform zustande bringen.

Vialon schloß seine Ausführungen mit dem Hinweis, daß der Bundesfinanzminister und der Bundestag eine Reform zugesagt hätten, die, wie er persönlich glaube, auch dringend erforderlich sei.

Die wesentlichen Merkmale des jugoslawischen öffentlichen Haushaltes

Von Lado Vavpetič

1. Der Versuch, die Haupteigentümlichkeiten des jetzigen Systems des jugoslawischen öffentlichen Haushaltes zu beschreiben, ist schon deshalb eine gewagte Aufgabe, weil der Autor nicht erwarten kann und darf, daß die Elemente der jugoslawischen staatlichen und gesellschaftlichen Ordnung bis zu den notwendigen Einzelheiten bekannt sind. Gerade diese sind aber sowohl von entscheidendem Einfluß auf die Entwicklung als auch auf das bestehende System des jugoslawischen öffentlichen Haushaltes, welches heute schon einen verhältnismäßig konsequenten Ausdruck der erwähnten Ordnung darstellt.

Die Aufgabe ist um so schwieriger, als die Haupteigenschaften der bestehenden jugoslawischen gesellschaftlichen und staatlichen Ordnung derart sind, daß sie sich sowohl wesentlich von den Grundeigentümlichkeiten verschiedener bürgerlicher Staaten als auch von dem im Sowjetbund und in den Staaten der Volksdemokratien bestehenden System unterscheiden. Ich werde versuchen, sie nur in den weitesten Zügen und nur insoweit zu behandeln, als es zum Verständnis der Erscheinungen im jugoslawischen öffentlichen Haushalt, worüber ich zu sprechen gedenke, notwendig ist.

Vor allem muß man betonen, daß die jugoslawische gesellschaftliche und staatliche Ordnung gewissermaßen schon ihrer Natur nach mit den steifen klassischen Grundsätzen des budgetmäßigen Haushaltes, besonders zum Beispiel mit seiner Universalität und Spezifiziertheit, im Widerstreit ist. Im Gegenteil, sie begünstigt die Abweichung von diesen Grundsätzen. Ich wage jedoch zu behaupten, daß es sich nicht um eine absolute Verneigung ihrer Anwendbarkeit handelt, sondern nur um eine sehr besondere Art ihrer Anwendung.

Für die staatliche und gesellschaftliche Ordnung Jugoslawiens sind nämlich vor allem drei Tendenzen bezeichnend. Als erste möchte ich die Tendenz nach umfangreicher Dezentralisierung des staatlichen Organismus erwähnen. Die einzelnen Kategorien der politisch-territorialen Einheiten, welche den staatlichen Organismus (Gemeinde, Bezirke, autonome Einheiten, Republiken und die Föderation selbst) bilden, sollen selbständig und selbstverwaltend sein. Sie sollen sich nur so in einem einheitlichen staatlichen Organismus vereinigen, daß jene Elemente, welche gleichzeitig auch die Verwirklichung ihrer zwei soeben erwähnten Grundeigentümlichkeiten darstellen, bewahrt bleiben. Zu den wesentlichen Elementen, welche die Selbständigkeit und Selbstverwaltung der politisch-territorialen Einheiten sicherstellen, gehört aber gerade ihre wirtschaftliche und hierdurch finanzielle Selbständigkeit. Deshalb bemerkt man im jugoslawischen öffentlichen Haushalt und besonders in der Regelung der öffentlichen Finanzen die Tendenz nach einem solchen System, welches einerseits die wirtschaftliche und finanzielle Selbständigkeit der einzelnen politisch-territorialen Einheit sicherstellt, jedoch das Bestehen einer einheitlichen staatlichen Finanzwirtschaft nicht ausschließt.

Die erwähnte Selbständigkeit und Selbstverwaltung der politisch-territorialen Einheiten konnte sich erst im Laufe eines langen Prozesses entwickeln. Man muß nämlich berücksichtigen, daß auch die FVR Jugoslawien bis zum Jahre 1950 dem für die Sowjetunion und für die Länder der Volksdemokratien charakteristischen sog. demokratischen Zentralismus folgte. Deshalb konnte die erwähnte Tendenz erst in dem im Jahre 1959 erschienenen Gesetz über die Budgetierung und die Finanzierung der selbständigen Institute zum konsequenten Ausdruck kommen. Mit diesem Gesetz sollte gleichzeitig eine sehr lebhafte Entwicklung bezüglich der öffentlichen Finanzierung in Jugoslawien erreicht werden, eine Entwicklung, die auf dem Gebiete der Finanzwirtschaft von allem Anfang bis zum Erlaß des erwähnten Gesetzes sich auch in einer großen gesetzgeberischen Dynamik und in den beträchtlichen Änderungen der Grundsätze der öffentlichen Finanzierung ausdrückt.

Die erste der unmittelbaren Nachkriegszeit angepaßte Regelung bestand nämlich bis zum Jahre 1946, die zweite, für welche das System des administrativen Zentralismus kennzeichnend ist, bis zum Jahre 1950, in der dritten, welche bis zum Jahre 1953 dauerte, wurden Finanzgrundsätze geltend gemacht, durch welche ein Nachlassen des damals geltenden Systems zum Ausdruck kam, die vierte galt bis zum Jahre 1956. In dieser beginnen sich auch auf dem Gebiete der Finanzen die Grundsätze einer neuen, dem administrativen Zentralismus widersprechenden gesellschaftlichen Regelung zu entwickeln. Damals wurde das Gesetz über die Budgets angenommen. Dieses läßt schon die Tendenz der Idee der Dezentralisierung im staatlichen Organismus anklingen, insbesondere auch auf dem Gebiete der Finanzen. Von damals an wurde die Regelung immer mehr vervollständigt und bekam in dem schon erwähnten Gesetz aus dem Jahre 1959 ihren schon sehr konsequenten Ausdruck.

Eine andere im System des öffentlichen Haushaltes in Jugoslawien erscheinende Eigentümlichkeit hat ihren Ursprung im Umstand, daß ein großer Teil der Produktionsmittel bei uns vergesellschaftet sind und die Masse des allgemeinen Volksvermögens bildet.

Es muß besonders unterstrichen werden, daß dadurch die Produktionsmittel nicht verstaatlicht sind und nicht Gegenstand der Bewirtschaftung durch staatliche Organe geworden sind, sondern sie sind Gegenstand der Bewirtschaftung durch sog. gesellschaftliche Organisationen. Diese bestehen außerhalb des staatlichen Organismus, sind ihm gegenüber selbständig, auf besondere Art eingerichtet und werden von besonderen eigenen Organen geleitet. Diese Einrichtung der Unternehmungen wurde mit dem Gesetz aus dem Jahre 1950 über die Arbeiterselbstverwaltung begründet.

Staatliche Organe dürfen sich in Jugoslawien mit der unmittelbaren Produktion nicht befassen. Auch darf der Staat keine nichtmateriellen Güter und Dienste schaffen und den Interessenten anbieten. Noch mehr: staatliche Organe haben grundsätzlich auch nicht das Recht, derartige Vorgänge unmittelbar zu leiten oder ihre Richtlinien zu bestimmen. Diese ganze Arbeit soll in den freien Händen der soeben erwähnten besonderen, außerhalb des Staates bestehenden Organisationen liegen (Unternehmungen, Anstalten, Institute, Vereinigungen usw.). Sie sollen so eingerichtet sein, daß die Möglichkeit besteht, über alle ihre Grundaufgaben betreffenden Fragen die unmittelbaren Erzeuger in diesen Organisationen selbst entscheiden zu lassen.

In den selbständigen Anstalten soll aber dieses Entscheidungsrecht den unmittelbaren Erzeugern und den Vertretern jener Organisationen zustehen, welche mit Rücksicht auf die Natur ihrer Aufgaben an einer möglichst guten Entwicklung des Gebietes interessiert sind, in welchem auch die Grundaufgaben des einzelnen Unternehmens oder Institutes, an dessen Leitung sie beteiligt sein sollen, ihren Ursprung haben (die Organe der Arbeiter- oder der gesellschaftlichen Selbstverwaltung).

Eine weitere Besonderheit der erwähnten Organisationen besteht darin, daß diese nicht ihr eigenes Vermögen, sondern das allgemeine Volksvermögen bewirtschaften. Deshalb haben sie sowohl bei der Ausübung ihrer Aufgaben als auch bei der Verfügung über die erreichten Einkünfte besondere öffentliche Verpflichtungen, die jedoch nie derart sein können, daß sie in Widerspruch mit den ihre Selbständigkeit bildenden Elementen stehen.

Eine andere bedeutsame Eigentümlichkeit dieser Organisationen besteht darin, daß durch ihre gesamte Einrichtung sichergestellt sein muß, daß sie durch ihre Arbeit unmittelbar den allgemeinen gesellschaftlichen Intereressen dienen sollen, den besonderen Interessen des Arbeiterkollektivs aber nur insoweit sie mit den allgemeinen gesellschaftlichen Interessen im Einklang sind.

Es ist klar, daß es sich bei den erwähnten Eigentümlichkeiten um solche handelt, die in der Einrichtung dieser Organisationen zum Ausdruck kommen. Ob sie im praktischen Leben wirklich zur Geltung kommen, hängt von der rechtmäßigen und rechtlich zulässigen Arbeit der zuständigen Organe ab.

Hinsichtlich der Beziehungen dieser Organisationen zu den staatlichen Organen besteht ihre Besonderheit darin, daß sie gegenüber dem staatlichen Organismus selbständig sind. Sie sind aus dem staatlichen Organismus ausgeschieden. Dieser Umstand läßt einen solchen Inhalt der wechselseitigen Beziehungen, wie sie zwischen staatlichen Organen selbst möglich sind, nicht zu. Die staatlichen Organe dürfen ihnen gegenüber nur so auftreten, wie es bei außerhalb des staatlichen Organismus bestehenden natürlichen oder juristischen Personen zulässig ist. Andererseits dürfen die Organe dieser Organisationen grundsätzlich keine ausschließlich nur den staatlichen Organen zukommenden rechtlichen Befugnisse haben, zum Beispeil dürfen sie keinerlei einseitig verbindliche Verwaltungsakte erlassen.

Es ist natürlich, daß diese Umstände vor allem in der wirtschaftlichen und besonders noch in der finanziellen Ordnung Jugoslawiens zum Ausdruck kommen müssen. Es ist weiter bedeutsam, daß zu diesen Organisationen nicht nur die verschiedensten wirtschaftlichen Unternehmungen gehören, sondern auch verschiedene Anstalten, welche den sog. Öffentlichen Dienst, eigentlich die Leistungsvorsorge (service public) versehen, zum Beispiel die Anstalten auf dem Gebiete des Gesundheitswesens, der Sozialversicherung, des Schulwesens, der kommunalen Tätigkeit usw.

Die staatlichen Organe haben demnach in Jugoslawien besondere Aufgaben, was auch im System ihres Haushaltes, insbesondere im System ihrer Finanzen, zum Ausdruck kommt. Die staatlichen Organe verrichten außer ihren gesetzgeberischen, richterlichen und Regierungsfunktionen noch alle jene Arbeiten, durch welche sie dafür sorgen, daß die Staatsbürger als Einzelne oder als Funktionäre verschiedener Organisationen in gesellschaftlichen Verhältnissen so handeln, wie es den Bedürfnissen der allgemeinen, im Gesetz zur Geltung gekommenen gesellschaftlichen Interessen entspricht, beziehungsweise so, daß ihr Verhalten und der Inhalt der gesellschaftlichen Interessen, in welche sie eintreten, mit diesen Interessen nicht in Widerspruch kommt. Zu diesem Zwecke erlassen ihre Organe verschiedene behördliche Akte und sorgen auch mittels außerrechtlicher Tätigkeit dafür, daß eine solche gesellschaftliche Situation zustande kommt, in welcher man ein gesellschaftlich erforderliches und gesellschaftlich entsprechendes Verhalten der Staatsbürger erwarten kann.

Im übrigen schaffen die staatlichen Organe die Voraussetzungen dafür, daß eine möglichst harmonische Betätigung der Staatsbürger und der verschiedenen Organisationen auf den verschiedensten Gebieten möglich ist. Gleichzeitig fördern sie eine entsprechend intensive und den modernen Errungenschaften entsprechende Tätigkeit. Ziel dieser Beeinflussung ist es, die Bedürfnisse der Staatsbürger möglichst gut zu befriedigen.

Im öffentlichen Haushalt kommen die erwähnten besonderen Aufgaben der staatlichen Organe einerseits und der gesellschaftlichen Organisationen andererseits auf eine solche Art und Weise zum Ausdruck, daß die staatlichen Organe nur den Inhalt des gesellschaftlichen Plans bestimmen, für die Gründung verschiedener Unternehmen und Institutionen und für die Sicherstellung der nötigen Grundmittel sorgen, die Rechtsvorschriften für ihre den allgemeinen Interessen entsprechende Tätigkeit erlassen und die Gesetzmäßigkeit ihrer Arbeit beaufsichtigen. Sie bestimmen den Inhalt und Umfang der Verpflich-tungen, welche verschiedene Organisationen und die Staatsbürger bei ihrer Arbeit übernehmen sollen, insbesondere auch die finanziellen Pflichten, die sie zur Deckung der Auslagen für öffentliche Bedürfnisse erfüllen müssen. Im allgemeinen verfügen sie gleichfalls über die durch die Erfüllung der gesetzmäßigen finanziellen Verpflichtungen seitens der Staatsbürger und Organisationen erzielten öffentlichen Einkünfte.

Die Staatsbürger verrichten jedoch als Einzelpersonen oder als Mitglied verschiedener Unternehmen und anderer Organisationen und als ihre Funktionäre alle produktive sowie die übrige kreative Arbeit und verfügen nach Erfüllung ihrer gesetzlichen Verpflichtungen über die erzielten Einkünfte.

In diesem Zusammenhang besteht eine dritte, für das jugoslawische System des öffentlichen Haushaltes kennzeichnende Eigentümlichkeit, die darin zum Ausdruck kommt, daß Jugoslawien Gesellschaftspläne kennt, und zwar einerseits jährliche Pläne und andererseits perspektive Pläne (jetzt zum Beispiel für die Jahre 1961 bis 1965). Einen solchen Gesellschaftsplan hat jede politisch-territoriale Einheit. Hierin sind alle Aufgaben, die in der einzelnen politisch-territorialen Einheit in einem bestimmten Zeitraum auf den verschiedensten Gebieten der menschlichen Tätigkeit zu erfüllen sind, aufgeführt.

Es wäre verfehlt, nicht auf die bedeutsame Besonderheit der erwähnten Gesellschaftspläne aufmerksam zu machen. Sie sind vor allem nicht detailliert, sondern präliminieren nur die allgemeinen Tendenzen der gesellschaftlichen Entwicklung, die in der einzelnen politisch-territoralen Einheit in einem bestimmten Zeitraume zum Ausdruck kommen soll. In diesem Zusammenhang bestimmt der Gesellschaftsplan vor allem die Proporze, nach welchen die Entwicklung der einzelnen Produktionszweige und der übrigen kreativen Tätigkeiten in der betreffenden Einheit vor sich gehen soll. Deshalb ist es natürlich, daß die betreffenden Bestimmungen im allgemeinen nicht zwangsweise vollziehbar sind, sondern in erster Linie eine moral-politische Bedeutung haben. Oft haben sie auch die Feststellung der tatsächlichen Lage zum Inhalt. Die einzelnen Unternehmen und Anstalten kann man rechtlich nicht dazu zwingen, daß sie ihre produktive und übrige kreative Tätigkeit nach den Bestimmungen des Gesellschaftsplanes verrichten. Die Mittel, durch welche die Organe der einzelnen politisch-territorialen Einheit den Inhalt der Tätigkeit des einzelnen Unternehmens und anderer Organisationen beeinflussen können, sind, von Ausnahmen abgesehen, nicht rechtlicher Natur. Ein Ausnahmefall würde dann vorliegen, wenn ihr Handeln dem Wesen der gesamten gesellschaftlichen Ordnung widersprechen würde. Er müßte im Gesetz ausdrücklich vorgesehen sein. Es ist kennzeichnend, daß die Gesellschaftspläne in der letzten Zeit durch eine Resolution der Volksversammlung und nicht nach dem für gesetzgebende Akte gültigen Verfahren angenommen werden. In Slowenien heißen sie überhaupt nicht mehr Gesellschaftspläne, sondern Programme für die gesellschaftliche Entwicklung.

Trotz diesen Besonderheiten haben die Gesellschaftspläne einen bedeutenden organisatorischen Einfluß auf die Entwicklung der produktiven und übrigen kreativen Tätigkeit in der FVR Jugoslawien. In mancher Hinsicht übernehmen sie die in anderen Staaten den Voranschlägen zukommende Rolle. Hierher gehören zum Beispiel die Fragen des antizyklischen Einflusses, welcher vielfach der Funktion des Voranschlages zugeschrieben wird, weiter die Fragen der analytischen und synthetischen Behandlung der für die ganze Gesellschaftsentwicklung aus verschiedenen Gesichtspunkten, besonders auch aus dem wirtschaftlichen Gesichtspunkt wichtigen Daten. Andererseits können die Tendenzen der gesellschaftlichen Entwicklung, wie sie im Gesellschaftsplan der betreffenden politisch-territoralen Einheit zum Ausdruck kommen, am konsequentesten durch das System des budgetmäßigen Haushaltes, welches im allgemeinen heute wenigstens noch für die staatlichen Organe in Geltung ist, verwirklicht werden. Deswegen ist es, wenn man ein wahrheitsmäßiges Bild von der Problematik des jugoslawischen öffentlichen Haushalts und der Art und Weise ihrer Lösung bekommen will, unbedingt notwendig, auch die Gesellschaftsplanung zu berücksichtigen.

Das erwähnte System sieht ferner auch vor, daß jede Produktionseinheit (Unternehmen usw.) einen eigenen, detaillierten Wirtschaftsplan hat. In diesem Plan, welchen die Produktionseinheit durch eigene autonome Organe annimmt, ist die Art und Weise der Verwirklichung der Aufgaben der Produktionseinheit im Laufe des betreffenden Wirtschaftsjahres bestimmt. In diesen Wirtschaftsplänen sollen gleichzeitig auch die Tendenzen der Gesellschaftspläne jener politisch-territorialen Einheiten zum Ausdruck kommen, auf deren Gebiet die betreffende wirtschaftliche Organisation tätig ist.

Die übrigen Organisationen, die sich mit anderer kreativer Arbeit befassen, haben zu diesem Zwecke eigene Arbeitsprogramme, welche vorwiegend Jahresprogramme sind. Sie bilden die Grundlage für die Finanzpläne, welche diese Anstalten für einzelne Wirtschaftsjahre zusammenstellen. In diesen Plänen spiegelt sich die von der betreffenden Organisation im betreffenden Jahr durchzuführende Finanzwirtschaft wieder. Auch diese Programme und Finanzpläne sollen den Tendenzen der gesellschaftlichen Entwicklung folgen, wie sie aus dem Gesellschaftsplan der politisch-territorialen Einheit, auf deren Gebiet sich die betreffende Organisation betätigt, ersichtlich sind. Man kann jedoch weder die Zusammenstellung noch die Verwirklichung der Wirtschaftspläne oder Programme sowie der Finanzpläne durch Zwangsmittel jenen Tendezen anpassen, die in den gesellschaftlichen Programmen oder Plänen der betreffenden politisch-territorialen Einheit enthalten sind.

2. Die erwähnten Haupteigentümlichkeiten der gesellschaftlichen staatlichen Ordnung Jugoslawiens, welchen sich noch viele andere anschließen, die zwar nicht von so grundlegendem Charakter, aber alles andere als bedeutungslos sind, verursachen natürlich im System des öffentlichen Haushalts gewisse Erscheinungen. Von diesen möchte ich nur die folgenden erwähnen:

a) In der neuesten, das Budgetsystem betreffenden Gesetzgebung, kommt es zum Ausdruck, daß die Steuerquelle für die Deckung der öffentlichen Bedürfnisse und hierdurch für die Erzielung öffentlicher Einkünfte möglichst objektiviert, stabil und einheitlich sein soll. Die Hauptsteuerquelle soll vor allem der vom persönlichen Einkommen zu zahlende Budgetzuschuß sein. Dies hat zur Folge, daß alle politisch-territorialen Einheiten vor allem gemeinsame öffentliche Einkünfte haben. Hiervon sind die für die Sicherstellung einer erfolgreichen Finanzwirtschaft der einzelnen Kategorien der politisch-territorialen Einheiten notwendigen Ausnahmen vorgesehen. Hier kommen vor allem die Republiken und Gemeinden in Frage. Außer den gemeinsamen Einkünften bestehen demzufolge noch einige minder bedeutsame Kategorien öffentlicher Einkünfte, die jedoch ausschließlich zu Gunsten einzelner politisch-territorialer Einheiten gehen (dies gilt zum Beispiel für die Steuer auf Schenkungen und Erbschaften, die ausschließlich zu Gunsten der Gemeinde erhoben werden).

Was die allen politisch-territorialen Einheiten gemeinsame Quelle der öffentlichen Einkünfte betrifft, muß betont werden, das hier durch ein föderales Gesetz für jede Kategorie der politisch-territorialen Einheiten *im vorhinein der prozentuale Anteil sichergestellt ist.* Falls einzelne politisch-territoriale Einheiten ein Defizit aufweisen, kann ihr Prozentsatz durch föderale Vorschriften zu Lasten der unmittelbar höheren politisch-territorialen Einheit erhöht werden. Falls auch die auf diese Weise erhöhten Einkünfte für die Deckung der Ausgaben nicht hinreichen sollten, sind Dotationen aus den Voranschlägen der höheren politisch-territorialen Einheiten möglich. Man unterscheidet allgemeine Dotationen und Zweckdotationen.

Grundsätzlich haben die höheren politisch-territorialen Einheiten das Recht der unmittelbaren richtunggebenden Aufsicht nur insoweit, als es sich um Ausgaben handelt, die aus den auf die soeben erwähnte Weise erhöhten Einnahmen gedeckt werden. Im übrigen wirtschaften die politisch-territorialen Einheiten mit ihren Finanzmitteln selbständig. Sie entscheiden selbst über ihre Einkünfte und deren Verteilung.

Dieses System soll nicht nur eine möglichst weitgehende finanzielle Selbständigkeit der politisch-territorialen Einheiten sicherstellen, sondern auch die Stabilität ihrer Einkünfte sicherstellen. Es soll zur Wirtschaftlichkeit anspornen, sowie dazu, daß sich die einzelne politisch-territoriale Einheit für jene wirtschaftliche Tätigkeit einsetzt, bei der entsprechende Einkünfte zur Deckung ihrer Ausgaben sichergestellt sind. Gleichzeitig soll es den politisch-territorialen Einheiten die Führung einer eigenen Politik hinsichtlich der Entwicklung der einzelnen Gebiete der gesellschaftlichen Betätigung ermöglichen, dies natürlich im Einklang mit der allgemeinen, im betreffenden gesellschaftlichen Plan vorgesehenen Entwicklung.

b) Der Umstand, daß ein großer Teil der öffentlichen Aufgaben in außerstaatlichen Organisationen, die auch in finanzieller Hinsicht selbständig sein sollen, durchgeführt wird, hat zur Folge, daß die erwähnten Organisationen sowie die Organisationen der öffentlichen Leistungsvorsorge bei der Führung ihrer Finanzwirtschaft nicht in das System des staatlichen budgetmäßigen Haushaltes eingeschlossen sind.

Da für die öffentliche Wirtschaft vor allem die Organisationen der öffentlichen Leistungsvorsorge von Belang sind, möchten wir betonen, daß diese auf Grund von Finanzplänen, die von ihren eigenen Organen im Rahmen ihres Arbeitsprogramms zusammengestellt sind, wirtschaften. Es gilt der Grundsatz, daß sich auch diese Organisationen, soweit es möglich ist, aus eigenen Mitteln erhalten müssen. Zu diesem Zwecke sollen sie für die Leistung ihrer Dienste Bezahlung verlangen. Grundsätzlich soll jedoch die Bezahlung nur die materiellen und persönlichen Auslagen decken und nur ausnahmsweise auch einen Teil der Investitionsausgaben, falls dies nach dem Gesetz ausdrücklich zulässig ist.

Oft sind jedoch die Organisationen der öffentlichen Leistungsvorsorge nicht imstande, die notwendigen Auslagen aus eigenen Einkünften zu decken. Deshalb können ihre Einkünfte verschiedenartig sein. Zu ihren Einnahmequellen gehört auch die Dotation. Diese können den Organisationen der öffentlichen Leistungsvorsorge durch die politisch-territoriale Einheit zugeteilt werden. Es können ferner Dotationen aus verschiedenen öffentlichen Fonds bestehen. Desgleichen können wirtschaftliche und andere Organisationen den Organisationen der öffentlichen Leistungsvorsorge Dotationen aus ihren Fonds bewilligen. Es besteht auch die Möglichkeit, ein Darlehen aufzunehmen.

Es ist daher verständlich, daß ein großer Teil der Aufgaben, die in vielen Staaten von staatlichen Organen im System des budgetmäßigen Haushaltes durchgeführt werden, in Jugoslawien auf eine wesentlich verschiedene Art und Weise durchgeführt werden. Das System des staatlichen budgetmäßigen Haushaltes ist bei weitem nicht das einzige System des öffentlichen Wirtschaftens. Wohl ist es aber das grundlegende Instrument, in welchem grundsätzlich alle aus der Erfüllung der finanzrechtlichen Verpflichtungen der Staatsbürger und der gesellschaftlichen Organisationen fließenden Einkünfte geltend gemacht werden. Neben den Budgets besteht noch das sehr wichtige System des öffentlichen Finanzierens durch sog. Finanzpläne. Ferner sind im Budget nicht alle Ausgaben für die für verschiedene Organisationen der öffentlichen Leistungsvorsorge notwendigen Dotationen vorgesehen. Ein großer Teil der Ausgaben für diese Organisationen wird aus besonderen Fonds gedeckt. Die in den Fonds sich sammelnden Finanzmittel nehmen immer mehr an Bedeutung zu. Sie werden zu einem bedeutsamen Faktor, welcher die Durchführung des Grundsatzes der Universalität der budgetmäßigen Wirtschaftsführung unmöglich macht.

c) Was die budgetmäßigen Dotationen anbetrifft, so können solche sowohl den Organisationen der öffentlichen Leistungsvorsorge als auch den Fonds zuerkannt werden, und, wie wir später sehen werden, sogar einzelnen Organen einer politisch-territorialen Einheit, die einen Teil ihrer Aufgaben verrichten. Diese Dotationen werden immer in pauschalen Beträgen bewilligt und werden nicht mehr spezifiziert. Über die erzielten Einnahmen verfügen die Organe der Organisationen oder Fonds, für welche die Einnahmen bestimmt sind, selbständig.

Im Zusammenhang damit steht auch der Grundsatz, daß alle Organe und alle Organisationen die Ersparnisse aus einem Wirtschaftsjahr ins folgende Wirtschaftsjahr übertragen können.

d) Wir haben schon erwähnt, daß bedeutsame Quellen öffentlicher Einkünfte auch in den Fonds bestehen. Die neue Rechtsordnung kennt vor allem zwei Kategorien von Fonds. In die erste Kategorie gehören die Investitionsfonds, die für die Deckung der Produktionskosten sowie für die Bedürfnisse und den Bau der Objekte für den sog. gesellschaftlichen Standard bestimmt sind. (Hierher gehört der Bau von Wohnhäusern, Ferienheimen, Kinderheimen usw.). Ferner gehören hierher Fonds für das Gesundheits- und Schulwesen, weitere für die wissenschaftliche Forschungsarbeit, für die Sozialversicherung und dergleichen (sog. gesellschaftliche Fonds).

Neben diesen bestehen die Fonds der politisch-territorialen Einheiten, welche zur Deckung jener Bedürfnisse gegründet werden, die ständigen Charakter haben und nicht aus den Einkünften eines Wirtschaftsjahres gedeckt werden können. Diese Fonds können vor allem nicht zwecks Deckung von Investitionen gegründet werden.

Eigene Fonds haben ferner auch die erwähnten selbständigen Organisationen und deren Vereinigungen, zum Beispiel Unternehmen, Anstalten der Leistungsvorsorge, Verbände, Kammern und ähnliches.

Eine besondere Aufgabe haben die sog. Reservefonds der politisch-territorialen Einheiten. Diese dienen zur Deckung außerordentlicher Auslagen, zum Beispiel zur Deckung der mit der notwendigen Sanierung einer von der politisch-territorialen Einheit gegründeten wirtschaftlichen Organisation oder Anstalt verbundenen Auslagen. Sie dienen ferner zur zeitweiligen Deckung der laufenden Ausgaben der politisch-territorialen Einheiten, falls ihre Einnahmen unregelmäßig fließen.

Im übrigen haben die Fonds keinen Kreditcharakter. Das bedeutet, daß die ausgezahlten Beträge normalerweise nicht zurückerstattet werden.

Die Fonds können selbständig oder unselbständig sein. Falls sie selbständig sind, haben sie die Eigenschaft der juristischen Personen und haben Organe der gesellschaftlichen Verwaltung. Diese haben ähnliche Vollmachten, wie sie die Organe in den erwähnten außerhalb des Staates bestehenden gesellschaftlichen Organisationen haben. Diese Organe bestimmen selbst, wie die Mittel des Fonds verwendet werden dürfen. Eine Besonderheit dieser Fonds besteht darin, daß sie sich durch ihr Wirtschaften keine Einkünfte schaffen dürfen, falls ihnen das nicht durch ein föderales Gesetz ausdrücklich erlaubt ist.

e) Wir haben schon erwähnt, daß für das jetzige System des öffentlichen Haushalts das sog. selbständige Finanzieren bezeichnet ist; diese Art des Finanzierens gilt sowohl für alle Organisationen der Leistungsvorsorge als auch für die Fonds. Die Grundlage dieses Finanzierens ist der Finanzplan, welchen die Organe der betreffenden Organisationen selbständig annehmen und selbst verwirklichen. Die für die Ausarbeitung und Verwirklichung des Finanzplanes geltenden Grundsätze sind viel biegsamer als dies bei budgetmäßigem Wirtschaften der Fall ist. Nach den Gesetzen aus den Jahren 1959 und 1960 gilt diese Weise des Finanzierens für die Finanzierung des Schulwesens, des Gesundheitswesens, der wissenschaftlichen Forschungsarbeit, der Sozialversicherung u. ä. Diese Organisationen werden daher nicht mehr aus den Voranschlägen und nach dem System des budgetmäßigen Wirtschaftens, sondern viel selbständiger und freier finanziert.

Es ist interessant, daß dieses System in den staatlichen Organismus selbst vordringt. Es besteht nämlich ein Gesetzesvorschlag über die Mittel für die Tätigkeit der staatlichen Organe und über ihre Verteilung. Voraussichtlich kommt dieser Vorschlag im Monat November dieses Jahres in der föderalen Volksversammlung zur Verhandlung. Die bisherige detaillierte budgetmäßige Finanzierung der verschiedenen Kategorien staatlicher Organe wird voraussichtlich entfallen. Die gewählten Vertretungsorgane der einzelnen, den Staat bildenden politisch-territorialen Einheiten (die Volksversammlung und die Volksausschüsse) sollen den staatlichen Organen einen prozentuellen Teil ihrer eigenen Einkünfte sicherstellen. Sie sollen auch das Recht haben, die Höhe des Prozentsatzes, nach welchem der Anteil des einzelnen staatlichen Organs an ihren Einkünften bemessen wird, zu bestimmen. Die tatsächliche Höhe der Einkünfte soll vom Fortschritt der Wirtschaft sowie von der Hebung der Produktivität in der einzelnen politisch-territorialen Einheit abhängen, das heißt: von den Einnahmen, welche die politisch-territoriale Einheit als öffentliche Abgaben realisieren kann. Die staatlichen Organe sollten nach dem Gesetzentwurf mit ihren Einkünften selbständig wirtschaften und selbst die Art ihrer Verwendung bestimmen.

Dieses System soll das Interesse für die Wirtschaftlichkeit der einzelnen staatlichen Organe stimulieren. Es soll die Besoldung der Angestellten nach der Schwierigkeit des Dienstpostens sowie nach dem erzielten Erfolg ihrer Arbeit, sowie nach den eingezahlten Einkünften ermöglichen und im allgemeinen die bürokratische Verrichtung der Arbeit seitens der staatlichen Organe möglichst abschaffen. Es ist augenfällig, daß auch auf diese Weise die klassischen Grundsätze des budgetmäßigen Wirtschaftens durchbrochen werden. Die Daten aus dem selbständigen Finanzplane kommen in den Voranschlägen lediglich als positive oder negative Differenz zum Ausdruck.

f) Die Elastizität des öffentlichen Haushaltes zeigt sich nicht nur in den erwähnten, ziemlich verschiedenen gegenwärtigen Systemen des öffentlichen Wirtschaftens, sondern auch darin, daß es möglich ist, mehrere politisch-territoriale Einheiten im Rahmen eines gemeinsamen öffentlichen Haushaltes zur Verrichtung bestimmter Aufgaben zu vereinigen (zum Beispiel: gemeinsame Organisation einer bestimmten öffentlichen Leistungsvorsorge, gemeinsame Fonds usw.).

3. Eine wichtige, das öffentliche Wirtschaften beeinflussende Aufgabe der staatlichen Organe besteht darin, daß sie, obwohl sie selbst unmittelbar keine produktive oder kreative Tätigkeit ausüben, für eine möglichst intensive und zugleich harmonische Verwendung der Produktionsmittel auf verschiedenen Gebieten der menschlichen Tätigkeit zu sorgen haben.

Diese Funktion verrichten die staatlichen Organe vor allem durch Gründung verschiedener Unternehmen, Anstalten und ähnlicher Organisationen. Als ihre Gründer haben sie ihnen die nötigen Grundmittel zu besorgen. Das erwähnte Recht der staatlichen Organe bedeutet jedoch nicht, daß ein ähnliches Recht nicht auch den gesellschaftlichen Organisationen selbst als auch Gruppen von Staatsbürgern zukäme.

Bei politisch-territorialen Einheiten, die den Staat bilden, steht das Gründungsrecht nur dem Volksausschuß, beziehungsweise der Volksversammlung als dem obersten gewählten Vertretungsorgan zu. Diese Organe stellen den von ihnen gegründeten Organisationen die nötigen Grundmittel sicher, indem sie ihnen entsprechende Mittel aus dem allgemeinen Volksvermögen, über welches sie verfügen, zur Wirtschaftsführung zuweisen. Ferner können sie in ihren Voranschlägen die zu diesen Zwecken nötigen Mittel vorsehen. Sie können die Mittel auch mittels Bankkredits, für dessen Sicherheit der Gründer haftet, sicherstellen. In Zukunft wird in diesem Zusammenhang eine bedeutsame Funktion den Investititonsfonds zufallen. Die Gründer von Unternehmen und ähnlichen Organisationen haben auch für die Mittel zu sorgen, die für eine eventuelle Sanierung der von ihnen gegründeten Organisationen erforderlich wären.

Die gesamte Investitionspolitik muß den im gültigen Gesellschaftsplan der betreffenden politisch-territorialen Einheit enthaltenen Tendenzen entsprechen.

4. Wir hoffen, mit der bisherigen Beschreibung der Einrichtungen des öffentlichen Haushalts klargelegt zu haben, welche Anstrengungen in der FVR Jugoslawien gemacht wurden, um auch in den öffentlichen Angelegenheiten die Initiative des Menschen, die Lust zum Schaffen, die Entwicklung der Persönlichkeit anzuspornen, allerdings alles im Rahmen der bestehenden gesellschaftlichen und staatlichen Ordnung. Zur selben Zeit wurden auch in verschiedenen Formen Versuche gemacht, soviel wie möglich Mitbürger dazu zu bewegen, sich an dem Gebaren der öffentlichen Angelegenheiten aktiv zu beteiligen. All dies betrifft selbstverständlich das System des öffentlichen Haushalts.

Wir möchten weiter bemerken, daß manche Probleme in Jugoslawien gelöst werden müssen, die auch in der anderen Welt auftauchen. Die Lösungen sind in Jugoslawien manchmal genügend radikal. Selbstverständlich hat man zum Beispiel auch in der FVR Jugoslawien das Problem der nichtgenügenden Anpassung des Budgets an die schnelle wirtschaftliche Entwicklung und manchmal die Starrheit des Systems des staatsmäßigen Budgetierens bemerkt. Durch das sehr verbreitete System des viel freieren Finanzierens mittels der Finanzpläne könnte man manche der erwähnten Schwierigkeiten abschaffen oder mindestens erheblich vermindern.

Wenn man heute von der brennenden Notwendigkeit, die funktionelle und wirtschaftliche Funktion des öffentlichen Budgetierens auszuarbeiten, spricht, kann festgestellt werden, daß im System des gesellschaftlichen Planes die Hauptaufgabe, mit der man sich ständig schon seit Jahren befassen muß, darin besteht, die geplante gesellschaftliche Entwicklung vorzusehen und ihre Realisierung ständig zu verfolgen.

5. Bei unseren Erwägungen muß sich wohl die Frage aufwerfen, durch welche Mittel trotz der erwähnten Mannigfaltigkeit der öffentlichen Finanzwirtschaft die dringend notwendige Einheitlichkeit des öffentlichen Haushaltes bewahrt wird. Solche Mittel gibt es mehrere.

Zu den bedeutsamsten zählen die Gesellschaftspläne der politisch-territorialen Einheiten, die untereinander ein einheitliches System bilden und in ihrer Gesamtheit den systematischen Ausdruck der von Jugoslawien in einem bestimmten Zeitraum zu erreichenden gesellschaftlichen Entwicklung darstellen.

Wir müssen dabei ausdrücklich die Rolle der Planungskommissionen betonen. Die Planungskommissionen, die ständig bei jeder politisch-territorialen Einheit auf verschiedenen Ebenen bestehen, sind nicht politische Institutionen, sondern sind aus Fachleuten, besonders aus wirtschaftlichen Sachverständigen zusammengestellt. Reichlich werden sie auch von den Wissenschaftlern unterstützt.

Die Kommissionen befassen sich mit allen Fragen, welche für die richtige Aufstellung des Gesellschaftsplanes und dessen Durchführung von entscheidender Wichtigkeit sind. Sie verfolgen ständig, ob und wie es zur Erfüllung des Planes gekommen ist, was für Folgen und begleitende Erscheinungen man beobachten kann und dergleichen. Man studiert Konjunkturfragen, Fragen, welche mit den Stabilisierungstendenzen verbunden sind, die Probleme, die mit der Eingliederung der jugoslawischen Wirtschaft in die Weltwirtschaft zusammenhängen, den Einfluß der Entwicklung einzelner Zweige auf die anderen Zweige der gesellschaftlichen Tätigkeit, die Verhältnisse der Produktionsmöglichkeiten und der Konsumtionsmöglichkeiten, die Fragen des wirtschaftlichen Gleichgewichts und überhaupt alle Fragen, die mit der Marktwirtschaft verbunden sind.

Die Feststellungen der Kommissionen dienen nicht nur als Unterlage für den Gesellschaftsplan des nächsten Jahres, sondern sind manchmal auch die Grundlage für verschiedene Aktionen der Staatsorgane und auch der Organe verschiedener gesellschaftlicher Organisationen (zum Beispiel Kammern, fachliche Vereinigungen usw.). Selbstverständlich ist einer der Hauptgegenstände der Betrachtung der Planungskommission die Aufstellung des öffentlichen Budgets als auch der Finanzpläne der verschiedenen Organisationen, die sich mit der Leistungsvorsorge befassen, sowie der Finanzpläne der Fonds, besonders der sog. gesellschaftlichen Fonds, welche einen bedeutsamen Ausdruck der gesamten gesellschaftlichen Entwicklung geben und somit auch ein Spiegel der Gesellschaftspläne und ihrer tatsächlichen Durchführung sind.

Obwohl die Gesellschaftspläne nicht zwangsweise vollstreckbar sind, sind sie ein wichtiger Richtungsweiser für das gesamte öffentliche Wirtschaften. Die Grundaufgabe aller politischen und auch der übrigen gesellschaftlichen Organisationen besteht darin, daß sie durch ihre gesamte Tätigkeit zur Verwirklichung des Gesellschaftsplanes beitragen. Die Mitarbeit bei der Verwirklichung des Gesellschaftsplanes ist Sache der gesellschaftlichen Dizipliniertheit und gehört zu den wichtigen sittlich-politischen Pflichten der Staatsbürger. Ein entgegengesetztes Verhalten könnte eine scharfe öffentliche Kritik auslösen. Man muß zugeben, daß wohl manches zu wünschen übrigbleibt, um zu einer allgemeinen Dizipliniertheit zu gelangen.

Es bestehen aber auch verschiedene ökonomische und ähnliche, in der Regel im Gesellschaftsplan selbst vorgesehene Maßnahmen, welche mittelbar die Verwirklichung des Gesellschaftsplans auf einem bestimmten Gebiet fördern (zum Beispiel Regresse, Prämien, die Notwendigkeit einer Bewilligung der Verwaltungsbehörde für bestimmte Kategorien wirtschaftlicher Betätigungen, Visas u. ä.).

Ein anderes Mittel ist organisatorisch-technischer Natur. Obwohl nämlich einzelne Organisationen den Inhalt ihrer Finanzpläne und Vorschläge in der schon erwähnten Richtung selbständig bestimmen, müssen sie ihre finanziellen Akte nach den Vorschriften ausarbeiten, welche die Anwendung einer in technischer Hinsicht einheitlichen Methode verbürgen.

Auch jeder Finanzplan muß ausgeglichen und detailliert sein und muß die finanziellen Daten für die gesamte Tätigkeit des betreffenden Organs oder der betreffenden Organisation enthalten. Er muß in Bruttozahlen zusammengestellt sein. Vorgeschrieben ist auch seine Klassifikation, vor allem seine Teilung in Partien (Abteilungen), welche aus verschiedenen Positionen zusammengesetzt sind. Am allgemeinsten ist die Klassifikation für persönliche, materielle und Investitionsausgaben.

Es besteht auch eine einheitliche Methodologie für die öffentliche Rechnungsführung. Einer wirksamen Evidenz dient die Vorschrift, daß alle Organisationen (selbstredend einschließlich der Fonds), welche allgemeines Volksvermögen bewirtschaften, ihre Geschäfte durch Vermittlung einer Bank — diese sind sämtliche vergesellschaftet — durchführen müssen. Alle Organisationen, die allgemeines Volksvermögen bewirtschaften, müssen bei der Kommunalbank ein Konto haben, aus welchem ihre gesamte Finanzgebarung ersichtlich sein muß. Grundsätzlich soll sich der Geschäftsverkehr mit den Banken bargeldlos abwickeln, Barzahlungen sind nur in den im Gesetz vorgesehenen Fällen zulässig.

In Jugoslawien scheut man auch nicht vor der Zentralisierung rein technischer Arbeit, die den öffentlichen Haushalt anbelangt. Eine zusammengefaßte Erfassung der nötigen Daten mittels Automation, besonders durch elektronische Buchungsmaschinen, ist teilweise schon eingeführt (Statistik), teilweise aber noch im Stadium des Studiums.

Besonders zu betonen ist in diesem Zusammenhang die Rolle der Abschlußrechnungen, die alle erwähnten Organisationen ohne Rücksicht darauf, ob sie finanziell selbständig sind oder aber nach dem Budget wirtschaften, legen müssen. Die Abschlußrechnungen sind allen Organen, welche die Aufsicht über die Geschäftsführung der betreffenden Organisationen führen, vorzulegen. Natürlich müssen die erwähnten Organisationen allen Aufsichtsorganen alle etwa geforderten Daten zur Verfügung stellen. Die Abschlußrechnungen werden analysiert und kritisch behandelt, obwohl bis jetzt die Daten derselben noch nicht völlig ausgenützt sind.

Es gibt weiter zwei wichtige Institutionen, die dafür Sorge tragen, daß sich der öffentliche Haushalt in möglichstem Einklang mit den Tendenzen der gesamten gesellschaftlichen Entwicklung sowie im Einklang mit den gesetzlichen Bestimmungen entwickelt. Das sind die Institutionen der sog. gesellschaftlichen Aufsicht und der gesellschaftlichen Buchführung. Die gesellschaftliche Aufsicht berührt vor allem die Finanzpolitik der Organe der politisch-territorialen Einheiten und der selbständigen Institutionen, zu welchen wir vor allem die Organisationen der öffentlichen Leistungsvorsorge zählen. Diese Aufsicht führen die obersten Vertretungskörper, und zwar die Volksausschüsse bzw. die Volksversammlungen. Gewöhnlich wird diese Aufgabe entsprechenden Ausschüssen anvertraut. Eine ähnliche Aufsicht führt über wirtschaftliche Organisationen eine besondere Versammlung der Vertretungskörper, die sog. Versammlung der Erzeuger, die ebenfalls aus gewählten Funktionären zusammengesetzt ist.

Die gesellschaftliche Aufsicht befaßt sich mit der Frage, ob die Finanzpläne und Voranschläge vorschriftsmäßig zusammengestellt sind und ob die zur Verfügung stehenden Mittel gemäß den Notwendigkeiten und den im Gesellschaftsplan der betreffenden politisch-territorialen Einheit ausgedrückten Tendenzen der gesamten gesellschaftlichen Entwicklung verwendet werden. Die gesellschaftliche Aufsicht befaßt sich demzufolge mit den Fragen der Wirtschaftspolitik der politisch-territorialen Einheiten und Anstalten. Die Vertretungskörper der höheren politisch-territorialen Einheit führen die Aufsicht über die Wirtschaftspolitik der unteren politisch-territorialen Einheit. Was die selbständigen Organisationen anbetrifft, führt die gesellschaftliche Aufsicht über sie üblicherweise das Vertretungsorgan jener politisch-territorialen Einheit, auf deren Gebiet die betreffende Organisation tätig ist.

Es ist ferner klar, daß ein solches System eine entsprechend präzise Gesetzgebung erfordert, eine Gesetzgebung, welche die im Zusammenhang mit der öffentlichen Finanzwirtschaft entstehenden Rechte und

Pflichten klar und deutlich bestimmt. In Jugoslawien besteht im allgemeinen eine diesen Forderungen entsprechende Gesetzgebung. Es ist jedoch klar, daß dies nicht genügt. Es muß noch ein besonderer Apparat für die Aufsicht über die Erfüllung der im Zusammenhang mit dem öffentlichen Wirtschaften entstehenden Pflichten bestehen.

Diese Aufsicht führen vor allem die Finanzorgane der höheren politisch-territorialen Einheiten über die Finanzgebarung der unteren. Die Finanzorgane der Gemeinde beaufsichtigen die Finanzgebarung der Anstalten der öffentlichen Leistungsvorsorge auf dem Gebiet der betreffenden Gemeinde. Diese Organe haben aber in der Hauptsache nur das Recht, die bestehende tatsächliche Lage festzustellen. Die Behebung der Fehler fällt vor allem in den Wirkungskreis der zuständigen Vertretungsorgane, welche auch zu Sanktionen berechtigt sind (zum Beispiel: fordern, daß der Haushaltsplan mit dem Gesetz in Einklang gebracht werde, gänzliche oder teilweise Außerkraftsetzung des Haushaltsplanes usw.).

Eine sehr wichtige Institution, welche die Verfügung mit den öffentlichen Mitteln und ihre tatsächliche Verwendung beaufsichtigt, ist die Institution der gesellschaftlichen Buchführung. Diese Institution ist bei der Nationalbank organisiert. Die Nationalbank verrichtet diese Arbeit neben ihren übrigen Arbeiten und ist hierfür der föderativen Volksversammlung verantwortlich, welcher sie über diese ihrer Tätigkeiten auch berichten muß. Diese Institution befaßt sich vor allem mit allen Aufgaben, welche üblich mit ihr verbunden sind.

Diese Institution ist aber auch für alle Organisationen und Organe zuständig, die das allgemeine Volksvermögen bewirtschaften. Sie führt die Aufsicht darüber, ob mit den Mitteln gesetzmäßig verfügt wird, ob die Rechnungen richtig sind und ob die Tatsachen, auf welche sich die Rechnungen stützen, wahr sind. Sie hat das Recht, über ihre Feststellungen Entscheidungen zu erlassen. Falls diese angefochten werden, wird darüber vor den Verwaltungsgerichten Streit geführt. Im Rahmen der gesellschaftlichen Buchführung ist die Finanzinspektion organisiert, deren Organe in der angegebenen Richtung Revisionen vornehmen und alle nötigen Daten sammeln. (Außer diesen Inspektoraten bestehen im Rahmen des staatlichen Organismus selbst verschiedene Inspektorate, welche auch die wirtschaftliche Geschäftsführung nach verschiedenen Gesichtspunkten feststellen. Hierher gehört vor allem die sog. Devisen- und Marktinspektion).

Es sind auch verschiedene Strafsanktionen gegen Übertretungen vorgesehen. Diese können verwaltungsrechtlichen oder strafrechtlichen Charakter haben. Für Strafsanktionen gerichtlichen Charakters sind vor allem die sog. Wirtschaftsgerichte zuständig. Diese sind zwar besonders organisiert, sind jedoch ein integrierender Teil der Organisation der ordentlichen Gerichte und verfahren nach den Grundsätzen der ordentlichen Rechtsprechung. Natürlich haben sie außer der Strafgerichtsbarkeit noch bedeutsame gerichtliche Funktionen gegenüber den wirtschaftlichen Unternehmen, welche das allgemeine Volksvermögen bewirtschaften. Sie befassen sich teilweise auch mit den sog. administrativen Strafsachen.

Für die Verwaltungsstrafgerichtsbarkeit besteht eine besondere Institution, nämlich die Richter für Übertretungen, welche in den einzelnen politisch-territorialen Einheiten organisiert sind.

6. Dies sind in sehr allgemeinen Umrissen die wesentlichen Grundzüge des öffentlichen Wirtschaftens in Jugoslawien.

Die gesetzliche Regelung dieser Fragen war in keinem Falle einfach, noch schwieriger ist ihre Durchführung, mit der man gerade in Jugoslawien jetzt beschäftigt ist.

Vielleicht werden meine Ausführungen auch etwas zu der Erkenntnis beitragen, wie man die großen Probleme, welche bei der letzten Tagung der Hochschule für Verwaltungswissenschaften Gegenstand der Besprechung waren, in Jugoslawien zu lösen versucht.

Selbstverständlich ist dieser Bericht unvollständig. Es war nämlich unmöglich, die beschriebene Regelung zu kommentieren sowie auf die wirtschaftlichen, soziologischen, rechtlichen, ethischen und anderen Gründe einzugehen, die für die Wahl der eben beschriebenen Formen und Einrichtungen bestimmend waren. Es fehlt auch die kritische Bewertung des Beschriebenen.

Indem ich mich wegen der Unvollständigkeit, welche teilweise wohl die Folge der notwendigen Kürze des Berichtes ist, und wegen der vielleicht zu geringen Klarheit meiner Ausführungen entschuldige, hoffe ich, daß es mir doch gelungen ist, mindestens einen flüchtigen Blick in die interessante Problematik zu vermitteln.

Probleme der Gliederung des öffentlichen Haushalts (nach funktionalen und ökonomischen Gesichtspunkten)

Von Paul Senf

1. Meine Damen und Herren! Ich muß meine Ausführungen mit einem Geständnis beginnen: ich habe von mir aus das Thema geändert, und zwar derart, daß ich die Probleme der Gliederung des öffentlichen Haushalts nach funktionalen und *ökonomischen* Gesichtspunkten behandeln werde und nicht nach funktionalen und *institutionellen*, wie es in der Ankündigung zu diesem Referat heißt. Der Grund für diese eigenmächtige Änderung liegt darin, daß ich bei der Vorbereitung meines Referates immer mehr die Erkenntnis gewonnen habe, daß die Diskussion der ökonomischen Gliederungsprobleme dringlicher als die der institutionellen ist. Es mag sein, daß ich bei der Vorbereitung noch zu sehr unter dem Eindruck des letzten Kongresses des ‚Institut International de Finances Publiques' in Warschau stand, wo wir Gelegenheit hatten, uns während mehrerer Tage mit unseren Kollegen aus den Ländern des „Ostens" über das Thema „Budgetplanung und Wirtschaftsplanung" zu unterhalten[1]. Ich habe während dieser Tagung den Eindruck gewonnen, daß gerade bei uns in der Bundesrepublik die wirtschaftspolitische Budgetfunktion und die mit ihr verbundenen Gliederungsprobleme noch eingehender, als es bisher schon geschehen ist, diskutiert werden sollten. Ich war mir bei der Änderung des Themas bewußt, daß ich mich mit Herrn Kollegen *Vialon* z. T. überschneiden werde; ich hoffe jedoch, daß diese Überschneidung nicht allzu schwerwiegend sein wird. Vielleicht trägt sie zur Belebung der Diskussion bei und damit zur Klärung unserer Konzeptionen.

Was die institutionellen Gliederungsprobleme betrifft, so sollte ihre Nichtbehandlung in meinem Referat kein Grund dafür sein, sie nicht in der Diskussion zu erörtern; sie sind, wie wir alle wissen, allgegenwärtig und werden sicher von selbst zur Sprache kommen. Darf ich mir, bevor ich mit dem Referat beginne, noch eine Bemerkung erlauben: das mir gestellte Thema umfaßt eine solche Fülle grundsätzlicher Fragen und technischer Einzelprobleme, daß es kaum möglich sein dürfte, diese in einem Einleitungsreferat erschöpfend zu behandeln. Ich möchte mich deshalb in meinem Referat nur auf einige wenige, mir wichtig erschei-

---

[1] IIFP, Congrès de Varsovie 1961, Budgetary Projections in the Framework of Economic Projections and their Adaptations.

nende Grundprobleme beschränken und weniger, als dies vielleicht erwartet wurde, auf technische Einzelfragen eingehen. Ich werde dabei die deutschen Verhältnisse nur insoweit berühren, als sie für eine grundsätzliche Erörterung von Bedeutung sind. Sicher werden wir in der Diskussion genügend Gelegenheit haben, auch die technischen Details zu erörtern. Gestatten Sie mir bitte noch eine letzte Bemerkung: Ich spreche hier als Ökonom und Finanzwissenschaftler; meine Sprache wird also inhaltlich in vielem von der eines Haushaltsrechtlers abweichen. Ich hoffe jedoch, daß mein Referat und die sich anschließende Diskussion etwas dazu beitragen mögen, unsere Begriffswelt zu klären und wenn möglich, einander näherzubringen.

2. Unterzieht man die Veränderung der Staatshaushalte der entwikkelten Industrieländer seit dem letzten Drittel des vorigen Jahrhunderts einer näheren Betrachtung, so läßt sich, was ihr Volumen und ihre Struktur betrifft, eine vor wenigen Jahrzehnten noch unvorstellbare Entwicklung feststellen: die stetige Erhöhung der Staatsausgaben und -einnahmen und die Vervielfältigung der staatlichen Funktionen. Die damit bedingte Ausweitung der Haushaltsvolumina zeichnet sich ihrerseits wiederum durch zwei Erscheinungen aus: einmal durch eine relativ stetige, auf das Volkseinkommen bezogen überproportionale Zunahme während der Jahre jeweils nach den beiden Weltkriegen, und zum anderen durch eine sprunghafte, fast eine Verdoppelung der Budgetvolumina bewirkende Verschiebung des gesamten Ausgabenniveaus nach oben in dem Zeitraum zwischen den letzten „normalen" Jahren vor und den ersten „normalen" Jahren nach den beiden Weltkriegen. Diese Erscheinung der absolut und relativ wachsenden Budgetvolumina, die schon Ad. Wagner in seinem so berühmt gewordenen „Gesetz der wachsenden Ausdehnung der öffentlichen, insbesondere der Staatstätigkeiten" und dem daraus abgeleiteten „Gesetz der wachsenden Ausdehnung des Finanzbedarfs" zu erfassen und zu deuten suchte, hat das Verhältnis zwischen Staats- oder Budgetwirtschaft und Marktwirtschaft in einem Maße zugunsten der Budgetwirtschaft verschoben, daß es heute wohl nicht mehr möglich sein dürfte, die Budgetwirtschaft im Rahmen unseres Gesellschafts- und Wirtschaftslebens als eine „quantité négligeable" abzutun. Wir leben heute in einem Wirtschaftssystem, das durch eine Mischung markt- und budgetwirtschaftlicher Organisationsprinzipien gekennzeichnet ist, d. h. in einem System permanenter staatlicher Interventionen, deren gewichtigstes Instrument das Budget der öffentlichen Gebietskörperschaften ist. Man kann wohl ohne Übertreibung feststellen, daß es kaum noch einen Lebensbereich gibt, der nicht durch die Ausgaben und Einnahmen der Gebietskörperschaften und sonstiger öffentlicher Körperschaften in irgendeiner Form unmittelbar oder mittelbar beeinflußt würde.

3. Fragen wir uns nun, ob und inwieweit dieser hier nur kurz skizzierten Entwicklung im Bereiche der Budgetwirtschaft selbst Rechnung getragen worden ist, und zwar im Hinblick auf die formale Gestaltung des Budgets. Mit dieser Fragestellung möchte ich von vornherein zum Ausdruck bringen, daß ich die Fragen der formalen Budgetgestaltung nicht nur als technische Fragen betrachte; denn die Art der formalen Budgetgestaltung hängt letztlich von der Auffassung über die von einem Budget zu erfüllenden Funktionen ab. Aus diesem Grunde werde ich die Probleme einer funktionalen und ökonomischen Budgetgliederung vorwiegend im Zusammenhang mit den entsprechenden Budgetfunktionen behandeln.

Es dürfte ein erfolgloses Unterfangen sein, eine einzige Budgetgliederung finden zu wollen, welche allen an ein Budget gestellten Ansprüchen genügen könnte. Die Budgetgliederung ist immer nur ein Mittel zum Zwecke der Information über die Geeignetheit und Zweckmäßigkeit bestimmter budgetärer Maßnahmen und der Analyse der erwünschten und tatsächlichen Wirkungen; und je nach der Art und dem Zweck der gewünschten und notwendigen Information und Analyse wird die Gliederung des Budgets verschieden gestaltet sein müssen.

Die Zweckmäßigkeit einer Budgetgliederung kann deshalb nur im Hinblick auf ihren operationellen Charakter, d. h. ihre Geeignetheit für einen rationalen finanzpolitischen Entscheidungs- und Vollzugsprozeß beurteilt werden. Da im budgetären Entscheidungs- und Vollzugsprozeß Art, Maß und Träger der Verantwortlichkeit für die einzelnen Entscheidungen nicht immer die gleichen sind, und je nach den Budgetfunktionen, die jeweils in Betracht gezogen werden, sehr verschiedenartige informatorische und analytische Zielsetzungen gegeben sind, ist eine Budgetgliederung uniformer Art völlig ungeeignet, alle an sie gestellten Aufgaben zu erfüllen. Die Gliederung des Budgets ist nicht nur eine technische Angelegenheit niederen Ranges, sondern sie stellt im Gegenteil das entscheidende Instrument für eine rationale Budgetierung dar. Die jeweilige Art der Gliederung der Ausgaben und Einnahmen wird einmal von den zu treffenden budgetären Entscheidungen bestimmt, und zum anderen bestimmt die jeweilige Gliederung wiederum die Art der Entscheidungen. Und gerade dieser letzte Gesichtspunkt wird immer wieder übersehen oder unterschätzt, weil man sich vor allem der operationellen Bedeutung der Budgetgliederung nicht immer bewußt ist. So zeigt z. B. allein schon ein Vergleich der Gliederungssysteme Frankreichs und der Bundesrepublik, daß die verschiedenen Gliederungssysteme auf einer sehr unterschiedlichen Grundkonzeption im Hinblick auf die von einem Budget zu erfüllenden Funktionen beruhen, d. h., daß die französischen Auffassungen von den Aufgaben und Instrumenten einer Finanzpolitik sehr verschieden sind von denen, welche in der Bundesrepublik vorherrschen. Dieser Unterschied in der Grundkonzeption zeigt sich vor allem darin, daß in Frankreich, aber auch in vielen anderen Ländern, vornehmlich nach Beendigung des Zweiten Weltkriegs grundlegende Budgetreformen durchgeführt wurden, während wir in der Bundesrepublik über recht bescheidene Anfänge noch nicht hinausgekommen sind.

Alle diese Reformen sind solche einer Um- und Neugestaltung der Gliederung der gesamten Haushaltsmasse, deren Ziel es ist, das Budget im Hinblick auf seinen Programminhalt, die Kosten der einzelnen Programme und die Art der Finanzierung aussagefähiger zu machen, die Einnahmen und insbesondere die Ausgaben nicht nur nach institutionellen, sondern auch nach funktionalen und ökonomischen Gesichtspunkten aufzugliedern und schließlich in den Bereichen, in denen es möglich ist, zu einer Leistungsrechnung zu kommen und die Haushaltsmasse auch nach kostenmäßigen Gesichtspunkten aufzugliedern. Zu diesen Versuchen einer stärkeren Differenzierung tritt noch das Bestreben nach einer Totalisierung, d. h. einer möglichst vollständigen Erfassung und Darstellung aller finanzwirtschaftlichen und ökonomischen Transaktionen der öffentlichen Hand hinzu. Ziel dieser Reformen ist es also, mit Hilfe verschiedener Gliederungssysteme einen solchen budgetären Entscheidungs- und Vollzugsprozeß zu gewährleisten, wie er im Hinblick auf die Erfüllung der politischen, sozialen und ökonomischen Aufgaben von heute adäquat erscheint.

4. Lassen Sie mich nun aus der Fülle dieser hier nur kurz angedeuteten Gliederungssysteme zwei herausgreifen: das funktionale und ökonomische. Wie ich schon einleitend bemerkt habe, will ich die Gliederungssysteme im Zusammenhang mit den einzelnen Budgetfunktionen, deren Erfüllung sie vorwiegend dienen sollen, behandeln. Wir müssen uns also fragen, welcher Budgetfunktion das funktionale und welcher das ökonomische Gliederungssystem zuzuordnen ist. Die eine Gliederungsart trägt dem Budget als einer politischen Erscheinung, die andere dem Budget als einer ökonomischen Erscheinung Rechnung. Diese Verbindung zwischen Budgetfunktionen und Gliederungssystem darf nun nicht im Sinne einer ausschließlichen und isolierten Zuordnung gesehen werden. Auch soll in der Auswahl der Funktionen keine Wertung im Hinblick auf deren Priorität zum Ausdruck kommen. Der politischen und wirtschaftspolitischen Budgetfunktion stehen alle anderen, wie die finanzpolitische, die Vollzugs- und Kontrollfunktion völlig gleichwertig zur Seite. Das Budget ist nun einmal immer und zugleich ein politisches, ökonomisches, finanzpolitisches, verwaltungswirtschaftliches und rechtliches Phänomen. Und gerade in dieser „unité dans la diversité" sehe ich einen der Hauptgründe für die Schwierigkeiten bei der Lösung der Fragen der formalen Budgetgestaltung. Einmal unterliegt man immer wieder der Versuchung, ein allen Aspekten gleichermaßen Rech-

nung tragendes einziges Gliederungssystem zu erfinden, was entweder zu einem sehr komplizierten, unübersichtlichen und nicht praktikablen System führt oder zu einem, dessen operationelle Bedeutung so gering und dessen analytische Aussagekraft so vage ist, daß es ebenfalls für einen rationalen budgetären Entscheidungs- und Vollzugsprozeß ungeeignet ist. Demgegenüber steht die andere Gefahr, nur einen Aspekt in den Vordergrund zu stellen, mit der Folge, daß der partielle Aussagewert der entsprechenden Gliederung überschätzt und falsch gedeutet wird. Wenn ich hier nur zwei Funktionen und die ihnen entsprechenden Gliederungssysteme behandele, dann soll damit also keine Wertung vollzogen und auch nicht der Anschein erweckt werden, als seien die entsprechenden Gliederungssysteme die einzig wichtigen. Darüber hinaus soll auch noch gesagt werden, daß eine gute funktionale und ökonomische Gliederung des Budgets auch eine Voraussetzung der optimalen Erfüllung der übrigen Budgetfunktionen ist, wie umgekehrt erst eine gute institutionelle, verwaltungswirtschaftliche und kostenmäßige Gliederung eine optimale Erfüllung der politischen und wirtschaftspolitischen Budgetfunktionen gewährleistet.

5. Fragen wir uns nun — in dem eben aufgezeigten Sinne —, welche Gliederungsbedürfnisse grundsätzlich für eine optimale Erfüllung der *politischen* Budgetfunktionen bestehen. Ich will jedoch, bevor ich auf die Gliederungsfragen eingehe, kurz die politische Budgetfunktion umreißen[2].

Das Budget ist der zahlenmäßige Ausdruck des politischen Handlungsprogramms der Regierung. Dieses Programm, durch das Entscheidungen über politische Ziele verschiedenster Art und deren Realisierungsformen für einen bestimmten Zeitraum verbindlich festgelegt werden, ist das Ergebnis eines sich immer wiederholenden politischen Machtkampfes zwischen den verschiedenen an einer wie auch immer gearteten Vorteilswahrung interessierten Gruppen. Das Budget ist zugleich Instrument zur Herbeiführung und Ausdruck des Kompromisses über die zu treffenden bzw. getroffenen endgültigen politischen Entscheidungen. Diese Ausgabe- und Einnahmeentscheidungen sind das Ergebnis eines mehrstufigen Entscheidungsprozesses, der von der Bestimmung der allgemeinen politischen Ziele über die Planung, d. h. das Erstellen alternativer Pläne, die Programmierung, d. h. die Auswahl bestimmter Alternativen oder bestimmter Kombinationen von Elementen verschiedener Alternativen, die Budgetierung, d. h. die endgültige Ausgabe- und Einnahmeentscheidung, die Festlegung eines wirtschaftlichen und leistungsfähigen Vollzugs mit Einschluß des Vollzuges selbst bis endlich zur Haushaltskontrolle reicht. Dabei sind Ziele, Instrumente und Finan-

---

[2] P. *Senf*, Budget, (1) Haushaltsplan, HdSW, Bd. 2, S. 429.

zierungsmöglichkeiten einer ständigen Überprüfung ausgesetzt. Wie im einzelnen dieser Entscheidungsprozeß verläuft, hängt von den in den einzelnen Ländern gegebenen konstitutionellen Verfahren, verfassungsmäßig bestimmten Zielsetzungen, Geschichte und Tradition, den jeweils herrschenden Vorstellungen vom Gemeinwohl, dem allgemeinen politischen Bewußtsein einer Nation und nicht zuletzt — worauf *Sternberger* jüngst verwies — von den „bürgerlichen Tugenden" ab[3].

Wenn das Budget diese hier kurz umrissene politische Funktion erfüllen soll, dann muß es so gegliedert und aufbereitet sein, daß es einmal die Programmentscheidungen erleichtert und zum anderen die jeweiligen Programme im Hinblick auf ihre politischen und sozialen Zielsetzungen, ihre Kosten und Instrumente klar zum Ausdruck bringt. Es bedarf wohl keiner weiteren Erörterung, daß ein nur nach dem Ministerialprinzip gegliederter Haushaltsplan diesem Bedürfnis nicht entsprechen kann, weil seine Aufgabe auf einer völlig anderen Ebene liegt. Für die Erfüllung der politischen Budgetfunktion ist die funktionale Gliederung die geeignetere, wobei ich in Übereinstimmung mit der herkömmlichen Literatur und der in vielen Ländern geübten Praxis unter einer funktionalen Gliederung eine Gliederung speziell der Ausgaben in große Aufgabenbereiche und -gruppen verstehe, denen die entsprechenden Kosten gegenübergestellt werden.

Das Ziel einer solchen Gliederung ist es, der Exekutive und Legislative die Planung und Programmierung der staatlichen Ausgaben zu erleichtern und zwischen der Programm- und Kostenentscheidung einerseits und den damit verbundenen politischen, wirtschaftlichen und sozialen Zielsetzungen andererseits wieder eine echte Beziehung herzustellen. Diese Art der Gliederung dient also vor allem dazu, die Erfüllung der politischen Budgetfunktion in dem Sinne zu gewährleisten und zu erleichtern, daß das Budget sinnvoll in den Prozeß der politischen Willensbildung hineingestellt wird. Leider wird diese Rolle einer funktionalen Gliederung im Rahmen des finanzpolitischen Willensbildungsprozesses immer wieder verkannt. Sie soll kein Ersatz für die ministerielle Gliederung sein, die für den Vollzug des Haushaltsplanes unentbehrlich ist. Sie soll ein Instrument des politischen Willensbildungsprozesses sein, dessen vornehmste Aufgabe darin besteht, die von der jeweiligen Regierung zu erfüllenden Aufgaben und die damit verbundenen Kosten festzulegen. Diese Festlegung, die immer wieder erneut vorzunehmen ist, setzt eine Wertung der einzelnen staatlichen Aufgaben hinsichtlich ihrer politischen, wirtschaftlichen und sozialen Dringlichkeit voraus. Dies ist eine Wertung der Aufgaben und Programme hinsichtlich ihres „Programmeffektes", d. h. eine Wertung der unmittelbaren und mittelbaren poli-

[3] S. Dolf *Sternberger*, Das Allgemeine Beste, Frankfurter Allgemeine Zeitung, Nr. 218, 1961, S. 11.

tischen, wirtschaftlichen und sozialen Bedeutung und des Nutzens der betreffenden Aufgaben und der damit verbundenen Kosten. Natürlich kann eine solche Wertung nicht im Sinne eines exakten Nutzen-Kostenvergleichs verstanden werden. Zwar gibt es eine Reihe staatlicher Aufgaben, bei denen ein solcher Vergleich möglich ist; bei der Mehrzahl kann ein solcher jedoch nicht angestellt werden, da es sich vorwiegend um die Erreichung solcher politischer, wirtschaftlicher und sozialer Ziele handelt, die im Hinblick auf ihren Programmeffekt nicht quantifiziert werden können.

Diese Entscheidungen können aber erleichtert werden, wenn die gestellten Aufgaben und deren Kosten im Rahmen einer funktionalen Aufbereitung des Budgets so dargestellt werden, daß sie transparent und sinnvoll voneinander abgegrenzt sind.

Diese Aufbereitung sollte aber nicht nur im Sinne einer „nachrichtlichen" und meist nachherigen Ergänzung des Vollzugshaushaltsplanes durchgeführt werden, weil sie dann ihren eigentlichen Sinn verliert und sowohl für die eigentliche politische Willensbildung als auch für den Vollzug ganz bestimmte negative Konsequenzen entstehen. Es stellt sich nämlich, was den politischen Willensbildungsprozeß betrifft, die Frage, ob bei der bei uns immer noch praktizierten Budgetierung der politischen Budgetfunktion überhaupt noch Rechnung getragen wird. Die Haushaltsplanentwürfe werden von der Exekutive vorbereitet. Daß es bei dieser Vorbereitung innerhalb der Exekutive mehr oder minder heftige Auseinandersetzungen gibt, dürfte kein Geheimnis sein. Es stellt sich jedoch das Problem, an welchen Kriterien sich der Finanzminister oder dessen Budgetdirektor bei dem wohl meist üblichen Streichen von Haushaltsansätzen orientiert. Ist es das politische, wirtschaftliche und soziale Ziel des von der Top-Exekutive, d. h. dem Kabinett, zumindest in den Grundzügen erstellten Regierungsprogramms, oder ist es ganz einfach die sogenannte Diktatur der Kasse, oder ist es allein das Ermessen des Budgetdirektors, der nach bestem Wissen und Gewissen zu handeln glaubt, oder welche sonstigen Gesichtspunkte sind es? Mit diesen Fragen möchte ich nur unterstreichen, wie notwendig es ist, daß sich die Top-Exekutive frühzeitig genug Vorstellungen über das jeweilige Regierungsprogramm macht, welches im Funktionenplan einen geeigneten Ausdruck finden kann.

Wie soll sonst die Verwaltung eine Vorstellung davon bekommen, was grundsätzlich im politischen, wirtschaftlichen und sozialen Bereich gewollt ist? Und wie soll letztlich eine vernünftige Abstimmung zwischen den einzelnen Aufgaben vorgenommen werden? Geschieht dies nicht schon in einer transparenten Art bei der Vorbereitung des Budgets, dann wird die Verwaltung auch beim Vollzug nicht wissen, welches Programm sie realisieren soll, d. h. der Vollzug wird sich im politischen Vakuum vollziehen. Nun könnte man einwenden, daß es ja das Parlament ist, welches den Haushaltsplan feststellt und damit auch dessen Programminhalt bestimmt. Das Parlament wird ebensowenig wie die Verwaltung in der Lage sein, ohne eine vorgegebene und sachlich entsprechend aufbereitete Grundlage den Programminhalt eines Budgets zu erkennen; noch weniger wird es in der Lage sein, ein solches Programm selbst zu fixieren, und zwar in allen Details. Dies hieße, den Parlamentarier überfordern, der ja nicht gleichermaßen Spezialist auf allen Gebieten der staatlichen Tätigkeit sein kann. Er muß sich bei seinen Arbeiten auf die Vorarbeiten der Exekutive stützen können. Dieses Zusammenspiel zwischen Legislative und Exekutive wird jedoch wesentlich erleichtert, wenn neben und zugleich mit dem Vollzugshaushaltsplanentwurf ein Funktionenplan vorgelegt wird, aus dem ersichtlich ist, was die Regierung an einzelnen Programmen realisieren möchte und was diese kosten. Die Beratung dieser Programme erscheint mir wichtiger als das Herumsuchen in den Details des Vollzugshaushaltsplanentwurfs, bei dem in der Regel der Parlamentarier fast immer dem Verwaltungsspezialisten unterlegen ist, weil dieser über das größere Fach- und Dienstwissen verfügt. Ich möchte sogar so weit gehen und sagen, daß der Parlamentarier sich um diese Details gar nicht so sehr zu kümmern brauchte. Diese sollte man der Verwaltung überlassen, weil es ihr ureigenstes Gebiet ist. Im Parlament sollten echte politische Entscheidungen getroffen werden, und zwar darüber, welche Aufgaben die Regierung zu erfüllen hat, d. h. das Parlament sollte die eigentliche Programmentscheidung fällen, während die Exekutive auf Grund der Ermächtigung durch das Parlament die Vollzugsentscheidung zu fällen hat.

Erst durch eine Verbindung dieser beiden Entscheidungsbereiche können eine rationale Vorbereitung und ein leistungsfähiger Vollzug gewährleistet werden. Beide Entscheidungen sind also, wenn auch auf verschiedener Ebene vollzogen, voneinander abhängig. Es ist sinnlos, Aufgaben und Programme zu planen, die vom Vollzug her gesehen nicht realisierbar sind. Ebenso sinnwidrig ist es aber auch, ohne Präzisierung des politischen, wirtschaftlichen und sozialen Inhalts einer Aufgabe oder eines Programms diese vollziehen zu lassen.

Der politische Willensbildungsprozeß beschränkt sich nicht nur auf die Legislative und Exekutive. Er schließt auch den Faktor in sich ein, den man gemeinhin als die „öffentliche Meinung" bezeichnet. Will man diese öffentliche Meinung in den politischen Willensbildungsprozeß integrieren, so erscheint die funktionale Gliederung der gesamten Haushaltsmasse dafür in besonderem Maße geeignet. Sie ist, wie ein amerikanischer Autor es ausdrückt, the „citizens' classification"[4]. Sie vermit-

---

[4] J. *Burkhead*, Government Budgeting, 1956, S. 113.

telt in globaler Art die Informationen, die zum Verständnis der von der Regierung geplanten Maßnahmen notwendig sind. So werden z. B. in den USA das „Federal Budget in Brief“ und in Frankreich eine Art „Kurzbudget“ veröffentlicht, welche trotz aller Kürze in einer sehr anschaulichen Art und Weise die jeweiligen Regierungsprogramme darstellen und erläutern.

Abgesehen von diesen budgetären Vorteilen einer funktionalen Gliederung besitzt diese noch einen weiteren: sie ist wie keine andere dazu geeignet, sowohl zeitliche als auch zwischenstaatliche Budgetvergleiche durchzuführen. Was den zeitlichen Vergleich betrifft, so kann sie, insbesondere wenn sie nicht zu sehr ins Detail geht, die Veränderungen in der Art und Zwecksetzung der einzelnen Programme und deren Verlagerung auf die verschiedenen Bereiche wohl am besten zum Ausdruck bringen. Für einen internationalen Budgetvergleich dürfte sie ebenfalls die geeignetste Form darstellen, vorausgesetzt, daß sie in einer konsolidierten Form die zwischen den einzelnen Staaten bestehenden Unterschiede im Verwaltungsaufbau ausschaltet, sich auf eine verhältnismäßig geringe Zahl von Primärfunktionen beschränkt und keine zu großen Unterschiede in den verwandten Definitionen bestehen[5].

6. Hiermit sind wir jedoch schon bei den technischen Fragen. Ich werde nur einige wenige in aller Kürze streifen, weil ich gewiß bin, daß die ausländischen Berichterstatter diese mit mehr Kompetenz als ich behandeln werden, zumal viele von ihnen unmittelbar an der Gestaltung der funktionalen Gliederung in ihrem Lande mitbeteiligt waren oder sind und darüber hinaus auch damit befaßt sind, im Rahmen der EWG einen Vergleich der funktionalen Nomenklaturen durchzuführen.

Zunächst möchte ich darauf verweisen, daß die funktionale Gliederung in ihrer technischen Gestaltung dadurch erschwert wird, daß sie, wenn sie einigermaßen genau sein will, bei der Gruppierung von Aufgaben und Aufgabenbereichen in der Regel einen Querschnitt durch fast sämtliche Verwaltungsbereiche legen muß, was nicht immer einfache Abgrenzungs- und Erfassungsprobleme mit sich bringt. Diese Abgrenzungsfragen werden um so schwieriger, je mehr Primär-, Sekundär- und Tertiärfunktionen gebildet werden. Es dürfte in diesem Zusammenhang besonders interessant sein, von den Erfahrungen der Vertreter der Beneluxländer zu hören, die nun schon seit Jahren an einem gemeinsamen Funktionenplan innerhalb der Beneluxländer arbeiten.

Weiter wird es immer staatliche Tätigkeiten geben, die mehreren Funktionen zugewiesen werden können. Bei diesen wird es immer mehr

[5] S. EWG Kommission, Generaldirektion Wirtschaft und Finanzen, Vergleich der funktionellen Nomenklaturen der öffentlichen Ausgaben der EWG-Länder, Brüssel, Juli 1960.

oder minder willkürliche Zuweisungen geben müssen; entscheidend dürfte jedoch sein, daß Doppelzählungen auf alle Fälle ausgeschaltet werden.

Die funktionale Gliederung erfordert ein gewisses Umdenken auch insofern, als eine Reihe von öffentlichen Investitionen, wie z. B. der Brücken- und Straßenbau usw., nicht mehr als solche ausgewiesen werden, sondern unter der Funktion Transport oder Verkehr. Es dürfte nicht immer einfach sein, die öffentlichen Investitionen ihres Investitionscharakters zu entkleiden und sie nur im Zusammenhang mit einem umfassenderen Programm zu sehen. Was die Art der Ausgaben betrifft, die ausgewiesen werden, so ist zu klären, ob diese nach dem Verpflichtungs-, Fälligkeits- oder Kassenprinzip gebucht werden sollen. Auch soll darauf hingewiesen werden, daß die Abgrenzung des Aufgabenbereichs „Allgemeine Verwaltungsaufgaben“ Probleme besonderer Art mit sich bringt, da entschieden werden muß, welche allgemeinen Verwaltungsausgaben als eine Art Gemeinkosten anderen Funktionen zuzuweisen sind und nicht, was oft nur mit Hilfe grober Schätzungen geschehen kann.

Nicht unerwähnt soll auch die Erfassung oder Nichterfassung sonstiger öffentlicher Körperschaften und parafiskalischer Institutionen bleiben, die von Land zu Land recht unterschiedliche Probleme mit sich bringen. Mit diesen Hinweisen soll es, was die technische Seite betrifft, sein Bewenden haben.

Ich bin davon überzeugt, daß die technischen Fragen lösbar sind, was die Beispiele in vielen Ländern zeigen. Worauf es mir hier ankam, war, die grundsätzliche Bedeutung einer funktionalen Gliederung speziell im Hinblick auf die politische Budgetfunktion aufzuzeigen, deren Bedeutung für einen in unserem Sinne demokratischen politischen Willensbildungsprozeß ich hier wohl nicht besonders herauszustellen brauche.

7. Lassen Sie mich nun einige Bemerkungen über die mit der *wirtschaftspolitischen* Budgetfunktion verbundenen Gliederungsprobleme anschließen. Auch hier möchte ich weniger auf technische Einzelheiten als auf einige wenige grundsätzliche Fragen eingehen.

Ich sprach schon zu Beginn meiner Ausführungen davon, daß wir in zunehmendem Maße zu einer Vermengung budget- und marktwirtschaftlicher Organisationsprinzipien in unserem Gesellschafts- und Wirtschaftsleben gekommen sind. Der Staat ist in der vielfältigsten Weise mit dem wirtschaftlichen Geschehen verbunden. Er ist zugleich Produzent, Konsument, Investor, Arbeitgeber, Käufer von Gütern und Diensten, Gläubiger und Schuldner. Er verteilt Einkommen und Vermögen um, erhöht und mindert die Kaufkraft, beeinflußt die volkswirtschaftliche Liquidität, um nur einige der Aktivitäten zu nennen, durch die der Staat Entstehung, Verteilung und Verwendung des Sozialprodukts und des Volkseinkommens bewußt und maßgeblich beeinflußt.

Da nun der größte Teil der staatlichen Aktivität sich über das Budget vollzieht, ist es unabdinglich, die ökonomischen Wirkungen der budgetären Maßnahmen in angemessener Weise schon bei der Budgetierung selbst in Rechnung zu stellen, was voraussetzt, daß das Budget einen entsprechenden ökonomischen Aussagewert besitzt. Diesen zu gewährleisten, ist die Aufgabe einer nach ökonomischen Kriterien aufbereiteten Budgetmasse. Die ökonomische Gliederung ist also eine Voraussetzung zur Erfüllung der wirtschaftspolitischen Budgetfunktion, durch die das Budget mittels einer nicht nur finanzwirtschaftlich orientierten rationalen Verausgabung und Vereinnahmung finanzieller Mittel ein Instrument der Realisierung bestimmter wirtschaftspolitischer Zielsetzungen wird. Was heißt nun aber „ökonomische Gliederung"? Bei der Vielzahl und Unterschiedlichkeit der von den budgetären Maßnahmen gewollten und ausgehenden ökonomischen Wirkungen wird es je nach dem analytischen Zweck unterschiedliche Gliederungen und Aufbereitungen des Materials geben müssen. Auf der einen Seite möchten wir die makroökonomischen Einkommens- und Kaufkrafteffekte analysieren, auf der anderen Seite die speziellen Programmeffekte. Weiter möchten wir Aufschluß darüber haben, welche finanziellen Wechselwirkungen zwischen dem privaten und öffentlichen Sektor bestehen, welchen Einfluß diese auf die Bankenliquidität und Geldversorgung insgesamt ausüben. Wir möchten wissen, in welchen Bereichen der Staat was kauft, wie er den Arbeitsmarkt beeinflußt usw. Es besteht also eine Vielzahl analytischer Bedürfnisse, denen durch eine jeweils verschiedene Art der Aufbereitung des Materials Rechnung getragen werden muß. Praktisch dürfte es nun nicht möglich sein, alle diese verschiedenen Gliederungen so vorzubereiten, daß sie schon bei der Aufstellung des Haushaltsplanentwurfs zur Hand und auf den neuesten Stand gebracht sind.

Für die Vorbereitung eines Regierungsprogramms und speziell eines Wirtschaftsprogramms sollte jedoch zumindest eine solche Aufbereitung gegeben sein, die mit der Gliederung der Volkswirtschaftlichen Gesamtrechnung übereinstimmt. Die beste Lösung sehe ich persönlich jedoch in der gemeinsamen Erstellung eines National- und Staatsbudgets (wie es z. B. in Frankreich geschieht). In diesem Falle werden die in dem Nationalbudget enthaltenen Elemente und die Art ihrer Gliederung automatisch auf das entsprechend aufbereitete Staatsbudget übertragen, womit dessen ökonomische Aussagefähigkeit in einem hohen Grade gewährleistet ist. Es dürfte hier zu weit führen, auf die verschiedenen Arten der Erstellung von Nationalbudgets im einzelnen einzugehen[6]. Wir werden auch in diesem Zusammenhang in der Diskussion von unseren ausländischen Kollegen Einzelheiten erfahren. Natürlich sind mit der Er-

[6] Siehe hierzu insbesondere G. *Colm*, Nationalbudget, HdSW, Bd. 7, S. 535 bis 539 und die dort angegebene Literatur.

stellung eines Nationalbudgets nicht alle Probleme gelöst, insbesondere kann es nicht auf alle ökonomischen Fragen eine Antwort geben; es stellt jedoch ein Instrument der Planung dar, das unserer Wirtschaftsordnung am adäquatesten ist und am besten dazu geeignet erscheint, die wirtschaftspolitische Budgetfunktion realisieren zu helfen.

Nun wird gerade in unserem Lande mit dem Wort Nationalbudget oft die Vorstellung von einer „Planwirtschaft" entwickelt, die sich von der imperativen Planung östlicher Länder kaum unterscheidet. Ich hatte gerade vor zwei Wochen Gelegenheit, in Warschau die verschiedenen Vorstellungen von dem, was man alles unter Planwirtschaft verstehen kann, zu studieren. Ich bin mehr denn je davon überzeugt, daß die Erstellung eines Nationalbudgets aber auch nichts mit dem gemein hat, was im Osten unter Planung verstanden wird. Das Nationalbudget stellt primär ein *„Orientierungsmittel für politische Entscheidungen"*[7] *dar*, das lediglich für den öffentlichen Sektor von imperativem Charakter ist, nicht aber für den privaten Sektor. Für diesen ist es aber, wie die französische Erfahrung insbesondere lehrt, ein wichtiges Orientierungsmittel für die zu treffenden Investitions-, Absatz- und Finanzierungsentscheidungen, weil es eben die Informationen vermittelt, die für solche Entscheidungen unerläßlich sind. Darüber hinaus kann es eben auf Grund dieser Informationen und für den Fall, daß die Regierung tatsächlich die im Nationalbudget aufgezeigte Wirtschaftspolitik verfolgt, die Unternehmer zu einer solchen Verhaltensweise veranlassen, „daß sich die privaten Entscheidungen parallel den Erfordernissen des Nationalbudgets bewegen"[8]. In Frankreich hat man in diesem Zusammenhang den Begriff der „économie concertée" entwickelt, welcher mit dem der Sozialen Marktwirtschaft ohne weiteres verträglich sein dürfte[9].

Neben dem Nationalbudget möchte ich noch einen besonderen Budgettyp erwähnen, nämlich das *konsolidierte Kassenbudget.* Dieser Budgettyp, der ebenfalls in einer Reihe von Ländern erstellt wird, kann wiederum mehreren analytischen Zwecken dienen. Bei ihm werden die Kassen- und Finanzierungstransaktionen derart ausgewiesen, daß alle laufenden Kasseneinnahmen, die aus dem privaten Sektor fließen, und alle laufenden Kassenausgaben, die in den privaten Sektor fließen, einander gegenübergestellt werden; auszunehmen sind nur die Schuldtransaktionen. Die Kassenausgaben umfassen also in dieser Rechnung alle laufenden Kassenausgaben mit Ausnahme der Ausgaben zum Zwecke der Entschuldung. Diese Rechnung sollte nun im Sinne einer konsoli-

---

[7] Siehe G. *Colm,* a. a. O., S. 535.
[8] Siehe G. *Colm,* a. a. O., S. 539.
[9] Siehe hierzu insbesondere Pierre Tabatoni, Les Relations entre Budgets Economiques et Budgets Financiers en France, Rapport Français, IIFP, Congrès de Varsovie 1961.

dierten Rechnung für alle Bereiche der öffentlichen Finanzwirtschaft erstellt werden. Das so erstellte Kassenbudget kann nun zunächst der Analyse der Finanzierungserfordernisse der laufenden Rechnung in allen finanzwirtschaftlichen Bereichen und damit auch der Erfüllung der finanzpolitischen Budgetfunktion dienen. Ein solches Kassenbudget und die mit ihm verbundene Rechnung der Finanzierungserfordernisse, die sich aus dem Unterschied zwischen Kasseneinnahmen und -ausgaben ergeben, kann auch Überlegungen schuldenpolitischer Art dienen. Defizit und Überschuß im Kassenbudget dienen zusammen mit der Finanzierungsrechnung dem Ausweis der jeweiligen Änderung der Nettoforderungsposition der in die Rechnung einbezogenen finanzwirtschaftlichen Bereiche. Die Defizite und Überschüsse dieser Rechnung können aber auch als Grundlage einer Analyse der Beeinflussung der Bankenliquidität auf Grund von Zu- und Abflüssen von Zentralbankgeld bei den Kreditinstituten dienen. Eine solche Analyse dient also der Feststellung, ob und inwieweit von den Kassentransaktionen der öffentlichen Haushalte restriktive oder expansive Wirkungen auf die Bankenliquidität ausgeübt wurden, oder ob die Transaktionen liquiditätsneutral waren. Weiter kann man diese Rechnung für die Analyse der Veränderungen der Nettoposition der öffentlichen Haushalte gegenüber den privaten Kreditmärkten benutzen, die wiederum als Grundlage für die Analyse der Entwicklung der Geldversorgung dienen kann.

Ich möchte an dieser Stelle nicht auf die unterschiedlichen Auffassungen über das eingehen, was man alles unter einem Budgetdefizit und -überschuß verstehen kann. Es soll nur darauf verwiesen werden, daß die in dieser konsolidierten Kassenrechnung ausgewiesenen Defizite und Überschüsse einen ganz bestimmten ökonomischen Aussagewert besitzen, während die in unserer Haushaltsrechnung ausgewiesenen Defizite und Überschüsse einen solchen überhaupt nicht haben. Es wäre m. E. wünschenswert, wenn gerade in dieser Hinsicht einmal eine endgültige Sprachregelung stattfinden würde. Vor allem sollte man in diesem Zusammenhang erkennen, daß es zwei verschiedene Arten der Vorbereitung von Gliederungssystemen gibt: eine, welche der eigentlichen Rechnungslegung und der Haushaltskontrolle dient, und eine, welche statistischer Natur ist und analytischen und planerischen Zwecken dienen soll. Beide haben jeweils eine völlig verschiedene Funktion zu erfüllen und sollten nicht miteinander vermengt werden.

Die Art der Rechnungslegung, so wie sie in der RHO festgelegt ist, dient ausschließlich der parlamentarischen Kontrolle der Verwaltungstätigkeit. Diese Zielsetzung ergibt sich allein schon daraus, daß zur Zeit der Einführung der RHO die heute an eine Rechnungslegung gestellten zusätzlichen Forderungen insbesondere ökonomisch-analytischer Art überhaupt noch nicht zur Diskussion standen und das Schwergewicht aller haushaltrechtlichen Bestimmungen auf der Erfüllung der Kontrollfunktion lag. Man kann also von dem bis heute kaum veränderten Rechnungswerk nicht mehr fordern, als es zu geben vermag. Nur sollte man erkennen, daß es zu einer ökonomischen Analyse und Planung nicht geeignet ist und deshalb andere Budgettypen entwickelt werden müssen, die ebenso wie das herkömmliche Vollzugsbudget in die politische Debatte gehören, was voraussetzt, daß sie gleichzeitig mit ihm erstellt werden.

8. Ich will auf weitere Arten ökonomisch orientierter Budgettypen nicht mehr eingehen, dies würde mehrere Referate erfordern. Es sei nur noch festgestellt, daß wir in der Bundesrepublik, um solche zusätzlichen Budgets besser als bisher erstellen zu können, dringend einer Reform unseres Haushaltswesens bedürfen, und zwar derart, daß neben den Zwecken des Vollzugs auch die Belange einer wirtschaftspolitisch orientierten Finanzpolitik gewahrt werden können. Eine solche Reform sollte nicht so schwierig sein, wie es oft behauptet wird. Es gibt genügend Beispiele in anderen Ländern, in welchen diese Maßnahmen schon längst ergriffen sind. Damit sollen keineswegs die technischen und politischen Schwierigkeiten, die mit einer solchen Reform verbunden sind, verniedlicht werden. Bei uns sind ja die Dinge noch dadurch erschwert, daß wir neben dem Bund noch 10 Länder und rund 25 000 Gemeinden haben. Und jeder, der sich einmal der Mühe unterzogen hat, die Budgets der einzelnen Bundesländer miteinander zu vergleichen, wird wissen, daß ein solcher Vergleich, zumindest wenn er exakt sein soll, zur Zeit noch fast unmöglich ist, so stark ist der budgetäre Individualismus, ich möchte nicht sagen, Partikularismus. Wie können wir unter diesen Bedingungen den Einfluß der Budgets aller Gebietskörperschaften — von den parafiskalischen Institutionen einmal ganz abgesehen — auf das Volkseinkommen, die Beschäftigung, die Einkommensverteilung, die Kaufkraft der Konsumenten, die privaten Investitionen usw. analysieren, wenn das Grundlagenmaterial eine solche Unterschiedlichkeit aufweist und von einer ökonomischen Aufbereitung überhaupt nicht die Rede sein kann? Damit komme ich zu einem anderen Punkt, nämlich dem, daß die Erkenntnis der Notwendigkeit der Berücksichtigung der wirtschaftspolitischen Budgetfunktion bei der Budgetierung bei uns noch weitgehend fehlt.

Sie werden sicher die Diskussion darüber kennen, ob wir in der BRD eine antizyklische Finanzpolitik betreiben sollen und können. Nachdem man sich, wenn auch mit allen Vorbehalten, zu einer solchen Politik bekannt hat, wurden jedoch Maßnahmen ergriffen und vorgeschlagen, die mit den allgemein üblichen Vorstellungen über eine antizyklische Finanzpolitik nur wenig zu tun haben. Gewiß ist zuzugeben, daß es eine

Serie institutioneller Schwierigkeiten gibt, welche eine solche Politik bei uns erschweren. Der föderative Staatsaufbau trägt ebenfalls nicht unwesentlich dazu bei, einer solchen Politik Widerstände entgegenzusetzen. Dies alles sollte jedoch weder Grund dafür sein, eine solche Politik von vornherein als unmöglich zu betrachten, noch solche Maßnahmen als antizyklisch zu bezeichnen, die mit einer solchen Politik kaum etwas zu tun haben.

Ein Blick über die Grenzen unseres Landes genügt, um festzustellen, daß es sehr wohl möglich ist, der institutionellen Schwierigkeiten Herr zu werden. Er zeigt aber auch, daß es dazu des Willens bedarf, die Schwierigkeiten zu meistern. Ich möchte wiederum auf Frankreich, aber auch auf Holland, England, die USA und die nordischen Länder verweisen. In Frankreich wurde gleich nach Kriegsende mit der Vorbereitung einer Budgetreform begonnen, die mit der „ordonnance" vom 2. Januar 1959 zu einem gewissen Abschluß gebracht wurde. Ich sage „gewissen" Abschluß, weil man in Frankreich, trotz aller Ehrfurcht vor der Tradition, keine Scheu zeigt, Gesetze und Institutionen zu ändern, wenn sie sich als unbrauchbar erweisen. So hat man mehrfach die Budgetgliederung geändert, bis man eine brauchbare institutionelle, funktionale und ökonomische Gliederung gefunden hat. Fragen der Budgetgestaltung sind in der Verfassung nicht geregelt, dies wird der „loi organique" überlassen, die in ganzen 44 Artikeln das gesamte Haushaltsrecht Frankreichs regelt.

In diesem Gesetz wird nun gleich in Art. 1 bestimmt, daß die Finanzgesetze bei der Fixierung der Ausgaben und Einnahmen „das wirtschaftliche und finanzielle Gleichgewicht" zu berücksichtigen haben. Diese Gleichgewichte seien jedes Jahr neu zu definieren, was nichts anderes besagt, als daß jedes Jahr die wirtschaftspolitischen Ziele und die Mittel zu ihrer Realisierung neu festzulegen sind.

Man geht also ganz bewußt von einem wirtschaftlichen und finanziellen Gleichgewicht aus, d. h., daß das Budget grundsätzlich in den Rahmen der Gesamtwirtschaft zu stellen ist und alle budgetären Maßnahmen auf das ökonomische Gleichgewicht zu beziehen sind. Vergleichen Sie damit den Art. 110, 2, 2 GG und dessen Interpretation in der deutschen haushaltsrechtlichen Literatur! In Frankreich gab es einen Willen und damit auch einen Weg. Wir haben zwar seit 1960 im Haushaltsgesetz des Bundes in dem neugefaßten § 8 die Ermächtigung für den Finanzminister, die Inanspruchnahme von Haushaltsmitteln zu verweigern, wenn es das volkswirtschaftliche Gleichgewicht erfordert. Diese Bestimmung — im Haushaltsgesetz 1961 ist es der § 7 — wird als Ansatzpunkt für eine konjunkturgerechte Ausgabengestaltung betrachtet, es fragt sich jedoch, wie diese Ermächtigung gehandhabt werden soll, wenn nicht vorher dieses volkswirtschaftliche Gleichgewicht präzisiert wird.

Mit spontanen Einzelaktionen kann keine wirtschaftspolitisch orientierte Finanzpolitik betrieben werden. Eine Wirtschafts- und Finanzpolitik aber, die auf langfristigen Überlegungen und fundierten Daten beruhen soll, hat zur Voraussetzung, daß das Budget in das Wirtschaftsprogramm einbezogen wird, was jedoch wiederum voraussetzt, daß es ein solches Wirtschaftsprogramm überhaupt gibt. Und hier scheint in unserem Lande die Hauptschwierigkeit zu liegen.

Es ist aber noch ein anderer Grund zu nennen, und ich möchte gleich die Herren Juristen bitten, meine Ausführungen nicht falsch zu verstehen. Mit einer juristischen und damit meist auch fiskalistischen Betrachtungsweise und Handhabung des Haushaltsrechts ist die Erfüllung der wirtschaftspolitischen Budgetfunktion nicht möglich. Es soll dies kein Vorwurf gegen die Juristen sein, sondern gegen das bestehende Haushaltsrecht. Ich verwies schon in einem anderen Zusammenhang darauf, daß die Schöpfer der RHO nicht voraussehen konnten, welche Anforderungen, insbesondere ökonomischer Art, einige Dekaden später an das Haushaltsrecht und damit die Haushaltspraxis zu stellen sein werden. Bei aller Hochschätzung dieses Gesetzgebungswerkes, das eins der besten überhaupt ist, sollte man doch allmählich daran denken, es auf die Erfordernisse der heutigen politischen, wirtschaftlichen und sozialen Belange abzustellen, d. h. es zu reformieren. Aber ein gutes Gesetz ist noch lange kein Garant dafür, daß es auch gut ausgeführt wird. Es scheint deshalb noch notwendiger zu sein, das Denken aller an der Gestaltung eines Budgets beteiligten Menschen, sei es in der Verwaltung, der Regierung oder im Parlament, dahingehend zu beeinflussen, daß sie sich bei allen Entscheidungen der verschiedenen Funktionen des Budgets bewußt werden und dessen multiplen Charakter erkennen; nur dann erst erscheint es auch sinnvoll, über die Budgetierungstechniken und Gliederungs- und Klassifikationsprobleme im einzelnen zu diskutieren.

Versuch eines internationalen Vergleichs

Von Gaston Illegems

Wenn man die Wirtschafts- und Finanzpolitik zwischen Ländern koordinieren will, die zu einer Wirtschaftsunion wie zu den Beneluxländern oder zur Europäischen Wirtschaftsgemeinschaft (EWG) gehören, ist es notwendig, daß man die haushaltsmäßigen Strukturen der Mitgliedstaaten so genau wie möglich kennt. Der Anteil der öffentlichen Finanzen an der Volkswirtschaft der verschiedenen Länder ist nämlich beträchtlich und er neigt dazu, von Jahr zu Jahr anzuwachsen. Auf der anderen Seite ist es von größter Bedeutung, festzustellen, in welchem Umfang die Haushalts- und Finanzpolitik den öffentlichen Gewalten Werkzeuge zur Verfügung stellen kann, um die wirtschaftliche Entwicklung wirkungsvoll zu beeinflussen.

Diese Überlegung hat zunächst den Rat der Wirtschaftsunion der Beneluxländer und dann die Kommission der EWG veranlaßt, eine Vergleichsuntersuchung der Haushalte der Länder zu fordern, die zu diesen Zusammenschlüssen gehören. Der belgische Versuch auf dem Gebiete der wirtschaftlichen und funktionellen Umgruppierungen von öffentlichen Einnahmen und Ausgaben ist mit diesen internationalen Vergleichsarbeiten eng verbunden.

Es ist klar, daß die Gestalt, in der die Haushalte herkömmlicherweise vorgelegt werden, sich nicht unmittelbar für eine wirtschaftliche Analyse oder für einen Vergleich eignet. Auf internationaler Ebene kann ohne eine gemeinsame Sprachregelung kein nutzbringender Vergleich angestellt werden.

Nun sind aber nicht nur die Präsentation des Haushaltsplanes und der Rechnungsabschlüsse, sondern gleichermaßen die Methoden der Bewertung und der Eintragung der verschiedenen Haushaltsposten sowie die buchhaltungsmäßigen Regeln über die Zurechnung von Einnahmen und Ausgaben von einem Land zum andern zu verschieden. Es gibt überall Rechnungsabschlüsse außerhalb des Haushaltsplanes, Ordnungsmaßnahmen und Sonderkonten des Schatzamtes, die einbezogen werden müssen, um ein vollständiges Bild der Vorgänge zu erhalten. Umgekehrt ist es erforderlich, eine gewisse Anzahl von internen Bewegungen auszuschalten, die nur einen rechnungsmäßigen Wert haben.

Um zu aussagekräftigen Vergleichen zu kommen, ist es deshalb unumgänglich, über den strengen haushaltsmäßigen Rahmen hinauszugehen und jene gemeinsame Sprachregelung zu finden, von der ich bereits gesprochen habe. Die Methoden des Nationalen Rechnungswesens bieten dafür eine Reihe von Vorteilen.

Zunächst beruhen sie auf mehreren Konventionen, die von internationalen Vereinigungen wie von den Vereinten Nationen und der Organisation für Europäische Wirtschaftliche Zusammenarbeit (OEEC) kodifiziert wurden und bereits im großen Umfang von den nationalen Verwaltungen praktisch angewandt werden. Sie führen zu einer Klassifizierung der auf die öffentlichen Finanzen bezüglichen Gegebenheiten, indem sie die Vorgänge nach ihrer wirtschaftlichen Natur zusammenfassen; dadurch kann man sie ohne allzugroße Schwierigkeiten mit den Gegebenheiten der anderen Bereiche der Volkswirtschaft, nämlich der Wirtschaftsunternehmen, der Privathaushalte und der Außenwirtschaft in Verbindung bringen.

Endlich veranlassen sie dazu, nicht nur die haushaltsmäßigen Vorgänge des Staates im eigentlichen Sinne zu betrachten, sondern alle Vorgänge auf dem Gebiet der öffentlichen Verwaltungen, also auch der regionalen und örtlichen Verwaltungen und der Verwaltungen der sozialen Sicherheit. Es bestehen tatsächlich beträchtliche Strukturunterschiede zwischen den untersuchten Staaten. Die Aufgabenverteilung zwischen dem Staat und den anderen Gewalten ist weit davon entfernt, überall dieselbe zu sein, und ein Vergleich, der lediglich auf den Zahlen des Staates im eigentlichen Sinne beruhte, würde infolgedessen Gefahr laufen, eine absolut irrige Vorstellung von der Tätigkeit des öffentlichen Sektors und seiner Stellung in der Volkswirtschaft zu vermitteln.

Allerdings würde es nicht genügen, sich lediglich der bereits bekannten Methoden des Nationalen Rechnungswesens zu bedienen, um für die verschiedenen nationalen Verwaltungen Vergleichsmaterial zu sammeln. Die im Nationalen Rechnungswesen allgemein verwendeten Definitionen sind nicht präzis genug, und sie werden außerdem in den verschiedenen Ländern nicht in gleicher Weise angewandt. Die Unterschiede, die so in den im Nationalen Rechnungswesen allgemein angewandten Gegebenheiten in Erscheinung treten, stehen vielleicht umfassenden Analysen nicht entgegen, ihre Anwendung führt jedoch zu Ergebnissen, die für eine tiefergehende Untersuchung nicht verwendet werden können. Die Kommission der Haushaltsexperten, die von der EWG für die vergleichende Untersuchung der Staatshaushalte ins Leben gerufen wurde, mußte infolgedessen zunächst zu einer methodologischen Untersuchung schreiten, die zur Vorlage eines ersten Berichtes führte. Die Ausarbeitung gemeinsamer Definitionen ist noch nicht völlig abgeschlossen, verschiedene Methoden müssen vervollständigt und zahlreiche Einzelpunkte überprüft werden, aber die bis jetzt erzielten Ergebnisse haben es nichtsdestoweniger erlaubt, eine erste Studie abzufassen, die kürzlich der Kommission der EWG vorgelegt wurde.

Ich möchte Ihnen einige der wichtigsten Probleme mitteilen, die die Anfertigung dieser Arbeit aufgeworfen hat.

Der Bereich der öffentlichen Verwaltung ist, wie Sie wissen, mit den Worten des Nationalen Rechnungswesens ausgedrückt: der Bereich der öffentlichen Tätigkeiten ohne Erwerbszweck. Das bedeutet, daß die öffentlichen Unternehmen und ganz allgemein die Verwaltungen, die Güter oder Dienstleistungen erzeugen, um sie dem Markt zur Verfügung zu stellen, dem Bereich der Wirtschaftsunternehmen eingeordnet und infolgedessen aus dem Bereich der Verwaltungen herausgenommen werden müssen. Jedoch ist die Grenze zwischen öffentlicher Verwaltung und Wirtschaftsunternehmen nicht immer leicht zu ziehen. Zahlreiche Dienstleistungsbetriebe des Staates liegen im Grenzbereich, und dies ist noch viel häufiger bei den kommunalen Einrichtungen mit industrieller und kommerzieller Zweckrichtung der Fall, deren Tätigkeiten manchmal mit denen der Gemeinden im eigentlichen Sinne völlig vermengt werden.

Es ist allerdings fast ebenso schwierig, den Bereich der sozialen Sicherheit gegenüber den privaten Einrichtungen abzugrenzen, von denen manche eine Tätigkeit ausüben, die sehr stark der einer Verwaltung ähnelt. Ebenso verhält es sich zum Beispiel auf den Gebieten des Unterrichtswesens, der Religion, bestimmter sozialer oder politischer Tätigkeiten, die von Einrichtungen oder Zusammenschlüssen jeder Art ausgeübt werden, welche man als „private Verwaltung" bezeichnen oder als private Organe ohne Erwerbszweck im Dienste der Familien ansehen könnte.

Was die Verteilung der öffentlichen Tätigkeiten innerhalb der drei großen Bereiche der Verwaltung angeht, so tauchen andere Probleme auf, die jedoch entfallen, sobald man eine zusammengefaßte Haushaltsrechnung der öffentlichen Verwaltungen aufstellt. Nehmen wir als Beispiel die Bundesrepublik Deutschland, in der man als staatlichen Bereich, der mit den zentralisierten staatlichen Verwaltungen anderer Länder verglichen werden kann, die Gesamtheit des Bundes, der Länder, des Lastenausgleichsfonds und des ERP-Fonds betrachten muß, so daß die Unterabteilung der lokalen Verwaltungen nur noch die Gemeinden umfaßt, während in anderen Ländern zu diesem Bereich außerdem Provinzen, Departements, Distrikte, autonome Regionen wie in Italien, und die Polders wie in den Niederlanden und in Belgien rechnen.

Eine andere Quelle der Abweichungen kann in einer gewissen Anzahl von Maßnahmen liegen, die herkömmlicherweise in die Staatshaushaltspläne und Rechnungsabschlüsse eingegliedert werden, aber in Wirklichkeit Vorgänge rein finanzmäßiger Natur sind und die deswegen ihren Platz in einer Sonderrechnung für die finanzmäßigen Maßnahmen neben den Anleihen und kurzfristigen Finanzierungsmaßnahmen finden sollten. Es handelt sich in erster Linie um die Tilgung der konsolidierten Staatsschuld sowie um gewisse Darlehens- und Vorschußmaßnahmen, die sich im Haushalt finden, jedoch keine endgültigen Lasten oder verfügbaren Geldmittel darstellen.

Schließlich mußte man bezüglich des Haushaltszeitraumes Kompromißlösungen annehmen. Es ist bekannt, daß in zahlreichen Ländern, so auch von diesem Jahr an in der Bundesrepublik Deutschland, das Haushaltsjahr mit dem Kalenderjahr zusammenfällt. In anderen Ländern beginnt das Haushaltsjahr entweder am 1. April oder am 1. Juli. Andererseits hat die Erfahrung gezeigt, daß sich für bestimmte Länder die besten verfügbaren Zahlen auf Einkassierungs- und Auszahlungsvorgänge beziehen, die in einem Zeitraum von 12 Monaten vorgenommen wurden. Hier liegt sicher ein schwieriges Problem, das die Kommission noch keiner echten Lösung zuführen konnte. Sie ist jedoch der Ansicht, daß die Zahlen ohne Rücksicht auf den jeweiligen Haushaltszeitraum repräsentativ genug sind, um die finanzielle Struktur jedes der Länder wiederzugeben.

Ein wichtiges Problem bleibt zu lösen: Welche Methode ist anzuwenden, um die gewonnenen Zahlen im Verhältnis eines Landes zum anderen vergleichbar zu machen? Die grundlegenden Gegebenheiten waren offensichtlich die Einnahmen- und Ausgabenzahlen, die in nationaler Währung ausgedrückt werden und sich auf Länder beziehen, deren Bedeutung — was die Bevölkerungszahl, die Wirtschaftstätigkeit und die allgemeine Struktur angeht — äußerst verschieden ist.

Die angenommene Methode besteht darin, die verschiedenen Größen in Prozentsätzen des Brutto-Nationalproduktes des jeweiligen Landes auszudrücken. Diese Methode kann natürlich auf Vorbehalte stoßen. Es kann sein, daß die relative Bedeutung bestimmter Einnahmen und Ausgaben, die sich auf ein Land beziehen, dessen Nationalprodukt verhältnismäßig hoch oder besonders gering ist, im Grunde schlecht veranschlagt ist.

Jedoch ist die Anwendung des Brutto-Nationalproduktes zu Marktpreisen als Bezugsgrundlage unter diesen Gesichtspunkten als die bequemste und sicherste Methode erschienen. Sie beseitigt die Unterschiede zwischen den nationalen Währungen, die bedeutenden Ungleichheiten in der Bevölkerungszahl, die Preisbewegungen und die Unterschiede, die darauf zurückgehen, daß die Verwaltungsstrukturen in der Volkswirtschaft der verschiedenen Länder nicht den gleichen Platz innehaben. Außerdem ist das Brutto-Nationalprodukt ein Aggregat, das in den verschiedenen Ländern nach verwandten Methoden berechnet ist, es steht im allgemeinen in einem genügend kurzen Zeitraum zur Verfügung und es ist sogar Gegenstand sehr nützlicher Planungen für mögliche Studien der Haushaltsentwürfe.

Die erste Untersuchung, die nach der gerade in kurzen Zügen beschriebenen Methode vorgenommen wurde, wird bald durch eine ähnliche Arbeit vervollständigt, die jedoch dieses Mal hauptsächlich auf der funktionellen Gliederung der öffentlichen Aufgaben beruht, das heißt auf einer Gliederung nach den Zielen der Regierungspolitik. Diese funktionelle Gliederung hat bis heute noch nicht auf einer derart weiten Ebene Anwendung gefunden, wie die wirtschaftliche Gliederung. Es gibt einen Entwurf von Definitionen, der von einer Kommission der Vereinten Nationen festgelegt wurde, sich aber noch im Stadium der Untersuchung befindet. Daher haben die Haushaltsexperten der EWG einem anderen Schema den Vorzug gegeben, das seine Probe bereits in den Beneluxländern bestanden hat.

Die Forschungen über die funktionelle Gliederung vermögen ein größeres Publikum zu interessieren, nämlich dasjenige, das sich vor allem mit der Zweckbestimmung und Verwendung der öffentlichen Gelder befaßt. Um aus der Interpretation der funktionellen Kategorien alle Belehrungen zu ziehen, die sie enthalten können, ist es jedoch nützlich, sie mit einer wirtschaftlichen Gliederung nach der Methode der Tabellen mit doppelter Darstellung zu kombinieren. Es reicht tatsächlich nicht aus zu wissen, welche Bedeutung die Summen haben, die global den verschiedenen Zielen der Regierungspolitik zugewendet werden, wie zum Beispiel dem Unterrichtswesen, der Landwirtschaft, dem Transportwesen, der Verteidigung; sondern man muß außerdem wissen, welche Methode die öffentlichen Gewalten anwenden, um dieses Ziel zu erreichen. Diese Zahlen können außerdem, was die Wirkung der öffentlichen Interventionen angeht, vollkommen verschiedene Bedeutung haben, je nachdem es sich zum Beispiel um Kapitalübertragungen oder um Darlehen und Vorschüsse einerseits oder um Zinszuschüsse oder Verbrauchsausgaben andererseits handelt.

Die Methode der Tabellen mit doppelter Darstellung kann außerdem dazu führen, aus der Gesamtheit der Haushaltsausgaben die großen Massen zu isolieren, das heißt die wichtigsten, im allgemeinen nur in beschränkter Anzahl vorhandenen Posten, die jedoch tatsächlich die Höhe des Gesamthaushalts bestimmen. Die Entwicklung dieser „großen Massen" von Jahr zu Jahr und die Untersuchung der Ursachen für diese Entwicklung sind eine bedeutende Informationsquelle für die Stellen, denen die Verantwortung für die Haushaltspolitik zufällt, und zwar auch im Rahmen eines eventuellen antizyklischen Vorgehens.

Die funktionelle Untersuchung im Rahmen der Europäischen Gemeinschaft ist im Gange, und man kann nicht voraussehen, welche Ergebnisse und welche Erfahrungen sie ermöglichen wird. Sie ruft jedoch ein sehr lebhaftes Interesse hervor, vor allem von seiten der Finanzminister der Sechs Länder.

Die vergleichenden Untersuchungen im Rahmen der EWG stehen noch an ihrem Anfang. Ihr Hauptziel ist augenscheinlich die statistische Information nach gleichförmigen, möglichst vollständigen Methoden. Aber sie bieten andere Vorteile, die jeder gemeinschaftlichen Arbeit eigen sind: Sie begünstigen das gegenseitige Verständnis der in den sechs Ländern verfolgten Haushaltspolitik und sogar ihrer Wirtschafts- und Sozialpolitik im allgemeinen. Obgleich der Haushalt nicht das „getreue Abbild der Politik eines Landes“ ist, von dem gewisse Lehrbücher der öffentlichen Finanzwirtschaft sprechen, vermittelt er doch eine Reihe wertvoller Hinweise auf diese Politik, von denen aus weiter fortgeschrittene Studien und Gegenüberstellungen spezieller Punkte zu einer immer vollständigeren Kenntnis der in den anderen Ländern angewandten Methoden führen, Ziele und Gründe, die am Anfang bestimmter Abweichungen von den großen Haushaltsgrundsätzen stehen.

Den Haushaltsspezialisten eines jeden Landes erlauben sie außerdem — und das mag überraschen — einen umfassenderen und genaueren Einblick in ihren eigenen Haushalt. Tatsächlich zwingt sie die vergleichende Methode dazu, Grundsätze und Methoden, die sie seit Jahren kennen und die sie traditionsgemäß befolgen, ohne sich zu fragen, ob sie berechtigt sind oder nicht, neu zu durchdenken. Sie ermöglicht es ihnen, ihre Gedanken und ihre Gewohnheiten den Erfahrungen in anderen Ländern gegenüberzustellen.

Endlich schafft eine Arbeit wie die, von der ich gerade gesprochen habe, persönliche Beziehungen zwischen den Beamten der verschiedenen Länder. So gelangt man rasch zu einem gegenseitigen Verständnis und zu einer Zusammenarbeit in Offenheit und beiderseitigem gutem Willen. Man tauscht Erfahrungen und Eindrücke aus, teilt sich gegenseitig die Fehlschläge und die Erfolge mit und schafft so letzten Endes eine gemeinsame Studiengruppe, aus der der Fortschritt der Haushaltstechnik nur Vorteil ziehen kann. Diese persönlichen Beziehungen begünstigen spezielle Untersuchungen, die im einen oder anderen beteiligten Land angestellt werden, indem sie den Forschern genaues und umfassendes Informationsmaterial zur Verfügung stellen und ihnen einen weiten, wohlgesinnten und aufgeklärten Zuhörerkreis sichern.

All dies wird sicher die Forschung auf dem Gebiet der Wissenschaft und der Technik der öffentlichen Finanzen bereichern und vorwärtsbringen.

Der Stand der Haushaltsreform in Italien

Von Gaetano Stammati

Ich weiß es zu schätzen, daß der Direktor der Hochschule für Fortbildung auf dem Gebiete der Verwaltungswissenschaft in Bologna, Herr Professor Lessona, mich dazu ausersehen hat, seine Hochschule und ihn selbst im Rahmen dieser Arbeitstagung zu vertreten.

Ich fühle mich außerdem sehr geehrt, an der Diskussion über ein Thema teilnehmen zu dürfen, dessen grundlegende Bedeutung im Rahmen der Wirtschaftspolitik und der Verwaltung eines modernen Staates immer mehr in Erscheinung tritt. Daher danke ich von ganzem Herzen Sr. Magnifizenz, dem Herrn Rektor der Hochschule für Verwaltungswissenschaften Speyer, für seine liebenswürdige Einladung, die ich mit Freude entgegengenommen habe, und dies nicht zuletzt in der Erwartung, die Berichte meiner Herren Kollegen zu hören.

Meinerseits werde ich hier versuchen, die in unserem Land gemachten Erfahrungen beizutragen, sowie meine persönlichen Erfahrungen und Überlegungen zusammenzufassen. Aber ich muß mich gleich dafür entschuldigen, daß ich in meinen begrenzten Darlegungen ein so umfassendes Thema nicht erschöpfen kann; doch hoffe ich, einige Gesichtspunkte herausstellen zu können, die Wissenschaftler anderer Länder zu interessieren vermögen.

1. Ich lege Wert, an den Anfang meines Berichts einige Betrachtungen wirtschaftlicher Natur zu stellen. In der Tat scheint es mir nicht möglich, eine ernsthafte Untersuchung der Probleme des Staatshaushalts — wenn auch nur auf technischem oder verwaltungsmäßigem Gebiet — ins Auge zu fassen, vor allem unter dem Gesichtspunkt des sogenannten „funktionellen Haushalts", wenn man sich nicht darum bemüht, vorher sowohl den wirtschaftlichen Wert des Haushalts in Erwägung zu ziehen wie auch die Gründe, aus denen sich der Staatshaushalt mit wachsender Offensichtlichkeit als ein „institutioneller" Marktfaktor darstellt.

2. Die Entwicklung der Finanztheorie von ihren herkömmlichen Grundsätzen bis zu ihren modernsten Auffassungen hatte zur Folge, daß die Steuererhebung nicht mehr mit dürren Worten als Opfer angesehen wird, das die Gemeinschaft bringen muß.

Man sucht vielmehr die Tätigkeit der Finanzverwaltung auf dem Gebiete der Steuererhebung in Beziehung zu setzen zu ihrer Tätigkeit auf dem Gebiete der Ausgabenleistung wie auch zur Gesamtheit der öffentlichen Eingriffe in die Wirtschaft.

Infolgedessen stellt man als das eigentliche Kennzeichen der Tätigkeit der Finanzverwaltung die umfassende Neuverteilung der Einkommen und Geldmittel, zu der diese Tätigkeit führt, und die Verteilung des Einkommens nach den Grundsätzen, welche die an der Macht befindlichen Gruppen als maßgebend erachten, in den Vordergrund.

3. Was die Einnahmenpolitik betrifft, muß betont werden, daß die *fiscal policy* zum Ziel hat — selbst in den Grenzen der wirtschaftlichen Struktur eines jeden Landes, wie ich es gleich darzulegen versuchen werde — ein Steuersystem aufzurichten, das mit Hilfe einer angemessenen Kombination der verschiedenen Steuerarten in der Lage sein soll, a) eine gerechte Verteilung der Steuerlasten sicherzustellen, b) eine wichtige Rolle im Hinblick auf eine antikonjunkturelle und vor allem antidepressive Politik zu übernehmen.

4. Was die Politik der öffentlichen Ausgaben angeht, ist es möglich, die Erscheinungen der „Beschleunigung" und der „Vermehrung" wirksam werden zu lassen. Diese Erscheinigungen haben die „antikonjunkturellen" Wirkungen der öffentlichen Ausgaben klar zu erkennen gegeben, deren Wirksamkeit in den Perioden wirtschaftlicher Depression dadurch angewachsen ist, daß man an die Stelle privater Ausgaben öffentliche Ausgaben gesetzt und die Grundsätze des „deficit spending" und des „zyklischen Haushalts" verwertet hat.

In jüngster Zeit hat sich die Aufmerksamkeit der Fachleute insbesondere auf die öffentlichen Investitionen gerichtet, die an die Stelle der oder neben die privaten Investitionen treten. Infolgedessen betont man die ganz klar hervortretenden und äußerst wichtigen Aspekte der „Qualifikation" der öffentlichen Ausgaben, ihre Auswirkungen auf die Entwicklung der Volkswirtschaft und in den mehr oder minder kurzen „technischen Zeiträumen" auf die Vermehrung des Volkseinkommens.

5. Endlich bemüht sich die Theorie, die notwendige Wechselbeziehung hervorzuheben, die zwischen der Einnahmenpolitik des Staates (Steuerpolitik) und der Politik der öffentlichen Ausgaben (Haushaltspolitik) als Bestandteile oder Ansatzpunkte der allgemeinen Wirtschaftspolitik besteht.

6. Die Untersuchungen über die Haushaltsreform haben eine sehr wichtige Erscheinung erkennen lassen, die in zwar unterschiedlichem, jedoch wachsendem Maße die Haushalte der modernen Staaten kennzeichnet, nämlich ihre Starrheit.

Diese Erscheinung, deren Bedeutung wir ganz besonders hinsichtlich der italienischen Erfahrung beleuchten, bedarf der Betrachtung unter zwei Gesichtspunkten, nämlich in bezug auf die Struktur der öffentlichen Einnahmen und hinsichtlich der Struktur der öffentlichen Ausgaben.

7. Bezüglich der öffentlichen Einnahmen kann man folgende Faktoren der Starrheit feststellen:

a) Ein finanzwirtschaftlicher Faktor, nämlich die Politik des Haushaltsgleichgewichts oder besser: des Suchens nach dem Haushaltsgleichgewicht. In Italien hat diese Politik ihre ausdrückliche Bestätigung durch einen Artikel unserer Verfassung gefunden. Tatsächlich beschränkt Art. 88 in starkem Maße die konkreten Möglichkeiten einer Steuerreform, weil es demjenigen, der eine Reform vornehmen will, unmöglich gemacht wird, auch nur vorübergehend eine Verminderung der Steuereinkünfte in Kauf zu nehmen;

b) ein institutioneller, politischer und juristischer Faktor als Folge der Schwierigkeiten, die bei der Ausarbeitung und Schaffung von Gesetzen auftreten und der langen Zeiträume, die dafür benötigt werden;

c) ein wirtschaftlicher Faktor, dessen Bedeutung zweifellos vorwiegt.

Vor allem versuchen die Interessenverbände aus Furcht vor den Folgen der Veränderungen, die man im Steuersystem einführen will, die Schaffung neuer Gesetze zu verzögern, oder sie kontrollieren sogar die Tätigkeit der Verwaltungsbehörden oder Gerichte, die diese Gesetze auslegen und anwenden sollen.

Außerdem ist es notwendig, die Wirtschaftsstruktur in Betracht zu ziehen, d. h. den wirtschaftlichen Bereich, in dem das Steuersystem arbeiten soll: nennen wir unter den wesentlichen Elementen nur die Bedeutung, die Natur und die Aufteilung des Einkommens.

In der Tat:

a) das Steuersystem ist ebenso an historisch gewachsene institutionelle Faktoren gebunden wie an strukturelle Faktoren, die die Wirtschaft des betreffenden Gemeinwesens kennzeichnen;

b) die Veränderungen im Steuersystem können in entsprechender Weise und in gewissen Grenzen als Werkzeug der Wirtschaftspolitik benutzt werden, um bestimmte Veränderungen in der wirtschaftlichen Struktur herbeizuführen, in der sich seine Wirkungen äußern;

c) jenseits gewisser Grenzen ist es jedoch notwendig, daß der Wirkung des Steuerwesens die der direkten Interventionen des Staates entspricht, die darauf abzielen, unmittelbar bestimmte Wesensmerkmale der Wirtschaftsstruktur zu verändern;

d) die Struktur des Steuerwesens und die Struktur der Wirtschaft bedingen sich gegenseitig oder sie bestimmen, indem sie aufeinander einwirken, gegenseitg ihre Entwicklung.

8. Bei den öffentlichen Ausgaben hängen die Faktoren der Starrheit von folgenden Gründen ab:

a) man kann in der Struktur der öffentlichen Haushalte eine Entwicklung feststellen, die durch das fortgesetzte und ununterbrochene Anschwellen der öffentlichen Lasten (Ausgaben für Personal, für Ruhegehälter, für die öffentlichen Schulden usw.) gekennzeichnet ist;

b) die Haushaltsbehörden greifen mehr und mehr auf das System der „geteilten Zahlungen" und der „Annuitäten" (oder „Ausgabenprogramme") zurück.

Im ersten Fall wird die Gesamtheit der Ausgabe in einem einzigen Haushaltsjahr vollzogen, aber die entsprechenden Zahlungen werden auf mehrere Haushaltsjahre verteilt. Im zweiten Fall handelt es sich vor allem um die Ausrüstungsprogramme, die in jährlichen Abschnitten verwirklicht werden, indem man in jedem Haushaltsjahr einen Teil des Programmes zu Ende führt und die entsprechende Annuität zahlt.

c) das gegenwärtige (zumindest in Italien maßgebende) System, Veränderungen im beschlossenen Haushalt durch Zustimmungsgesetz vorzunehmen: die in dieser Hinsicht geltenden Vorschriften erscheinen in formeller Hinsicht als sehr streng; demgegenüber geben sie keine ausreichende Garantie für eine sachliche Kontrolle;

d) die bei den Haushaltsvoranschlägen befolgte Methode bringt eine Starrheit mit sich, die um so ausgeprägter ist, je größer die Genauigkeit der anfänglichen Voranschläge ist. Wenn man sich auf sehr vorsichtige Berechnungen beschränkt (indem man die Ausgaben großzügig und die Einnahmen mißtrauisch bewertet), kann man die Bildung von Reserven unterstützen, die das günstige Ergebnis der Haushaltsführung sind (Einsparungen bei den Ausgaben und größere Einnahmen). Die strenge Methode hinsichtlich der anfänglichen Voranschläge ist ohne Zweifel korrekter, aber sie führt zugleich zu einer verschärften Starrheit.

9. Übrigens wird die Starrheit des Haushalts in gewissem Maße durch die „Elastizität" der Steuereinnahmen gemildert. Selbst wenn keine steuerlichen Maßnahmen ergriffen werden, die neue Steuern einführen oder die geltenden Steuersätze erhöhen, wachsen die Steuereinnahmen in jedem Jahr um einen Satz an, der über dem Satz liegt, um den das Volkseinkommen zunimmt.

Der Unterschied zwischen den jährlichen Wachstumsraten der Steuereinnahmen und des Volkseinkommens wird durch folgende Umstände verursacht:

a) eine gesteigerte Wirksamkeit der Finanzverwaltung;

b) die Veranlagung zu gewissen Steuern, wie etwa zur Gewerbesteuer bei sprunghafter Entwicklung der Geschäfte, die eine „Ausweitung" des geldmäßigen Ansteigens des Volkseinkommens und des Ansteigens der Preise zur Folge hat;

c) die Veranlagung und der Mechanismus der Gewerbesteuern; denn diese Steuern stehen nicht in einem proportionalen Verhältnis zur Vermehrung des Einkommens der Steuerpflichtigen, sie reagieren vielmehr auf die gesteigerte Lebhaftigkeit bestimmter kommerzieller Vorgänge.

Die Elastizität der Steuereinnahmen führt dazu, daß in jedem Rechnungsjahr eine Art „Reserve" geschaffen wird, deren man sich zu dem Zwecke bedienen kann, die öffentlichen Ausgaben zu vermehren. Man sieht, daß eine solche Erscheinung sich der wachsenden Starrheit der Staatshaushalte entgegenstellt und sie anpassungsfähiger macht.

10. Die gerade angestellten Überlegungen zeigen mit aller Klarheit, daß die Suche nach Mitteln, die geeignet sind, den Staatshaushalt dem Haushalt der Volkswirtschaft anzupassen, keineswegs nur einen perfektionierten und technischen Vorgang darstellt, sondern daß sie eine Forderung der wirtschaftswissenschaftlichen Erkenntnisse ist. In Italien ist das Problem, Beziehungen zwischen dem Staatshaushalt und dem Haushalt der Volkswirtschaft herzustellen, zur Zeit ein fesselnder Forschungsgegenstand, aber weder die geltenden Bestimmungen noch die von den Verwaltungsbehörden bereitgestellten Rechnungsunterlagen lassen eine zufriedenstellende Lösung zu.

11. Es wäre jedoch falsch, die Schwierigkeiten zu verkennen, die auftauchen, wenn man zwischen dem Staatshaushalt und dem Haushalt der Volkswirtschaft technische Beziehungen herstellen will:

a) im Staatshaushalt haben wir eine Unterlage rechnungsmäßiger Natur vor uns; demgegenüber bildet der Haushalt der Volkswirtschaft eine Unterlage rein wirtschaftlicher Art;

b) es besteht eine Abweichung zwischen dem Finanzjahr, in dem der Staatshaushalt gilt, und dem Kalenderjahr, auf das sich der Haushalt der Volkswirtschaft bezieht. In Italien hat man eine Gesetzesvorlage vorbereitet, um diese beiden Zeiträume zur Übereinstimmung zu bringen;

c) in gewissen Ländern (wie in Italien) hat man einen juristischen Haushalt (oder „Kompetenzhaushalt"): daraus ergibt sich eine weitere Ursache der Verschiedenheit;

d) auch das Fehlen eines zusammengefaßten Haushalts der gesamten öffentlichen Verwaltung muß hervorgehoben werden;

e) schließlich muß man bemerken, daß die geltende Klassifizierung der Haushaltsvorgänge weder für die Erfordernisse einer wirtschaftlichen Untersuchung der Probleme noch für die Notwendigkeiten des praktischen Handelns ausreichend ist.

12. Wir haben somit gesehen, daß die Aufgabe sehr schwierig ist; trotzdem lassen uns die Versuche und die Forschungen, die man gerade zu Ende führt, ahnen, daß es möglich sein wird, zwischen den beiden genannten Haushalten die notwendigen Verbindungen herzustellen:

a) auf einer allgemeinen Ebene: die Anwendung vereinheitlichter Rechnungsarten durch die öffentlichen Zentral- und Lokalverwaltungen und durch alle öffentlichen Einrichtungen sowie die Anwendung eines allgemeinen Rahmens für die Rechnungsabschlüsse der Verwaltungen und großen öffentlichen Einrichtungen kann die Möglichkeit positiver Ergebnisse eröffnen;

auf dem privaten Sektor ist es notwendig, die Anwendung dieser Formen des vereinheitlichten Rechnungswesens für alle Vorgänge und für alle Unternehmen vorzuschreiben, wenn Subventionen oder Finanzierungshilfen gegeben werden oder wenn ganz oder teilweise Steuerbefreiung gewährt wird;

b) auf einer speziellen Ebene: die Neueinteilung der öffentlichen Einnahmen und Ausgaben war schon Gegenstand sorgfältiger Forschungen. In der Tat, wenn man sich vornimmt, die Struktur des Staatshaushalts im Verhältnis zu der Rolle, die er in der Volkswirtschaft als Mittel der Programmation und der Intervention spielt, genau zu interpretieren, ist es unentbehrlich, jeden Bestandteil des Haushalts mit Genauigkeit zu untersuchen. Deshalb ist es erforderlich, die Haushaltsausgaben und Haushaltseinnahmen genau zu klassifizieren.

13. Seit einiger Zeit haben die Experten des öffentlichen Rechnungswesens die Bedeutung hervorgehoben, die neben der verwaltungsmäßigen Einteilung der Ausgaben und Einnahmen der wirtschaftlichen und funktionellen Einteilung zukommt.

14. Die verwaltungsmäßige oder „technisch-formelle" Einteilung der Einnahmen und Ausgaben ist nicht entbehrlich, weil die Finanzgesetzgebung und das Gesetz über das staatliche Rechnungswesen daraus wichtige Folgerungen ziehen. Was jedoch die Bedeutung des Haushalts unter dem wirtschaftlichen und funktionellen Gesichtspunkt betrifft, muß man anerkennen, daß jene Einteilung nicht mehr passend und auch nicht ausreichend ist.

Da es an Zeit mangelt, möchte ich darauf verzichten, die Kritiken zusammenzufassen, die die Experten insoweit vorbringen. Auf der anderen Seite enthält jede Haushaltseinteilung ihre besonderen Fehler, und es scheint mir nützlicher, allgemeine Grundsätze aufzustellen, die soweit wie möglich in den verschiedenen Ländern übernommen werden können.

15. Die wirtschaftliche Einteilung der Einnahmen und Ausgaben des Haushalts ist das einzige Werkzeug, das uns die Möglichkeit gibt, den wirtschaftlichen Wert der Steuererhebungen oder Geldzuweisungen zu verstehen, die zu Lasten oder zum Vorteil verschiedener Bereiche der Gütererzeugung oder des Verbrauchs vorgenommen werden. Wenn man versucht, den Sinn oder die Bedeutung eines solchen Vorganges der Steuererhebung oder der Verteilung zu erfassen, kann man die „Struktur“ des Haushalts und die Beziehungen zwischen dieser „Struktur“ und der wirtschaftlichen „Struktur“ des Volkes besser verstehen. Gleichzeitig kann man die „Struktur“ der Einnahmen und die „Struktur“ der Haushaltsausgaben bestimmen.

Eine solche Analyse läßt uns außerdem die Beziehungen erkennen, die auf dem Gebiete des Geldwesens zwischen dem Staatshaushalt und dem Kapitalmarkt bestehen. Sie läßt uns ferner die Aspekte der Finanzierung der öffentlichen Investitionen wie ihre Beziehungen zu der Finanzierung der privaten Investitionen besser durchschauen.

Diese Analyse gibt uns schließlich die Möglichkeit, eine gemeinsame Prüfung der Ziele und der Folgerungen des finanzpolitischen Handelns (Gesamtheit der Gelderhebungen und der Zahlungen) vorzunehmen, zusammen mit einer Prüfung der Ziele und der Folgerungen aller anderen Tätigkeiten der öffentlichen Interventionen in die Wirtschaft eines Landes.

16. Eine entsprechende Untersuchung müßte sich vor allem sorgfältig darum bemühen, die laufenden Vorgänge von den Vorgängen zu trennen, die zu „Kapitalbewegungen“ oder auch zu einfachen „Geldumläufen“ führen. Zweifellos kennt man diese Unterschiede in unserem Rechnungswesen; aber die Grundsätze, auf denen sie beruhen, unterscheiden sich von den wirtschaftlichen und wissenschaftlichen Prinzipien, die im staatlichen Rechnungswesen gelten.

a) Was die Einteilung der Einnahmen angeht, kann man unterscheiden zwischen den Einnahmen, die aus der Verwaltung (oder dem Verkauf) von Staatsvermögen herrühren oder aus der wirtschaftlichen Ausnutzung der staatlichen Unternehmen (Erzeugung von öffentlichen Dienstleistungen oder Waren), und den Einnahmen, die Tätigkeit der Steuerbehörden erbringt.

Unter diesen letzteren kann man dem Ursprung nach Einnahmen unterscheiden, die herrühren:

— aus Steuern auf das Einkommen oder das Vermögen,

— aus Steuern auf den Umsatz,

— aus Steuern auf die kommerziellen Vorgänge,

— aus Steuern auf den Verbrauch lebensnotwendiger Güter,
— aus Steuern auf den Verbrauch von Luxus- oder Halbluxusgütern,
— aus den staatlichen Monopolen,
— aus den Lotterien.

Diese Einteilung stellt einen ganz offensichtlichen Fortschritt gegenüber den empirischen Einteilungsmethoden dar, die bisher gültig waren.

Man kann sie kritisieren, denn der theoretische Grundsatz, der ihre Grundlage bildet (nämlich die Fähigkeit der direkten und indirekten Steuern, von einem Träger zum anderen überzugehen), hat keine absolute Natur. Man kann sie weiterhin kritisieren, weil die gewählten Gruppierungen nicht die besten zu sein scheinen (so kann man z. B. darüber streiten, ob es zweckmäßig ist, die Einkünfte aus den Lotterien in eine eigene Gruppe zu stellen), aber man muß zugeben, daß der Versuch gelungen ist, zu einer rationellen Einteilung zu gelangen.

Was die Ausgaben betrifft, sollte man

— bei den laufenden Ausgaben und bei den Ausrüstungsausgaben unter wirtschaftlichen Gesichtspunkten sehr genaue Gruppierungen vornehmen:

— die Ausgaben für den Kauf von Waren unterscheiden von den Ausgaben für die Bereitstellung von Dienstleistungen, indem man sie nach den großen wirtschaftlichen Kategorien einteilt (militärische Verteidigung, Sicherheit, Unterrichtswesen, Rechtsprechung usw.);

— weiter unterscheiden zwischen den Ausgaben, die die Transfergeschäfte, die Steuerrückerstattungen, die Zinszahlungen, die Subventionen an Private usw. betreffen;

— schließlich unterscheiden zwischen den Investierungsausgaben, den Ausgaben für die Errichtung eines Gebäudes, für die Schaffung von Wohlfahrtseinrichtungen usw.

17. Seit einiger Zeit trifft man häufig auf die Begriffsbestimmung einer neuen Haushaltsart, nämlich des funktionellen Haushalts. Dieser Haushalt hat nach dem Vorbild der Industriebetriebe zum Ziel, die verschiedenen (direkten und indirekten) „funktionellen Bereiche" und infolgedessen die typischen „Funktionen" der öffentlichen Verwaltung zu bestimmen. Außerdem ist es das Ziel dieses Haushalts, in einem Programm die Tätigkeit der verschiedenen Zweige der Verwaltung zu ordnen und ihre „Kosten" zu bewerten.

Im Hinblick auf diese Ziele, die gänzlich im Innern der öffentlichen Verwaltung liegen, und im Bereich der Gültigkeit eines Kostenbegriffes, der sich auf die Verwaltungstätigkeit bezieht, erweist sich die funktionelle Neueinteilung der Haushaltsgegebenheiten als ein vorteilhaftes Werkzeug. Doch muß manche Begeisterung gedämpft werden, denn man muß der wirtschaftlichen Einteilung der Haushaltsgegebenheiten den Vorrang einräumen.

Selbst was die „Programmation“ angeht, muß hervorgehoben werden, daß die wirkliche Programmation, die im umfassenden Zusammenhang einer allgemeinen Leitlinie und einer organischen Reihe von Interventionen gesehen werden muß, die wirtschaftliche Programmation ist. Sie darf nicht vermengt werden mit einer Tätigkeit (und es handelt sich zweifellos um eine sehr wichtige Tätigkeit), die lediglich darauf abzielt, die Verwaltungsfunktionen besser wiederzugeben, ihre zweckmäßige und regelmäßige Entwicklung zu kontrollieren und sorgfältig den Betrag der Ausgaben zu errechnen, der auf jeden Funktionsbereich entfällt, sei es direkt oder indirekt.

18. Hier muß, wenn auch nur kurz, an die kritische Überprüfung der herkömmlichen Markttheorie erinnert werden und infolgedessen an den Platz, der dem Staatshaushalt im Markt eingeräumt wird, sowie an die theoretischen Entwicklungen, die von J. M. Keynes bis zu den Wirtschaftswissenschaftlern der alten und der neuen Schule des Wohlstandes dabei sind, die alten Grundsätze durch neue Auffassungen zu ersetzen. Alle diese Faktoren betreffen in hohem Maße die klassischen Prinzipien des Staatshaushalts.

19. Der Grundsatz der Jährlichkeit des Haushalts, der durch scharfsinnige Verfahren, deren Mechanismus von einem zum anderen Land verschieden ist, weitgehend durchbrochen wird, macht dem Grundsatz der Einheitlichkeit des Programms Platz. Dieser Grundsatz stellt vor allem auf die Verwirklichung des Haushaltsgleichgewichts in einem längeren Zeitraum ab und folgt damit den neueren Theorien über den Konjunkturzyklus und die Konjunkturentwicklung.

Die Vermehrung der Aufgaben der öffentlichen Hand und deren wachsende Vielfältigkeit haben die Grundsätze der Einheitlichkeit und der Vollständigkeit des Haushalts zerstört oder verändert.

Dabei muß an die wachsende Bedeutung der Gemeinwesen neben dem Staat, wie der Regionen, der Provinzen und der Gemeinden, erinnert werden. Sie alle haben ihr Finanzwesen und infolgedessen einen Haushalt mit Einnahmen und Ausgaben.

Ebenso ist auf den Gebieten der Sozialfürsorge und der Sozialversicherung und sehr oft auch im Bereich der öffentlichen Investitionen eine Reihe von öffentlichen Einrichtungen neben dem Staat tätig. (In Italien z. B. die sogenannte Cassa del Mezzogiorno).

Die Haushalte dieser abgesonderten Einrichtungen werden mit dem Staatshaushalt verbunden, und das mit gutem Grund. Daher erscheint es notwendig, die Vereinheitlichung der Perioden des Rechnungsjahres und die Verwendung von Rechnungsregeln, die soweit wie möglich in

Übereinstimmung gebracht und vereinheitlicht sind, anzustreben. Außerdem hat man oft die sachliche Forderung erhoben, einen zusammengefaßten Haushalt aufzustellen, um einen Rahmen zu haben, der die Gesamtheit des öffentlichen Sektors umfaßt.

Um ein vollständiges Bild der augenblicklichen Lage zu geben, sei noch hinzugefügt, daß das Problem einer Gesamtdarstellung der haushaltsmäßigen Lasten und Einkünfte sich für die öffentlichen Unternehmen in gleicher Weise stellt, ob es sich um Unternehmen handelt, die innerhalb der öffentlichen Verwaltung geschaffen worden sind (Aziende Autonome) oder um Unternehmen, die in der Form öffentlicher Einrichtungen ins Leben gerufen wurden oder um Firmen, an denen der Staat direkt oder indirekt beteiligt ist.

20. Es würde zu weit führen, die Auffassung zu erörtern, die von einigen — wie z. B. von der Europäischen Kommission in Brüssel — vertreten wird, daß es nämlich richtig sei, aus dem eigentlichen Staatshaushalt die Produktionsunternehmen herauszunehmen. Diese Ansicht stützt sich auf die besondere Art der Tätigkeit, die diese Unternehmungen — oft unter Wettbewerbsbedingungen — auf dem Markt ausüben.

Wir beschränken uns darauf, *in formeller Hinsicht* hervorzuheben, daß eine erste Verbindung durch die Tatsache hergestellt wird, daß die Kapitalien dieser öffentlichen Einrichtungen oder dieser Gesellschaften im Vermögenskonto des Staates verzeichnet werden; eine zweite Beziehung tritt zutage, wenn die Gewinne der Geschäftsführung an den Staat abgeliefert werden.

In sachlicher Hinsicht sei darauf hingewiesen, daß auch die öffentlichen Unternehmen zur Verwirklichung der Ziele handeln, die die Ziele der Gemeinschaft insgesamt sind. Sie müssen ihre Aufgaben erfüllen, um die Ergebnisse, die durch das Wirken aller anderen Werkzeuge der staatlichen Interventionen erreicht werden, zu vervollständigen. Um die Verbindung zwischen den Haushalten dieser Unternehmen und dem Haushalt der Volkswirtschaft wirkungsvoll zu gestalten, ist man in Italien dabei, den zusammengefaßten Haushalt des Sektors der staatlichen Unternehmen aufzustellen.

21. Man wirft dem öffentlichen Rechnungswesen laufend vor, daß es in einer äußerst empirischen Art und Weise und geradezu rudimentär aufgebaut ist: seine Bestimmungen sind zugleich pedantisch und spitzfindig, unzulänglich und willkürlich.

Deshalb sind die Haushaltstechniker davon überzeugt, daß es notwendig ist, sich gemeinsam darum zu bemühen, die gesetzlichen Vorschriften, die Rechnungssysteme und die gesamte Struktur des Staatshaushalts zu modernisieren.

Magnifizenz, meine Damen und Herren!

Ich bin mir bewußt, daß mein Bericht manche Punkte, die ihrer Bedeutung nach eigentlich nicht hätten außer acht gelassen werden dürfen, nicht berührt hat, so wie er auch nicht alle untersuchten Probleme erschöpfen konnte.

Jedoch wage ich zu hoffen, daß ich eine Aufgabe erfüllt habe, nämlich daß ich einen ziemlich klaren und vollständigen Überblick gegeben habe über die Art und Weise, wie die Probleme in Italien gesehen werden, und über die Bemühungen, die man bei uns fördern wird, um unsere Haushaltsinstitutionen zu verbessern oder die augenblicklichen Schwierigkeiten zu bewältigen.

Unser Zusammentreffen war ein glücklicher Anlaß, um erneut über die grundlegenden Probleme des Staatshaushalts nachzudenken und die verschiedenen nationalen Erfahrungen darzulegen.

Und alle, die Vertrauen in den tätigen Willen der Menschen haben, nicht nur um die wissenschaftliche Wahrheit besser zu erkennen, sondern noch mehr um einen größeren und gerechter verteilten Wohlstand zu schaffen, alle die diese Hoffnungen haben, können sich wegen dieser Initiative nur beglückwünschen.

Aus diesem Gefühl heraus erlaube ich mir, Sr. Magnifizenz, dem Herrn Rektor, meinen Dank dafür zu sagen, daß er diese Tagung anberaumt hat. Gleichzeitig möchte ich meinen Wunsch zum Ausdruck bringen, daß die begonnenen Untersuchungen und die eingeleiteten Reformen einen neuen Antrieb und eine von großer Autorität getragene Ermahnung erhalten mögen.

Die organisatorische, funktionelle und wirtschaftliche Klassifikation des Haushaltsplanes der Niederlande

Von Johannis Pieter de Looff

Staatsrechtlich gesehen ist der Staatshaushalt sowohl ein finanzielles als auch ein politisches Programm. Er ist der Ausgangspunkt der Diskussionen in der Volksvertretung und wird nach Annahme die von dem Gesetzgeber der Verwaltung erteilte Vollmacht. Nicht nur die sozialpolitische, sondern auch die wirtschaftspolitische Funktion des Haushaltsplanes ist recht belangreich. Das sozial Erwünschte soll ja wirtschaftlich möglich sein, um verwirklicht werden zu können. Wenn man beide genannte Funktionen zu ihrem Recht kommen lassen will, so wird der Haushaltsplan genau analysiert und beurteilt werden müssen. Die dazu gehörenden Dokumente sollen eine möglichst klare Einsicht verschaffen. Der Wert des Budgetrechts hängt ja engstens mit den in diesem Budgetdokumenten enthaltenen Beurteilungsmöglichkeiten zusammen. Eine Darstellung, die den Umfang und die Art der vom Staat zu erfüllenden Aufgaben sowohl in den einzelnen Bereichen wie in der Gesamtheit — nebst etwaigen separaten ergänzenden Übersichten — deutlich ersehen läßt, ist nicht nur einem verwaltungstechnischen Zweck, sondern besonders der Ausübung des Budgetrechtes selbst dienlich.

Die neuzeitliche makro-ökonomische Theorie setzt den Einfluß des Staatshaushaltsplanes auf die Wirtschaft deutlich ins Licht. Dieser Einfluß soll soviel wie möglich beurteilt werden können. Keine Regierung und kein Parlament darf die Bedeutung dieses Einflusses aus dem Auge lassen. Bei einer auf eine gleichmäßige Entwicklung der Volkswirtschaft gerichteten Politik ist es von Wichtigkeit, die nationalen Aufwendungen und deshalb die Staatsausgaben sowie die Steuereinnahmen innerhalb angemessener Grenzen — sowohl nach oben wie nach unten — zu halten.

Ich werde jetzt einige Bemerkungen machen über die *organisatorische* Gliederung des Haushaltsplanes, die *funktionelle* Klassifikation des Budgets und die *wirtschaftliche* Klassifikation.

Man kann auch hier die Trilogie aus der Betriebswirtschaftslehre gebrauchen, nämlich die von *Kostenstellen, Kostenträgern* und *Kostenarten.* Die organisatorische Gliederung ist die Gliederung nach Organisationseinheiten. Hier haben wir die Kostenstellen.

Die funktionelle Klassifikation ist die Gliederung nach Staatsaufgaben: z. B. öffentliche Wohnungsfürsorge, Verkehrswesen, wirtschaftliche Angelegenheiten, Volksgesundheit, Justiz und Polizei usw. Dies sind die Kostenträger.

Die wirtschaftliche Klassifikation ist eine Klassifikation nach *Kostenarten*. Dies ist eine makro-ökonomische Gruppierung der Ausgaben und der Mittel: Ausgaben wie Konsum, Investitionen usw.

Eine ganz andere, mehr traditionelle Klassifikation nach Kostenarten ist die Gliederung nach Personalausgaben, Gebäudeunkosten, Abschreibungen usw.

Die organisatorische Gliederung des Haushaltplanes

Die Verwaltungsverantwortlichkeiten sollen in der Struktur des Haushaltsplanes zum Ausdruck gebracht werden. Die französische Redensart: „Un budget c'est un homme" gibt deutlich den Gedanken wieder, der der verwaltungstechnischen Funktion des Haushaltsplanes zugrunde liegt. Die Verwaltung verlangt und erhält die Genehmigung bezüglich der von ihr zu erfüllenden Aufgaben im Einklang mit den in dem Haushaltsplan angegebenen Grenzen und Spezifikationen. Dieses kommt in dem in den Niederlanden gewählten, grundlegenden Gefüge des Haushaltsplanes, eine Gliederung nach Organisationseinheiten, zum Ausdruck.

Hierbei ging man einmal von der Erwägung aus, daß die Klassifikation der Ausgaben nach staatlichen Aufgaben beziehungsweise makro-ökonomischen Kriterien besonders für die Gesamtziffern des Haushaltsplanes von Gewicht sind. Weiterhin war man sich darüber im klaren, daß für eine wirksame Erfüllung der gesteckten Ziele eine deutliche Abgrenzung der Verantwortlichkeiten Voraussetzung ist. Dieses gilt nicht nur für die Verantwortlichkeit der Minister gegenüber dem Parlament, sondern auch für die mit der Ausführung beauftragten Abteilungsleiter gegenüber ihrem Minister. Dieses System paßt sich auf zweckmäßige Weise dem in den Niederlanden verankerten Grundsatz der ministeriellen Verantwortlichkeit an. Die Gliederung nach Organisationseinheiten wurde mit der nach den Arten der Ausgaben kombiniert. Diese Kombination hält man für die beste, weil es dabei möglich ist, die Ausgaben und die Einnahmen durch Zusammenfassung nach ihren wirtschaftlichen Kriterien zu klassifizieren, zu analysieren und zu gruppieren mit dem Ziel einer Durchleuchtung der makro-ökonomischen Funktion des Haushaltsplanes.

Die funktionelle Klassifikation

Die Gliederung nach staatlichen Aufgaben ist, wie gesagt, mehr von Bedeutung für eine Analyse und Beurteilung des Haushaltsplanes in seiner Gesamtheit. Eine Übersicht nach diesem Kriterium wird in den Benelux-Ländern aus dem Haushaltsplan unter Benutzung einer einheitlichen funktionellen Klassifikation hergeleitet. An Hand derartiger jährlicher Übersichten kann ersehen werden, ob die richtige Relation bei der Verwendung der zur Verfügung stehenden Gelder berücksichtigt wurde. Hierbei wird insbesondere auf die Dringlichkeit der Aufgaben geachtet. Die Regierung kann an Hand einer derartigen Analyse die Frage der Dringlichkeit entscheiden, beziehungsweise kann sich die Volksvertretung ein diesbezügliches Urteil bilden. Was alsdann tatsächlich geschieht, ist ein Abwägen der Prioritäten der verschiedenen zu erfüllenden Staatsaufgaben. Diese Übersicht wird in den Niederlanden gegeben. Sie ist in die Note, die der Finanzminister bei Gelegenheit der jährlichen Vorlage des Staatshaushaltsplanes der Volksvertretung zugehen läßt, aufgenommen worden. Um nach diesen Kriterien die staatlichen Aufgaben leicht gruppieren zu können, wurden die einzelnen Budgetposten bis ins einzelne aufgeschlüsselt. Dieser Schlüssel wurde in eine besondere Spalte aufgenommen. Selbstredend liegen dieser Aufteilung Begriffsbestimmungen zugrunde, um unterschiedlichen Auffassungen und Auslegungen vorzubeugen und um die Vergleichsmöglichkeiten mit anderen Ländern und Zeiten zu gewährleisten. Die funktionale Klassifikation enthält außer den Ausgaben für die allgemeine Verwaltung u. a. auch die Rüstungsausgaben, die Ausgaben für die Rechtspflege und Polizei, für Verkehr, für Unterricht und Kultus, soziale Maßnahmen usw. Wie gesagt, ist der proportionale Anteil von jeder dieser Gruppen in der Gesamtheit der Staatstätigkeiten interessant. So betrug gemäß dem Haushaltsplan für 1961 der Anteil der Rüstungsausgaben ca. 19 % und der für Unterricht und Kultus fast 18 %.

Die wirtschaftliche Klassifikation

Eine funktionale Gliederung ist schon interessant, wenn sie nach den traditionellen Begriffen wie „Ausgaben für Personal“, „Gebäudeunkosten“, „Anschaffungen“ usw. erfolgt. Hierdurch sind Vergleiche der einzelnen Kostengruppen untereinander und historische Untersuchungen möglich. Für diese Kategorien können gegebenenfalls allgemeine Grundsätze gefunden werden. Die Praxis lehrt jedoch, daß die Bestimmung von Kostennormen in der Staatsverwaltung infolge der immer wechselnden Verhältnisse und die Festsetzung einer Leistungseinheit eine recht schwierige Sache ist.

Wichtiger ist jedoch die makro-ökonomische Gruppierung der Ausgaben und Einnahmen. Sie bietet die Möglichkeit, die makro-ökonomische Wirkung des öffentlichen Haushalts auf die Volkswirtschaft annähernd festzustellen. Der hierbei benutzte Schlüssel ist auf die wirtschaftlichen Begriffsbestimmungen der Vereinten Nationen und der OEEC (Die Europäische Organisation für wirtschaftliche Zusammenarbeit) abgestimmt. Dieser wird ebenfalls verwendet im Statistischen Zentralamt (Centraal Bureau voor de Statistiek) bei der Aufstellung der Nationalrechnungen und im Zentralen Planungsamt (Centraal Planbureau) bei der Zusammenstellung der zentralen wirtschaftlichen Pläne.

Ebenso wie die funktionale Gliederung wird die Gliederung nach wirtschaftlichen Kriterien in einer besonderen Rubrik in den Haushaltsplänen aufgeführt. Auf diese Weise ist es möglich, sämtliche Staatsausgaben zweckmäßig zu analysieren und die Bedeutung der Wirkung auf die konjunkturelle Entwicklung annähernd festzustellen. Durch eine derartige Analyse werden die Komponenten der Staatsausgaben und -einnahmen als Instrumente der Konjunkturbeeinflussung besser unterschieden und hantierbarer. Selbstredend ist eine richtige Rubrizierung zu gewährleisten.

Die auf diese Weise entstandenen statistischen Größen bilden eine wertvolle Grundlage für die Berechnung des Einflusses des Staatsbudgets auf die Volkswirtschaft. Weiter können sie mit geringer Mühe in das ökonometrische Modell, das das Zentrale Planungsamt bei der Aufstellung von Prognosen benutzt, eingepaßt werden, — ebenfalls in das System von Nationalrechnungen, welche das Statistische Zentralamt anwendet.

Anschließend an die Betrachtungen über die wirtschaftliche Klassifikation möchte ich noch eine kurze Bemerkung über einen Vorschlag der Kommission für die Reform des Haushaltsrechts in den Niederlanden machen. Man hat mich heute nachmittag gefragt, warum diese Kommission die Unterscheidung des Haushaltsplanes in einem „ordentlichen" Haushalt und in einem „außerordentlichen" Haushalt ablehnt.

Diese Ablehnung beruht — kurz gesagt — auf dem Prinzip, daß das Defizit des Staatsbudgets, d. h. das Defizit des ganzen Budgets, nicht größer sein darf als der nationale Sparüberschuß. Das hat Konsequenzen für die Anleihepolitik. Das Prinzip, daß Investitionen aus Anleihemitteln gedeckt werden können, ist in den Niederlanden verlassen. Die Anleihepolitik ist jetzt in den Dienst des monetären Gleichgewichts gestellt. Es geht nicht länger um das Gleichgewicht des Budgets (das Gleichgewicht im ordentlichen Haushalt), sondern um das Gleichgewicht der nationalen Volkswirtschaft. Das bedeutet z. B., daß, falls es eine übermäßige Ausdehnung der Investitionen gibt, der Staat sein Budgetdefizit beschränken soll. Der Grundgedanke ist also: der Staat hat für das monetäre Gleichgewicht zu sorgen, d. h. das Gleichgewicht zwischen dem Investitions- und dem Sparvolumen.

Und zum Schluß noch einige Betrachtungen über die Zusammenarbeit in den Benelux-Ländern. Diese Zusammenarbeit besteht seit mehr als zehn Jahren. Es ist für die Benelux-Länder von großer Bedeutung, die Budgets der drei Länder vergleichen zu können. Auf diese Weise ist es möglich, in die verschiedenen Aspekte der Staatspolitik Einsicht zu nehmen. Es ist nötig zu erkennen, daß die allgemeine Budgetpolitik ein wesentliches Element der allgemeinen Finanzpolitik ist.

Die offiziellen Budgetdokumente der drei Länder sind nicht ohne weiteres miteinander zu vergleichen. — Sie müssen einander angepaßt werden.

Seit 1950 hat sich die Benelux-Kommission für das vergleichende Studium der Staatshaushaltspläne damit beschäftigt, einen Rahmen zu finden, der einen Vergleich der Haushaltspläne ermöglichen soll. Die Ergebnisse sind in Jahresberichten veröffentlicht worden. Diese Arbeit ist keinesfalls leicht, sondern mit vielen Schwierigkeiten verbunden.

Die Gliederung des öffentlichen Haushaltes in der Schweiz

Von Maurice Heimann

Gestatten Sie mir, sehr geehrter Herr Rektor, vorweg meine große Dankbarkeit dafür auszusprechen, daß mir Gelegenheit geboten worden ist, an der Hochschule für Verwaltungswissenschaften in Speyer einen, wenn auch noch so bescheidenen Beitrag zum aktuellen Problem der Gliederung der im Zusammenhang mit der staatlichen Tätigkeit stehenden buchhalterischen Vorgänge zu vermitteln. Thematische und zeitliche Schranken ergeben sich aus dem Programm selbst, so daß ich mich darauf beschränken muß, Ihnen in gedrängter Form einen Überblick über die in der Schweiz gemachten Erfahrungen zu geben.

I.

Systematische Gliederung bedeutet immer Ausscheidung und Zusammenfassung in gleichartige Gruppen nach bestimmten Gegebenheiten. Ohne Zweifel ist dies eine Binsenwahrheit, die man jedoch erst einmal erlebt haben muß, um ihre Tragweite voll erfassen zu können. Im Jahre 1938 setzte in der Schweiz eine durchgreifende Umgestaltung der althergebrachten Gliederung ein, einer damaligen Ordnung, welche eher einer Unordnung gleichkam. So fand man als antizipierte Ausgaben sogenannte Einlagen in Spezialfonds — nach der buchhalterischen Terminologie übrigens Rückstellung genannt —, während die tatsächlichen Ausgaben durch diese Fonds erst in späteren Jahren und dazu noch außerhalb des Voranschlags getätigt wurde. Abschreibungen erschienen unter den Ausgaben, obschon die abzuschreibende Anschaffung bereits in einem früheren Rechnungsjahr als Ausgabe getätigt wurde. Ferner wurden zweckgebundene Einnahmen in Depotkonten gebucht, und diesbezügliche Ausgaben erfolgten außerhalb des Voranschlages oder es wurden auch Ausgaben zu Lasten von Einnahmenrubriken des Voranschlages getätigt oder Einnahmen dazu verwendet, Ausgaben rückzuvergüten.

Die Säuberung der Konten bestand in erster Linie in einem Vorausscheiden der buchhalterischen Vorgänge in drei Hauptgruppen.

In der einen Gruppe erfaßte man die das Staatsvermögen betreffenden Vorgänge, d. h. die Veränderungen der Vermögensbestandteile, die jedoch keinen Einfluß auf den Wert des Reinvermögens, bzw. die Fehldeckung, ausüben. Diese Vorgänge sind in einer Kontengruppe unter dem Titel *„Vermögensrechnung"* zusammengefaßt, deren Zusammensetzung die Bilanz ergibt. Sie ist das buchhalterische Mittel, um den Wert der finanziellen und verwaltungsmäßigen Aktiven und Passiven sowie die Schuld- und Forderungsverhältnisse auszuweisen. Sie ermöglicht es ferner, die Liquidität der Körperschaft zu ermitteln, Schulden und Guthaben, Sachwerte und der Umfang ihrer Abschreibung, Guthaben und Forderungen zwischen Dienststellen der Verwaltung selbst wie auch die Vermögenslage des Staates festzustellen. Alle diese Begebenheiten beschlagen den Bereich der internen Analyse. Die externe Analyse vermittelt die Bewegung der öffentlichen Schulden und Anlagen, d. h. die Beanspruchungen oder umgekehrt die Rückzahlungen auf dem Kapitalmarkt.

Die zwei andern Hauptgruppen bilden zusammen die Erfolgsrechnung. Sie umfassen sämtliche Vermögensveränderungen, d. h. diejenigen Vorgänge, die den Staat reicher oder ärmer machen. Die Erfolgsrechnung läßt erkennen, ob im Laufe einer bestimmten Zeitspanne Aufwand und Ertrag sich ausgleichen oder sich die Tätigkeit des Staates durch einen Reinertrag oder Fehlbetrag ausdrückt. Also kommt dieser Rechnung die natürliche Rolle der internen Analyse über die Tätigkeit des Staates zu; sie kann zudem herangezogen werden, um die Auswirkungen staatlicher Tätigkeit auf die Wirtschaft zu analysieren, jedoch unter der Voraussetzung, daß die Faktoren finanzieller Natur von den rein buchhalterischen ausgeschieden werden.

Die finanziellen Faktoren, d. h. Ausgaben und Einnahmen, sind in Ausführung des Voranschlages in der *„Finanzrechnung"* erfaßt. Diese Rechnung vermittelt einerseits den Geldverbrauch, der vom Staate für die Ausführung seiner zu erfüllenden Pflichten benötigt worden ist, sei er vermögenswirksam oder nicht, und anderseits den Geldeingang des Staates in Ausübung seiner Fiskalhoheit oder auch aus seinen Lieferungen und Dienstleistungen. Für die Wirtschaft stellen die Ausgaben eine Verteilung und die Einnahmen eine Abschöpfung der Kaufkraft dar. Damit wurde das Mittel geschaffen, das der Analyse der Auswirkungen der Verwaltungs-, Interventions- und Fiskaltätigkeit des Staates auf die Wirtschaft zu dienen hat.

Die buchhalterischen Faktoren — Aktivierung, Abbuchung und Abschreibung von Aktiven, Einlagen in sowie Entnahmen aus Rückstellungen, verschiedene Verluste und Gewinne — sind Bestandteile der *„Rechnung der Vermögensveränderung"*. Zweck dieser Rechnung ist die Rechnungsabgrenzung mit Hilfe der Verteilung des aus den Ausgaben und Einnahmen sich ergebenden Aufwandes und Ertrages auf die bezüglichen Jahre. So wird neben dem finanziellen auch das buchhalterische Ergebnis eines jeden Rechnungsjahres bekannt, ohne daß dadurch weder die Finanzrechnung von ihrer Reinheit etwas einbüßt noch die Budgetgrundsätze der Universalität, der Einmaligkeit, der Einheit und der Bruttodarstellung verletzt würden. Die Rechnung der Vermögensveränderung bildet somit die Ergänzung, welche die Möglichkeit bietet, je Budgetperiode den Einfluß der Tätigkeit des Staates auf sein Reinvermögen festzustellen.

Diese vorerwähnten Unterscheidungen sind unerläßlich, um die Gleichheit in der Zusammensetzung der zu klassierenden Materien zuerhalten; sie sind in gleichem Sinne ebenso grundlegend wie für den Naturforscher das Mineral-, Pflanzen- und Tierreich. Bevor in das eigentliche Problem eingetreten wird, mußte ich unbedingt auf die elementaren Grundlagen und die Frage der Nützlichkeit der Gliederung nach sogenannten wirtschaftlichen Gesichtspunkten hinweisen. Wie viele Statistiken auf dem öffentlichen Gebiete vermitteln lediglich scheinbare Wahrheiten, weil das Gesagte nicht beachtet wurde! Solche Statistiken sind weitaus weniger empfehlenswert als überhaupt keine.

II.

Die älteste und ohne Zweifel auch gegebenste und am leichtesten durchführbare Gliederung ist diejenige nach Verwaltungsorganisation, die sich auf eine bereits bestehende politische und verwaltungsmäßige Organisation stützt.

Dies will jedoch nicht sagen, daß der Voranschlag anfänglich ohne weiteres nach der Verwaltungsorganisation unterteilt worden ist. Im Gegenteil, je nach Verhältnissen und oft aus Gründen der Opportunität und der Aktualität wurden die Voranschlagsrubriken in Hauptgruppen, Gruppen und andere Unterteilungen ausgegliedert, hier nach der Natur der Ausgaben und Einnahmen, dort nach Aufgaben des Staates oder auch nach Dienststellen der Verwaltung. Wenn in diesem Mischsystem die Gliederung nach Verwaltungsorganisation weitgehend vorherrschend war, so ganz einfach darum, weil das Organ die Funktion bestimmt und somit eine Übereinstimmung zwischen der verwaltungsmäßigen Ordnung und der funktionellen Ordnung vorhanden war. Immer mehr jedoch geht diese Übereinstimmung auseinander, weil die Staatsaufgaben vielgestaltiger geworden sind und oft verschiedene Ausführungsorgane beschlagen.

Vor 20 Jahren wurde in der Schweiz die institutionelle Gliederung systematisch vorgenommen. Im Gegensatz zur Betriebsbuchhaltung, wo die Analyse der Kostenstellen eine wichtige Rolle spielt, scheint es nicht angezeigt, den Kostenaufwand oder den Ertrag der einzelnen Verwaltungen durch die Verteilung des Aufwandes und des Ertrages des Staates zu kalkulieren, weil von den beiden Grundlagen der Kalkulation,

d. h. den Entstehungskosten des Produkts und seinem Verkaufspreis, die zweite normalerweise fehlt. In Berücksichtigung dieser Tatsache wurden Verrechnungen zwischen Dienststellen für Lieferungen und Dienstleistungen verboten, einmal, um das Entstehen von Einnahmen, welche durch Ausgaben kompensiert werden, zu vermeiden — sowohl die einen wie die andern sind in der Gesamtheit des Voranschlages fiktiv — und anderseits aus Gründen der Einsparung und der Rationalisierung. Unter diesen Bedingungen ist der analytische Wert der Gliederung nach Verwaltungsorganisation äußerst gering. Diese Gliederung beschränkt sich somit auf die Zuteilung der Konten an die Organe, welche das Recht haben, darüber zu verfügen, und verpflichtet sind, sie zu verwalten.

Die Bundesverfassung der Schweizerischen Eidgenossenschaft, welche die Organe des Staates in ihren Spitzen bezeichnet, bestimmt folglich auch die Struktur der Gliederung nach Verwaltungsorganisation; übrigens eine bemerkenswert stabile Struktur. Die gesetzgebende, gerichtliche und ausführende Behörde, inbegriffen die Bundeskanzlei, bilden den ersten Teil der Gliederung unter der Bezeichnung „Allgemeine Verwaltung". Die eigentliche verwaltungsmäßige Organisation ergibt sich aus zwei Bundesverfassungsartikeln: „Die oberste vollziehende und leitende Behörde der Eidgenossenschaft ist ein Bundesrat, welcher aus 7 Mitgliedern besteht" und „Die Geschäfte des Bundesrates werden nach Departementen unter die einzelnen Mitglieder verteilt". Die 7 Departemente bilden somit die sieben weiteren Teile der Gliederung nach Verwaltungsorganisation. Jede Gruppe, numeriert von 1—8, ist unterteilt in so viele Untergruppen als Dienststellen vorhanden sind, die von 01—99 je nach Bedarf numeriert sind. So sind alle Dienststellen des Staates im Plan der Gliederung nach Verwaltungsorganisation durch eine Zahl mit drei Ziffern bezeichnet. An diesem Plan wurden im Laufe seines 20jährigen Bestehens als Änderung lediglich einige Anpassungen infolge Schaffungen oder Aufhebungen von Verwaltungsstellen oder verwaltungsmäßiger Reorganisationen im Schoße des einen oder andern Departementes vorgenommen.

Der Vollständigkeit halber sei präzisiert, daß der die Nummer 0 tragende Titel dem Kassen- und Rechnungswesen zur Bezeichnung seiner eigenen Dienstzweige zur Verfügung steht, und daß die Nummern des Titels 9 zur Kennzeichnung der halbamtlichen Stellen oder von Dritten, welche mit dem Staat in Rechnung stehen, dienen.

Die Anwendung des institutionellen Planes erstreckt sich über die gesamten Konten, d. h. sowohl diejenigen der Vermögensrechnung, Finanzrechnung und der Rechnung der Vermögensveränderungen. Nach außen hin tritt dieser Plan nur in Voranschlag und Rechnung aus Gründen der Opportunität und Klarheit in Erscheinung, jedoch nicht für die

Bilanz und die Rechnung der Vermögensveränderungen, weil die verwaltungsmäßige Zuteilung der bezüglichen Konten nur für die interne Ordnung von Wichtigkeit ist.

III.

Es ist selbstverständlich, daß weder die Aktiven und Passiven noch der budgetmäßige Aufwand und Ertrag gleich einer formlosen Masse ohne Aussagewert präsentiert werden dürfen, denn der Voranschlag untersteht der politischen Kontrolle des Parlamentes, welches über die zweckentsprechende Verwendung seiner Budgetbewilligungen bestimmen und nicht einfach Sammelkredite ohne besondere Zweckbestimmung eröffnen will. Daher hat eine Unterteilung der Aktiven und Passiven, der Einnahmen und Ausgaben sowie der Vermögensveränderungen zu erfolgen.

Obschon das Unterteilen bereits stillschweigend im Begriff „Konto“ enthalten ist, ist die systematische Gliederung hinsichtlich der wirtschaftlichen Aussagekraft des Zahlenmaterials von Voranschlägen und Staatsrechnungen eine relativ neue Idee und noch sehr verschieden in der Befolgung des Zieles und der vorgeschlagenen technischen Durchführung.

Ich will bei der in der Schweiz getroffenen Lösung hinsichtlich der Gliederung der Vermögensbestandteile nicht zu lange verweilen; letztere sind in der Bilanz in der Reihenfolge der abnehmenden Verfügbarkeit der Aktiven und der Kündbarkeit der Passiven ausgewiesen. Anpassungen wurden nötig, um das Finanzvermögen, das Verwaltungsvermögen, die öffentlichen Schulden, die Verwaltungsschulden und die internen Forderungen und Verpflichtungen, die Spezialfonds, die Rückstellungen und die Rechnung des Reinvermögens auseinanderzuhalten. Es handelt sich hierbei um eine Gliederung nach Sachgruppen, welcher die institutionelle Gliederung weichen mußte.

Für Finanzvoranschlag und -rechnung ließen wir uns davon leiten, daß der parlamentarische Budgetbeschluß eine bindende Weisung an die Verwaltung bedeutet. In der Tat ist es so, daß der Voranschlag in der Schweiz kein Gesetz ist und die Ausgaben und Einnahmen des Voranschlages auf Rechtsgrundlagen beruhen, welche die Aufgaben des Staates bestimmen. Dies hat zur Folge, daß die budgetmäßige Spezifikation zuerst der Natur der bewilligten Ausgaben und Einnahmen Rechnung tragen muß und nicht den Aufgaben. Mit andern Worten kommt zu der institutionellen Gliederung noch eine zweite, diejenige nach Sachgruppen. Wir haben daher die Ausgaben- und Einnahmemasse in ihre natürliche Zusammensetzung unterteilt: Verzinsung — Behörden — Personal — Allgemeine Ausgaben — Subventionen — Immobilien und Mobilien — Investitionen — Ertrag des Bundesvermögens — Fiskaleinnahmen — Verschiedene Einnahmen. Selbstverständlich sind diese Hauptgruppen noch weiter unterteilt; infolge Zeitmangel will ich lediglich noch auf die Subventionen näher eintreten. Durch ihre wirtschaftliche und finanzpolitische Bedeutung sind diese Ausgaben nach funktioneller Richtung gegliedert (Verkehr — Industrie, Gewerbe und Handel — Landwirtschaft — Sozialpolitik usw.). Während der 20jährigen Anwendung des Sachgruppenplanes ist aus praktischen Gründen und nicht zuletzt auch aus solchen der Opportunität verstärkt nach dieser Tendenz vorgegangen worden. Von den Subventionen wurden zwei Ausgabengruppen, nämlich die gesetzlichen Anteile der Kantone an Bundeseinnahmen und die bundeseigenen Sozialwerke, ausgeschieden und schließlich wurden letzthin die Straßenbeiträge in zwei Gruppen geteilt: Die Subventionierung derjenigen Straßen, die ausschließlich Sache der Kantone in ihrem Hoheitsgebiet ist, wurde in der Sachgruppe Subventionen belassen, während für den Kostenanteil des Bundes an dem Bau von Nationalstraßen eine funktionelle Aufgabengruppe geschaffen wurde unter dem Titel Gemeinschaftswerke.

Wie bereits erwähnt, sind die Vorgänge der Rechnung der Vermögensveränderungen grundverschieden von denjenigen der Ausgaben und Einnahmen. Deshalb ist der diesbezügliche Plan nach Sachgruppen auch verschieden. Seit einem Jahr, genau gesagt, seit der Rechnung 1960, werden die Sachgruppen der Vermögensveränderungen (Abgang und Zuwachs von Investitionen, Abschreibungen, Bewegungen der Rückstellungen) kombiniert in einer statistischen Zwecktabelle festgehalten, und zwar in Gruppen, die mit denjenigen der Finanzrechnung übereinstimmen. Damit bezweckt man eine interne Analyse nach neuem Gesichtspunkt durch Ermittlung von Nettoaufwendungen und -erträgen.

Wir sind in der Schweiz zur Überzeugung gekommen, daß die reine Gliederung nach Sachgruppen ungenügend ist; zudem hat sie durch die aus der Erfahrung laufend nötig gewordenen Änderungen gelitten, so daß wir uns 1950 entschlossen haben, die Einführung eines Aufgabenplanes in die Wege zu leiten. Dieser war jedoch noch im Anfangsstadium und bedurfte einer Vervollständigung, Verfeinerung und Vervollkommnung, entsprechend der Praxis und den Bedürfnissen. Er war von Anfang an nur für die Finanzrechnung und die Rechnung der Vermögensveränderungen bestimmt. Jede Rubrik des Voranschlages ist mit Zahlensymbolen gekennzeichnet, und zwar mit einer dreistelligen Zahl für den institutionellen Plan, mit einer dreistelligen Zahl für die Wirtschaftsgliederung, d. h. zwei Ziffern für den Plan nach Sachgruppen und einer Ziffer für den Aufgabenplan. Zwei zusätzliche Ziffern dienen dazu, die Voranschlagsrubriken gleicher institutioneller, spezifischer und funktioneller Natur außerhalb jeglicher Gliederung kenntlich zu machen.

Staatsrechnung (Abschluß)

Finanzrechnung
Veränderungen des Reinvermögens (Fehlbetrag) durch finanzielle Vorgänge

Ausgaben
1 Verzinsung
2 Behörden und Personal
3 Allgemeine Ausgaben
4 Kantonsanteile
4 Bundeseigene Sozialwerke
4 Bundesbeiträge
5 Grundstücke und Fahrnis
6 Investitionen

Einnahmen
6 Investitionen
7 Ertrag des Bundesvermögens
8 Fiskaleinnahmen
9 Verschiedene Einnahmen

→ Ausgaben- oder Einnahmenüberschuß ←

Vermögensverändernungen
Veränderungen des Reinvermögens (Fehlbetrag) durch rechnungsmäßige (nicht finanzielle) Vorgänge

Aufwand
01 Investitionen, Abgang
02 Abschreibungen
03 Rückstellungen und aktive Berichtigungen, Einlagen
04 Verschiedenes

Ertrag
06 Investitionen, Zuwachs
07 Rückstellungen und aktive Berichtigungen Entnahmen
08 Verschiedenes

→ Aufwand- oder Ertragsüberschuß ←

→ **Reinaufwand** oder **Reinertrag** ←

Aktiven
1 Flüssige Mittel
3 Forderungen und Anlagen
4 Investitionen
5 Konten des Innenverkehrs
6 Ordnungskosten
7 Spezialfonds
8 Aktive Berichtigungen
9 Fehlbetrag ± ←

Passiven
2 Öffentliche Schulden
3 Verwaltungsschulden
4 Wertberichtigungen
5 Konten des Innenverkehrs
6 Ordnungskosten
7 Spezialfonds
8 Rückstellungen

Vermögensrechnung
Bilanz
Veränderungen der Vermögensbestandteile (Zu- oder Abnahme, Verschiebungen) durch finanzielle und rechnungsmäßige Vorgänge

K+R 7.10.60/21

Dieser Versuch hat nicht überall das nötige Verständnis gefunden; alles ist zur Zeit in Reorganisation begriffen.

Ziele dieser Umarbeitung sind kurz die folgenden:

— Der institutionelle Plan erfährt keinerlei grundlegende Änderungen;

— dem Plan nach Sachgruppen wird seine ursprüngliche Bedeutung gegeben;

— der Aufgabenplan wird von unten nach oben aufgebaut und nicht umgekehrt; es wird ein Verzeichnis aller einzelnen Aufgaben des Staates erstellt, nach welchem alsdann alle gleichartigen Aufgaben in Gruppen und Untergruppen gegliedert werden.

Um eine zu große Ausgliederung bzw. Zersplitterung des Voranschlages und der Staatsrechnung zu vermeiden, haben wir ferner die Absicht, den institutionellen Plan und einen der zwei andern Pläne auf dem Buchhaltungswege und den dritten Plan auf statistischem Wege zur Durchführung gelangen zu lassen.

Schließlich bleibt noch zu erwähnen, daß wir vorläufig die durch die nationale Buchhaltung inspirierten Gliederungen (tatsächliche Ausgaben — Transferausgaben; laufende Ausgaben — Kapitalausgaben; konsumtive Ausgaben — produktive Ausgaben) unberücksichtigt lassen.

Gliederung des öffentlichen Haushalts

Von Tashin Bekir Balta

Das geltende Gliederungssystem in der Türkei

Das allgemeine Staatsbudget sowie die Anhangsbudgets sind in einer Weise gegliedert, die institutionelle und funktionelle Gesichtspunkte berücksichtigen. Die Ausgaben des Staatsbudgets sind zunächst nach den Ministerien und den Hauptdepartements eingeteilt. Innerhalb jedes Ministeriums und Departements sind die Ausgaben nach ihrer Bestimmung gleichmäßig gegliedert. Diese bestimmungsmäßigen Einteilungen tragen in verschiedenen Ministerien und Departements die gleichen Kapiteltitel und Nummern. Außerdem sind die Investierungsausgaben besonders hervorgehoben und zusammengestellt.

Die Vollzugsrechnungen werden auch nach diesen Budgeteinteilungen aufgestellt.

Die geltende Budgetstruktur entspricht nicht unmittelbar einer Einteilung, die politische, wirtschaftliche und andere Gesichtspunkte global berücksichtigt. Jedoch ermöglichen es die Zusammenstellung der Kapitel und die Unterabteilung innerhalb der verschiedenen Kapitel, diese Gesichtspunkte zu erwägen und herauszuarbeiten.

Es ist üblich, daß sowohl die Regierungsvorlage als auch die Berichterstattung des parlamentarischen Ausschusses derartige Gesichtspunkte hervorhebt. Allerdings scheint eine mehr strukturelle Berücksichtigung dieser Gesichtspunkte wünschenswert.

Schlußbemerkung

In den letzten Jahren ist man in der Türkei bemüht, Verbesserungen in das Haushaltssystem einzuführen. Dieses Bemühen geht Hand in Hand mit den Reformen auf dem Gebiete der staatlichen Wirtschaftsführung. Diese Reformen werden jetzt auch von den politischen Kräften und von der öffentlichen Meinung stark verlangt und unterstützt. Die Bestimmungen, welche die neue Verfassung über die Finanz- und Wirtschaftsfragen enthält, entstammen dieser öffentlichen Meinung, die jetzt eine recht günstige Atmosphäre für eine gesunde Haushaltspolitik bildet.

Bericht über die Diskussionsbeiträge zum Arbeitsthema „Probleme der Gliederung des öffentlichen Haushalts (nach funktionalen und ökonomischen Gesichtspunkten)"

Von Elmar Breuckmann

Bei der Diskussion über das zweite Arbeitsthema traten die ausländischen Teilnehmer der internationalen verwaltungswissenschaftlichen Arbeitstagung sehr stark in den Vordergrund, weil sie die Erfahrungen, die in ihren Ländern mit der Gliederung nach funktionalen und ökonomischen Gesichtspunkten gemacht wurden, als Argumente heranziehen konnten. Hierdurch wurde die Diskussion sehr belebt, und es ist nicht zuletzt darauf zurückzuführen, daß im nationalen Bereich in nicht wenigen Punkten zwischen den Auffassungen von Minister a. D. Professor Dr. *Senf* (Saarbrücken) und Ministerialdirektor Professor Dr. *Vialon* (Bonn) eine Übereinstimmung festgestellt werden konnte.

Anlaß zu den ausländischen Diskussionsbeiträgen gaben die Ausführungen von Senator Dr. *Weichmann* (Hamburg). Er wies darauf hin, daß seine Untersuchungen über die Haushaltssysteme des Auslandes ihn davon überzeugt hätten, daß man dort in erheblichem Maße zu einer funktionalen Gliederung und somit auch zu einer Verbindung von Staatswirtschaft und Nationalwirtschaft gekommen sei. Leider habe er bisher lediglich in bezug auf Schweden etwas über den Erfolg der Reformbestrebungen erfahren können. In diesem Lande, wo die engste Beziehung von Staatshaushalt und Nationalbudget praktiziert worden sei, funktioniere das System eigentlich nicht. Deshalb sei es interessant, von den zahlreichen ausländischen Teilnehmern der Arbeitstagung etwas über die in ihren Ländern gemachten Erfahrungen zu hören.

Professor Dr. *Mey* (Amsterdam) verwies darauf, daß sich in den Niederlanden der bisher beschrittene Weg als erfolgreich erwiesen habe. Im wesentlichen sei es auf politische Probleme zurückzuführen, daß man den Unterschied zwischen funktioneller und institutioneller Gliederung des Haushalts noch nicht vollends aufgegeben habe. Als Verwaltungswissenschaftler sei er der Auffassung, daß die Organisation der Staats- und Gemeindeverwaltung so umgestaltet werden müsse, daß sie dem funktionalen Budget entspreche. Dann erst könne in Holland eine streng funktionale Gliederung eingeführt werden. *Mey* konnte jedoch nicht verhehlen, daß eine derartige Umorganisation sehr schwierig ist.

Weiteren Aufschluß über die Verhältnisse in den Niederlanden gab der Generalinspekteur im Finanzministerium *Batteljee* (Den Haag). Er machte darauf aufmerksam, daß das Finanzministerium mit der Nationalbuchhaltung dem Zentralen Planungsbüro und dem Zentralamt für Statistik die notwendigen Grundlagen liefere, um eine Nationalrechnung aufzustellen. Auf die Zwischenfrage von *Vialon*, ob auf Grund dieses Nationalbudgets mit Erfolg bestimmte Subventionen oder Investitionen durchgeführt werden könnten, glaubte *Batteljee* noch kein abschließendes Urteil bilden zu können. Er drückte sich dahin aus, daß dies noch zur Zeit ein Objekt sehr sorgfältiger Studien sei. Gerade im Augenblick seien die Ökonometristen dabei, mit ihren Modellen eine klare Antwort auf diese Frage zu geben.

Professor Dr. *Frank*, Conseiller du Cabinet im belgischen Finanzministerium (Brüssel), sah das Problem der funktionalen und wirtschaftlichen Gliederung als besonders wichtig für die Beratung des Haushalts durch das Parlament an. In Belgien habe sich gezeigt, daß die Volksvertreter bei den Haushaltsberatungen nicht die eigentlichen großen Fragen des Budgets diskutieren würden. Statt die konjunkturelle Entwicklung zu erörtern, würde man sich beispielsweise um die Besoldung der Zollbeamten ereifern. Diese unerfreuliche Erscheinung sei darauf zurückzuführen, so meinte der Redner, daß lediglich die funktionale Gliederung des Budgets es den Parlamentariern ermöglichen würde, mit der synthetischen Analyse der allgemeinen großen Probleme bei der Haushaltsdebatte zu beginnen und dann auf Detailfragen überzugehen. *Frank* unterstützte damit die Auffassung seiner Kollegen in den benachbarten Niederlanden.

Weiterhin führte *Frank* aus, daß lediglich die funktionale und wirtschaftliche Gliederung des Haushalts geeignet sei, die Budgetwahrheit wieder herzustellen. In Belgien, wo es ebenso wie in der Bundesrepublik noch den ordentlichen und außerordentlichen Haushalt gebe, könne man einen Überblick über das Budget nur durch schwierige Rechenoperationen erhalten. Erst bei einem klaren und übersichtlichen Haushaltsplan werde der Staat wirksam an den allgemeinen Kapitalmarkt herantreten können. Nach seiner Auffassung liege darin der Grund, daß in Belgien die Juristen zur funktionalen und wirtschaftlichen Gliederung des Budgets eine positive Einstellung bezogen hätten.

Deutlich an die Adresse seiner deutschen Kollegen war der letzte Gesichtspunkt im Diskussionsbeitrag von *Frank* gerichtet. Auch in Belgien, so führte er aus, habe sich die Regierung nach dem Kriege angesichts der Hochkonjunktur zunächst weder um die wirtschaftliche oder funktionale Gliederung gekümmert noch ein Interesse am Nationalbudget gezeigt. Nach den wirtschaftlichen Schwierigkeiten im Zusammenhang mit der Kongokrise habe sich diese Einstellung grundlegend gewandelt. Vor allem fühle die Privatwirtschaft, die in weiten Bereichen mit vielen Schwierigkeiten zu kämpfen habe, das Bedürfnis zur Zusammenarbeit zwischen dem privaten und öffentlichen Sektor, um eine „économie concertée" durchzuführen.

Professor Dr. *Balta* (Ankara) legte dar, daß nach der allgemeinen Auffassung in der Türkei die Verabschiedung des Haushalts sowohl eine politische als auch wirtschaftliche Entscheidung sei. Um einen Überblick über die wirtschaftlichen Auswirkungen des Haushalts zu ermöglichen, sei man in der Türkei zu einer funktionalen Gliederung neben dem Institutionenbudget gelangt, deren Einteilung von Jahr zu Jahr verbessert werde. Der mit dem Entwurf des Haushaltsplanes vorgelegte Regierungsbericht befasse sich mit der weltpolitischen, nationalwirtschaftlichen Lage, der Devisensituation usw. Die neue Verfassung der Türkei sehe darüber hinaus vor, daß bei der Haushaltsvorlage auch eine Schätzung des Nationaleinkommens vorgelegt werde.

Der Chef des Eidgenössischen Kassen- und Rechnungswesens, Dr. *Heimann* (Bern), äußerte sich anschließend über die Einrichtung und Wirksamkeit des Staatskontos in der Schweiz. Er wies darauf hin, daß Art. 42 der Schweizer Verfassung bestimme, der Fehlbetrag in der Bilanz des Bundes sei abzutragen. Dies sei eine finanzielle Transaktion, und ebenso wie in der geschäftlichen Buchhaltung müsse diese in dem Kapitalkonto einen Niederschlag finden. Das Konto gebe einen Überblick über das Vermögen des Staates und damit auch über die Möglichkeiten, Schulden abzuzahlen.

Da größere Bewegungen auf dem vorgenannten Kapitalkonto jeweils einen Einfluß auf die Volkswirtschaft hätten, müsse das Schatzamt, welches ausschließlich das Kapitalkonto verwaltet, prüfen, ob es wirtschaftlich vernünftig sei, über Staatsvermögen zu verfügen. *Heimann* nannte zwei Beispiele für derartige Verfügungen: Rückzahlung von Staatsschulden und Ankauf von Obligationen. Das erste Beispiel sei zur Zeit sehr aktuell, da der Bund auf Grund seiner Kassenlage in der Lage sei, eine Milliarde Schweizer Franken zurückzuzahlen, dies jedoch die gegenwärtige Kapitalschwemme in der Schweiz mit ihren erheblichen Nachteilen für die Volkswirtschaft noch weiter erhöhen würde. Augenblicklich erörtere man die Möglichkeit, das Kapital durch eine Anleihe an das Ausland festzulegen.

Heimann würdigte den Kapitalfonds, der außerhalb des allgemeinen Budgets operiert und über dessen Wirksamkeit der Bundesrat nur alljährlich dem Parlament einen Rechenschaftsbericht vorzulegen hat, somit positiv.

Auf die in Frankreich gemachten Erfahrungen gingen Professor Dr. *Senf* und der Vizedirektor der Ausbildung an der Ecole Nationale d'Administration, *Cavalade* (Paris), in wechselseitig ergänzten Beiträgen ein. Die Redner konnten darauf verweisen, daß nach Art. 1 des Haushaltsgesetzes bei der Budgetierung das finanzielle und ökonomische Gleichgewicht zu beachten sei. Dies fasse man in Frankreich nicht lediglich als eine Plakatvorschrift auf, sondern man wisse genau, was man unter dem ökonomischen Gleichgewicht zu verstehen habe. In jedem Jahr sehe dieses anders aus. Einmal würden beispielsweise beschäftigungspolitische, einmal außenwirtschaftliche Momente im Vordergrund stehen, und in einem dritten Jahr könnten sich spezifische Wachstums- oder strukturpolitische Maßnahmen als notwendig erweisen. Kennzeichen des so entstehenden Nationalbudgets sei, daß man nicht kurzfristige Konjunkturpolitik treibe, sondern eine langfristige Projektion erstrebe und den beabsichtigten Trend auch offenlege.

Senf erläuterte sehr präzise, daß die französische Planung im Gegensatz zu den Gegebenheiten im Osten nicht im Vollzug, sondern im Aufstellen des Planes das Hauptziel sehe. Deshalb sei auch zu verstehen, daß man erkläre, was mit dem Plan habe erreicht werden sollen und man nicht erreicht habe.

Beide Redner stellten dar, welch erheblicher Sach- und vor allem Personalaufwand (6—8000 Bedienstete) erforderlich ist, um das Nationalbudget zu entwerfen und seine Effektivität zu ermitteln.

Cavalade glaubte schließlich noch, aus der fortgeschrittenen Entwicklung in Frankreich den Gedanken *Franks*, daß die funktionale Gliederung von erheblichem Vorteil für die parlamentarische Arbeit sei, bestätigen zu müssen. Der Beratung und Annahme des Budgets gehe in Frankreich die Vorlage eines allgemeinen Wirtschafts- und Finanzberichtes voraus, der die Gebiete der Einnahmen und Ausgaben einerseits und der sozialen und wirtschaftlichen Verhältnise andererseits umfasse. Mit Erfolg habe man so das Parlament auf die großen Probleme hingewiesen und gewissermaßen gezwungen, diese vorweg zu erörtern. Schließlich sei es durch diesen Bericht auch möglich geworden, der öffentlichen Meinung das Budget verständlich zu machen. In Anknüpfung an die Verhältnisse in den Niederlanden führte der französische Diskussionsredner abschließend aus, daß man sich zur Zeit im französischen Finanzministerium bemühe, in einem einzigen Dokument die verwaltungsmäßige, funktionale und wirtschaftliche Gliederung des Budgets zusammenzufassen, was angesichts des Umfangs und der Komplexität des Budgets sicher sehr schwierig sei.

Senator Dr. *Weichmann* leitete sodann die Diskussion in den nationalen Bereich über, indem er von den Erfahrungen sprach, die er als Senator der Finanzen Hamburgs mit der Einführung der funktionalen Gliederung gemacht habe. Die gleichzeitige Abschaffung des außerordentlichen Haushalts sei ein Erfolg, weil dies eine offenbare Vereinfachung vor allem der parlamentarischen Arbeit mit sich bringe. Andererseits, so führte er aus, habe die funktionale Gliederung bei den Parlamentariern nicht das Interesse gefunden, welches er erwartet habe. *Weichmann* glaubte, dieses Erscheinungsbild nicht ohne weiteres generalisieren zu müssen, weil im Rahmen eines Stadtstaates die Diskussion von Einzelproblemen der örtlichen Gemeinschaft immer naheliege.

Prof. Dr. *Schaeder* (Speyer) stellte die Frage, ob nach dem Stande der in den westeuropäischen Ländern erreichten Entwicklung eine Funktionengliederung des öffentlichen Haushalts noch erstrebenswert sei. Seine Auffassung ging dahin, daß die in den einzelnen Ländern verschiedene organisationsmäßige Ausstattung der Haushaltsaufstellung und Haushaltsgebarung ein Ausdruck der wirtschaftlichen Entwicklung sei. Für das in den westeuropäischen Ländern erreichte Stadium sei kennzeichnend, daß der Haushalt nicht mehr unter der Diktatur der Kassen stehe. Diese gebiete eine möglichst rationelle Gestaltung des Haushalts. Entwickele sich aber das Steueraufkommen so, daß der Staat über mehr als diese knappen Mittel verfüge, ein Zustand, der heute (noch) in der Bundesrepublik zu beobachten sei, dann versuche das Interessement von Gewalten, Gruppen usw., die „politische Maschine", mit einem wesentlichen Teil der Haushaltsmittel Umverteilungen durchzuführen. Als Gegenleistung sei sie dann bereit, der Verwaltung die Konzession zu machen, „ihre" Mittel, d. h. die schätzungsweise restlichen 60 bis 65 % des Haushaltsvolumens, streng rational für staatliche Zwecke einzusetzen. Keinesfalls seien die an der Gesetzgebung beteiligten Interessengruppen daran interessiert, ihren vorerwähnten Einfluß auf den Haushalt offenzulegen. *Schaeder* kam deshalb zu der Folgerung, daß lediglich der administrative Teil des Haushalts die Chance habe, funktionell gegliedert zu werden.

Während *Schaeder* die Problematik aus der Sicht des Ökonomen beleuchtete, sprach Prof. Dr. *Klein* (Münster) akzentuiert als Verfassungsjurist. Er wies darauf hin, daß bei den sich nun doch abzeichnenden Reformen es nicht nur um die Änderung der Reichshaushaltsordnung, sondern auch um eine Abänderung des Grundgesetzes gehe, weil sich die Artikel 109 ff. GG als unzulänglich erwiesen hätten. Auf Verfassungsbestimmungen des In- und Auslandes verweisend setzte er sich dafür ein, nur die tragenden Grundsätze des Haushaltsrechts in die Verfassung aufzunehmen und in jedem Fall budgettechnische Einzelheiten aus der Verfassung auszuklammern.

Sodann legte Professor Dr. *Vialon* eingehend seine Stellung zur Gliederungsfrage dar. Er bekannte sich zu denen, die mit der Gliederung des Haushaltsplanes nicht nur einen formellen, sondern auch einen materiellen Denkprozeß sicherstellen wollen. Er glaubte, daß die wirtschaftliche Qualität des Budgets verbessert werden müsse, um den gesamtwirtschaftlichen Ablauf in der gewünschten Richtung zu beeinflussen. Das politische Programmbudget lehnte er jedoch als für das Ministerialsystem ungeeignet ab. Die Gliederung des Budgets, so führte *Vialon* aus, habe einmal den Zweck, den Haushaltsstoff bestmöglich zu bewältigen. Andererseits erfolge diese wegen der Präsentation des Haushaltsplanes. Die parlamentarische Kontrolle des Haushalts stehe unter erheblichem Zeitdruck. *Vialon* konnte dies an dem Beispiel erläutern, daß in einem vergangenen Jahr am letzten Tag der Haushaltsberatungen etwa 10 % der Haushaltsmasse umgestellt worden seien. Deshalb müßten die „Begleitpapiere" des Haushalts, die die funktionalen und wirtschaftlichen Gesichtspunkte enthielten, übersichtlich gestaltet werden.

Wenn *Senf* davon gesprochen habe, so führte *Vialon* aus, daß dem eigentlichen Haushaltsinstrument „ein Papier beigefügt" werden solle, so sehe er darin die große Brücke zwischen ihren Auffassungen. In diesem sollten beispielsweise die Kaufkraftauswirkungen, die durch den Haushaltsstrom entstehen würden, die Beeinflussungen des Arbeitsmarktes usw. offensichtlich werden. Es komme nicht darauf an, wie auch *Senf* offen erklärt habe, daß die ökonomischen Gesichtspunkte verbindlich und zuverlässig seien, denn der Haushalt diene ja nicht nur dem Finanzstatistiker, wesentlich sei vielmehr die Existenz eines solchen Orientierungspapiers für den öffentlichen Sektor. Er begrüßte es, daß in dem deutschen Einleitungsreferat die Auffassung vertreten worden sei, das Gerüst der institutionellen Gliederung müsse erhalten bleiben.

Der Gesamteindruck aus den Ausführungen zur ökonomischen Gliederungsfunktion, so faßte *Vialon* zusammen, sei der, daß man von den Plakatvorschlägen, die bisher immer gemacht worden seien, nunmehr zu konkreten Einzelvorschlägen komme.

In diesem Zusammenhang begrüßte er die von *Klein* gemachten Ausführungen, der darauf hingewiesen hatte, daß Veränderungen auf dem Gebiet der Gliederung des Haushalts nur getroffen werden könnten, nachdem man das Grundgesetz geändert habe. *Vialon* meinte, trotz des großen Wurfs, den das Grundgesetz darstelle, sei man doch bei der Anwendung insbesondere der Grundsätze, die die Finanzverfassung betreffen, heute vor erhebliche Schwierigkeiten gestellt. Es sei an der Zeit, sich schon jetzt mit diesen Problemen zu beschäftigen.

Seine Ausführungen schloß *Vialon* mit dem Hinweis, daß Bund und Länder sich haushaltsrechtlich und im großen und ganzen auch haushaltswirtschaftlich noch nicht auseinanderbewegt hätten. Deshalb sei es zu hoffen, daß sich die Bemühungen um eine Reform bei Bund und Ländern gleich intensiv entwickelten.

In seiner *zusammenfassenden abschließenden Bemerkung* hob Professor Dr. *Senf* hervor, daß seine Forderung, zunächst einmal eine Begriffsentwirrung zu versuchen, offensichtlich auf fruchtbaren Boden gefallen sei. Dies sei erforderlich, um die notwendige Zusammenarbeit von Juristen und Wirtschaftswissenschaftlern zu ermöglichen und zu einer Konzeption zu kommen, die durchaus nicht uniform zu sein brauche.

Zu dem internationalen Vergleich *Schaeders* sagte er, daß auch dann, wenn die einzelnen Länder verschiedene Entwicklungsstufen erreicht hätten, der funktionale Vergleich am zweckmäßigsten sei. *Senf* wies jedoch generell auf die Schwierigkeiten eines internationalen Vergleichs hin. Im politischen Alltag, so führte er aus, würde in den einzelnen Staaten jeweils damit argumentiert, inwieweit ein Teil des Sozialproduktes an Steuern zu entrichten sei. Da in jedem Land jedoch das Volkseinkommen nach anderen Methoden errechnet würde, sei es ausgeschlossen, präzise Zahlen zu nennen.

Senf sagte, er sei mit dem Gedanken nach Speyer gekommen, eine Reihe von Gemeinsamkeiten festzustellen. Er sei aber nun doch über das Ausmaß einheitlicher Auffassungen überrascht. Er nehme auch die Überzeugung mit, daß in allen Ländern um die Probleme gerungen werde und die von der Hochschule für Verwaltungswissenschaften Speyer erreichte Beteiligung zahlreicher Fachleute aus Wissenschaft und Praxis des Auslandes die Tagung sehr befruchtet habe.

Der Hauptreferent zum zweiten Arbeitsthema gab seiner Freude Ausdruck, daß er mit der Auffassung *Vialons* — was den nationalen Sektor betreffe — so viel Gemeinsames festgestellt habe. Daß dieser seinen Gedanken vom operationellen Charakter des Budgets gutgeheißen habe und er mit ihm darin übereinstimme, daß das Gliederungsproblem weit mehr als ein technisches Problem sei, wertete er als einen Fortschritt. Die Gegensätzlichkeiten, das habe die Tagung gezeigt, würden im wesentlichen im ökonomischen Bereich, im Bereich der wirtschaftspolitischen Budgetfunktion, liegen, die — und insoweit könne er auch eine Übereinstimmung feststellen — gleichberechtigt neben den anderen Budgetfunktionen stehe. In den wirtschaftspolitischen Fragen, so glaube er, könne man bei einer weiteren Vertiefung noch eine bedeutend größere Annäherung erreichen.

Bei seinen Dankesworten, die *Senf* im Namen aller in- und ausländischen Teilnehmer an den Rektor der Hochschule für Verwaltungswissenschaften Speyer, Professor Dr. Dr. *Becker*, richtete, sagte er, man habe ihn gebeten, mitzuteilen, daß Speyer mit seiner Hochschule eine Stätte dauernder Auseinandersetzung über die angeschnittenen Fragen sein möge. Man sollte später nach einer gewissen Zeit der Klärung wieder hierher zurückkehren können, um die Dinge erneut zu diskutieren. Er gab die Zusicherung, daß er bei der Vorbereitung einer weiteren Tagung gern auch die Hilfe des Institut International des Finances Publics zur Verfügung stellen werde.

Kolibri 360 GmbH
Ferdinand-Jühlke-Straße 7
99095 Erfurt, Deutschland
produktsicherheit@kolibri360.de

Druck:
CPI Druckdienstleistungen GmbH
im Auftrag der
Kolibri 360 GmbH
Ferdinand-Jühlke-Str. 7
99095 Erfurt